INTRODUCCIÓN A LA PNL

JOSEPH O'CONNOR
JOHN SEYMOUR

INTRODUCCIÓN A LA
PNL

Cómo descubrir y emplear la excelencia
para obtener óptimos resultados personales
y profesionales

Urano

Argentina – Chile – Colombia – España
Estados Unidos – México – Perú – Uruguay

Título original: *Introducing Neuro-Linguistic Programming*
Editor original: The Aquarian Press, Londres, edición revisada, 1993
Traducción: Eduardo Rodríguez Pérez y equipo editorial

1.ª edición en Vintage: enero 2022
2.ª reimpresión: diciembre 2023

ISBN: 978-84-17694-53-1
E-ISBN: 978-84-19029-45-4
Depósito legal: B-18.238-2021

Fotocomposición: Ediciones Urano, S.A.U.

Impreso por Romanyà Valls, S.A. – Verdaguer, 1 – 08786 Capellades (Barcelona)

Impreso en España – *Printed in Spain*

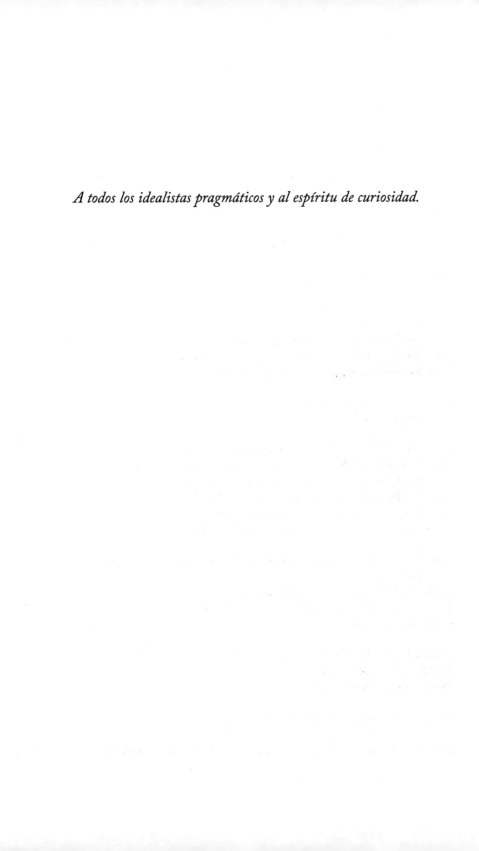

A todos los idealistas pragmáticos y al espíritu de curiosidad.

La PNL es un valioso e interesante sistema para la comprensión del aprendizaje y la comunicación. El libro de Joseph O'Connor y John Seymour es una introducción excelente en este campo.

Toni Buzan

Índice

Muestra cómo empleamos internamente nuestros sentidos para pensar, cómo se relaciona el lenguaje con el pensamiento, y cómo se puede saber la forma como piensan los demás.

Trata de los diversos estados de la mente, cómo los evocamos y cómo podemos usar estos estímulos o anclas para acceder a los estados de plenitud de recursos de nuestro cerebro a voluntad.

*Centrado en la terapia y cambio personal de la PNL; describe
tres técnicas clásicas de la PNL: el modelo ¡chas!, la cura de
fobias y la resolución de conflictos internos.*

*Este capítulo versa sobre nuestras técnicas de pensamiento.
Hay algunos ejemplos prácticos, incluyendo una estrategia para
memoria musical, y otra para la creatividad siguiendo el
ejemplo de Walt Disney.*

Prólogo

Siempre resulta un gran placer ver cómo estudiantes serios y dotados de PNL ponen a trabajar su talento. En este caso, Joseph O'Connor y John Seymour han realizado un excelente trabajo presentando los principios fundamentales de la PNL y sus herramientas de una forma fácilmente accesible. El libro está escrito como si fuese una conversación y, sin embargo, mantiene la riqueza y complejidad de la materia que está describiendo, con lo que satisface el famoso dicho de Albert Einstein según el cual «todo debe hacerse lo más sencillo posible, pero no más simple».

Todavía más importante es que este libro proporciona una introducción y visión de la PNL totalmente actualizada, que incorpora los últimos adelantos en la especialidad así como una revisión de los fundamentos de la PNL. Mis felicitaciones a estas dos personas por su ayuda para allanar el camino de la PNL en la próxima década.

Robert B. Dilts
Santa Cruz, California
Diciembre 1989

Prefacio

Los hombres razonables se adaptan al mundo.
Los hombres insensatos hacen que el mundo se adapte a ellos.
Por eso el progreso depende de hombres insensatos.

GEORGE BERNARD SHAW

La historia, a la hora de ser inventariada, tiene mucho que ver con el canto del proveedor de la última cura milagrosa, con el diplomático y con el apologista; ¿y cómo iba a ser de otra manera?

Las tradiciones orales de pueblos con culturas en donde no se ha inventado la escritura constituyen para ellos una seguridad y un reto. Una seguridad en el orden y el imperativo devenir de las cosas; pero un reto para los recitadores que son testigos del caos en que finalmente debe encajar el metro y longitud de su crónica cantada. Sin duda alguna, después de un tiempo son presa de una bendita amnesia que les hace recitar con absoluta convicción.

Gregory Bateson nos previene contra el triángulo letal de la tecnología, contra la tendencia de nuestra especie a reemplazar el entorno físico natural de vida (los bosques de la cuenca amazónica) por un entorno artificial (las calles de Nueva York), y contra la planificación consciente sin el equilibrio dado por un proceso inconsciente. Tom Malloy, en su brillante novela *The Curtain of Dawn*

[La cortina del amanecer], corrige el lapsus lingüístico de Charles Darwin cuando afirmó que «sobrevive el más apto»: hubiera hablado con más propiedad si hubiese dicho que «sobrevive el que mejor se adapta».

Los autores, O'Connor y Seymour, han logrado escribir una historia coherente de una aventura atroz. Las selvas por las que Richard y yo hemos viajado son raras y asombrosas. Los autores, bien intencionados e inteligentes, le van a mostrar imágenes de un jardín de rosas británico, limpio y arreglado. Tanto la selva como el jardín de rosas tienen sus propios y especiales atractivos.

Lo que está usted a punto de leer no ha sucedido nunca, pero parece razonable, incluso para mí.

JOHN GRINDER
Diciembre 1989

Como el compositor creativo, algunas personas tienen más dones que otras en la vida. Producen efectos reales en las personas que tienen a su alrededor, pero el proceso termina aquí porque no hay cómo describir con términos técnicos qué es lo que hacen, dado que en su mayor parte queda fuera de nuestra atención. En algún momento del futuro, dentro de mucho, mucho tiempo, cuando nuestra cultura esté explorada en forma más completa, habrá un equivalente de partituras musicales, que podrá ser aprendida, una para cada tipo diferente de hombre o mujer según su empleo o relaciones, y según su tiempo, espacio, trabajo y papel.

En la actualidad vemos personas que tienen éxito y son felices, que tienen trabajos productivos y agradecidos. ¿Cuáles son los conjuntos, aislados, y los patrones que diferencian sus vidas de las de otros menos afortunados? Necesitamos tener los medios para hacer de la vida algo menos azaroso y más agradable.

EDWARD T. HALL
The Silent Language

Introducción a la primera edición

Este libro es una introducción y, a la vez, una guía del campo conocido como Programación Neurolingüística o PNL. La PNL es el arte y la ciencia de la excelencia, y deriva del estudio de cómo las mejores personas en distintos ámbitos obtienen sus sobresalientes resultados. Estas habilidades en la comunicación puede aprenderlas cualquiera para mejorar su eficiencia tanto personal como profesional.

Este libro describe muchos de los modelos de excelencia que la PNL ha construido en los campos de la comunicación, negocios, educación y terapia. El enfoque es práctico, da resultados y va adquiriendo cada vez más influencia en diversas disciplinas por todo el mundo.

La PNL sigue creciendo y genera nuevas ideas. Nosotros, los autores, somos conscientes de que, por el contrario, los libros están fijados y son estáticos. Cada libro es una declaración relativa al tiempo en que fue escrito. Es una fotografía del objeto. Sin embargo, sólo porque una persona vaya a ser diferente el día de mañana no tenemos por qué negarnos a hacerle una fotografía hoy.

Piense en este libro como en un puente que le permitirá explorar un nuevo territorio y seguir un excitante viaje de por vida. Refleja cómo los autores entienden la PNL; no se trata de una versión definitiva ni oficial; tal versión no existirá nunca debido a la naturaleza intrínseca de la propia PNL. Esto es simplemente una introducción, y muchas veces hemos tenido que realizar una selección entre qué incluir y qué no. El resultado es una de las múltiples maneras de organizar la materia.

La PNL es un modelo de cómo las personas estructuran sus experiencias individuales de la vida. No es más que una manera de pensar y organizar la fantástica y hermosa complejidad del pensamiento y comunicación humanos. Esperamos que al ser dos las personas que han escrito, esta descripción de la PNL tenga una dimensión de profundidad que no tendría si sólo la hubiera realizado un autor. La profundidad se percibe al enfocar ambos ojos en un objeto. El mundo percibido con uno solo carece de relieve.

La PNL representa una actitud de la mente y una forma de ser en el mundo que no puede trasladarse de forma adecuada a un libro, si bien se podrá percibir algo de ello leyendo entre líneas. Para disfrutar de una bella obra musical hay que escucharla, no leer la partitura.

La PNL es práctica; es un conjunto de modelos, habilidades y técnicas para pensar y actuar de forma efectiva en el mundo. El propósito de la PNL es ser útil, incrementar las opciones y mejorar la calidad de vida. Las preguntas más importantes que tiene que hacerse sobre lo que encuentre en este libro son: «¿Es útil? ¿Funciona?». Descubra lo que es útil y lo que funciona haciendo la prueba, o, lo que es más importante, descubra dónde *no* funciona y cámbielo hasta que funcione. Este es el espíritu de la PNL.

Nuestro objetivo al escribir este libro es satisfacer una necesidad que percibimos al hablar con personas interesadas en la PNL, en número cada vez mayor. Nos decidimos a escribir un libro que diera una visión general de la materia. Reflejaría nuestro entusiasmo al ver los entresijos del pensamiento y cómo se pueden cambiar. Cubriría muchas de las habilidades, patrones y técnicas más útiles de una manera que la hiciera fácilmente utilizable como herramientas para cambiar en un mundo cambiante. Después de una primera lectura, seguirá siendo útil como libro de referencia: ofrece, además otros libros sobre el tema y una guía práctica a la hora de escoger cursos de formación.

Esta meta era tan intimidante, dada la «impalpable obviedad» de la PNL, que ninguno de nosotros estaba preparado para afrontarla individualmente. Combinar nuestros recursos nos infundió valor. El alcance de nuestro éxito dependerá de lo útil que encuentre este libro.

Queremos animarle de forma especial a que explore más en el campo de la PNL, y a que use estas poderosas ideas de forma íntegra y respetándose a usted y a los demás, para que cree más opciones y felicidad en su vida personal y profesional, así como en la de los demás.

En un principio habíamos planeado escribir un capítulo con historias sobre cómo la gente había descubierto la PNL y sus experiencias al ponerla en práctica. Pronto vimos que esto no tendría mucha utilidad, pues las experiencias ajenas pueden divertir, pero su impacto directo es limitado. En vez de ello, siguiendo el espíritu de la PNL, le invitamos a que cree usted su propio capítulo de experiencias interesantes al usar la PNL.

La PNL se experimenta mejor en directo. Lea el menú y, si le gusta lo que lee, que aproveche.

Una fotografía nunca es la persona.
Un puente no es el viaje.
Una partitura musical no es el sonido.
La magia no existe, sólo hay magos y lo que percibe el público.

Agradecimientos

Queremos agradecer a muchísimas personas por su inspiración y ayuda en la realización de este libro.

En primer lugar, queremos honrar y dar nuestro reconocimiento a los creadores de la PNL, Richard Bandler y John Grinder.

Queremos también agradecer a John Grinder, que leyó el manuscrito y realizó una serie de observaciones que hemos incorporado, y por haber escrito el prefacio.

Queremos también agradecer a muchas otras personas que ampliaron ideas, en especial a Robert Dilts, que ha tenido gran influencia en el desarrollo de la PNL en muchas direcciones en el pasado decenio. Nuestro agradecimiento y aprecio hacia Robert por habernos permitido emplear su material en las estrategias y el campo unificado. Robert nos ha prestado además un gran servicio al exponer libremente sus ideas, lo que ha sido una importante fuente de ideas para nosotros.

David Gaster también nos ha brindado gran ayuda y estímulo a la hora de realizar el libro. Gracias, David, y que tus vuelos te traigan siempre alegría.

También queremos agradecer a Sue Quilliam y Ian Grove-Stevenson, por ponernos en el camino correcto al principio.

Gracias a Norah McCullagh por mecanografiar tantas páginas, a Francis Vine por sus investigaciones, a Michael Breen por su ayuda al recopilar información sobre libros de PNL, y a Carol Marie y Ruth Trevenna por sus sugerencias y ánimos en los momentos difíciles.

Muchas gracias a Eileen Campbell y Elizabeth Hutchins, de Thorsons, por su apoyo e interés.

Nuestro agradecimiento a John Fowles y Anthony Sheil Associates Ltd por su autorización para citar «The Prince and the Magician», de la obra de John Fowles *The Magus*, publicada por Jonathan Cape and Sons.

Y, finalmente, tenemos una deuda de gratitud con los inventores de esa máquina maravillosa, el ordenador Macintosh, por facilitar tanto la escritura definitiva de este libro.

JOSEPH O'CONNOR

JOHN SEYMOUR

Agosto 1989

Introducción a la edición revisada

Ya desde un comienzo tuvimos la intención explícita de poner al día esta obra. Queremos que vaya a la par de la PNL, que ensancha y modifica sus límites; por su propia naturaleza nunca podrá permanecer estática. Por esto, hemos trabajado con mucho gusto en este proyecto. La edición original materializó nuestro sueño, y la acogida que tuvo indica que cumplimos ampliamente nuestro objetivo: el libro se ha consolidado como una útil introducción y una visión de conjunto de este campo. Esta nueva edición continúa este sueño.

Hemos realizado una gran cantidad de cambios pequeños, más unos pocos de cierta extensión. Esperamos que los primeros contribuirán a mejorar la calidad de toda la obra. Los cambios más extensos consisten en el aporte de nuevo material y en una guía de recursos puesta al día. Hay una nueva sección sobre metaprogramas, que constituyen un modelo o pautas de acción cada vez más actuales, especialmente en el mundo de los negocios, por lo que nos pareció que el libro tenía que reflejar esta situación. Hemos desarrollado más el capítulo sobre las creencias, así como la sección de creación de modelos del último capítulo, y queremos agradecer de modo especial a Michael Neill por su contribución a estos dos últimos añadidos.

Como era de esperar, la sección sobre las Organizaciones mundiales de PNL ha sido puesta al día. Ha sido revisada y ampliada para dar cabida a los numerosos Institutos de PNL que se han establecido por todo el mundo en los dos últimos años. Hemos procurado que esta lista sea lo más completa y correcta posible. La PNL ha crecido de forma tan rápida en Alemania que se ha publicado un libro entero con la lista de institutos e instructores de PNL en ese país. Para no repetir estos datos, en nuestra lista ponemos la referencia a esta obra.

Siguen apareciendo a gran velocidad nuevas obras sobre PNL, de forma que es posible que esta edición sea la última en la que podemos dar una lista con un breve comentario a título de guía.

Los cambios de importancia en esta obra han resultado más difíciles de lo que nos imaginábamos. La PNL es como un holograma: todas las partes se relacionan entre sí. Es un modelo sistémico, y, dado que este libro refleja la naturaleza sistémica, cada cambio ha hecho necesarios otros cambios, todos los cuales, en solidaridad, han ido repercutiendo a lo largo de las páginas a modo de ondas expansivas.

A pesar del crecimiento de la PNL, hay dos ideas que permanecen constantes. Una es que la PNL encarna la actitud de fascinación ante las personas: ¿cómo hacen lo que hacen? La otra se refiere a la habilidad para crearnos modelos: buscar continuamente la excelencia en el mundo para poder convertirla en modelo y aprovecharla. La excelencia nos rodea por todas partes, a veces de forma tan obvia que no la vemos. De esto trata precisamente la PNL, de aumentar las opciones que tenemos, y de comprender mediante la acción y la experimentación, no sólo pensando sobre ello.

También queremos agradecer su colaboración a Jay Erdmann y Michael Neill, así como a Michael Phillips, de Anchor Point Magazine, por su ayuda para establecer la lista de organizaciones de PNL de América. También a Liz Puttick, nuestro editor en Thorsons. Y, por último, a todos los numerosos amigos que nos comunicaron sus experiencias y sugerencias para esta nueva edición. Por favor, comuníquennos lo que piensa, si desea hacerlo. Nuestra dirección está al final del libro.

JOSEPH O'CONNOR
JOHN SEYMOUR

1

¿Qué es la programación neurolingüística?

Mientras estaba pensando en cómo empezar este libro, me acordé del encuentro que había tenido con un amigo días atrás. No nos habíamos visto desde hacía algún tiempo y, después de los saludos habituales, me preguntó qué estaba haciendo. Le dije que estaba escribiendo un libro.

—¡Qué bien! —dijo—. ¿De qué trata?

Sin pensarlo respondí:

—Programación neurolingüística.

Hubo un corto pero significativo silencio.

—Lo mismo digo —contestó—. ¿Cómo está la familia?

En cierto sentido, mi respuesta era correcta e incorrecta a la vez. Si hubiera querido acabar con la conversación, habría sido perfecta. Este libro trata de una forma de reflexionar sobre las ideas y las personas, etiquetada como Programación neurolingüística. Sin embargo, mi amigo quería saber lo que estaba haciendo en una forma que pudiera entender y compartir conmigo; pero no podía relacionar mi respuesta con nada de lo que él conociera. Yo sabía lo que quería decir, pero no lo puse de forma que pudiera entenderlo. Mi respuesta no contestó a su verdadera pregunta.

¿Qué es entonces la PNL? ¿Cuáles son las ideas encerradas detrás de esa etiqueta? Cuando luego volvieron a preguntarme de qué iba el libro, dije que iba sobre una manera de estudiar cómo algunas personas sobresalen en un campo, y cómo enseñar esos patrones a otros.

La PNL es el arte y ciencia de la excelencia personal. Es un arte, porque cada uno da su toque único personal y de estilo a lo que esté haciendo, y esto nunca se puede expresar con palabras o técnicas. Es una ciencia, porque hay un método y un proceso para descubrir los modelos empleados por individuos sobresalientes en un campo para obtener resultados sobresalientes. Este proceso se llama modelar, y los modelos, habilidades y técnicas descubiertas tienen un uso cada vez mayor en el campo de la educación, asesoramiento y negocios para conseguir una comunicación más efectiva, tener un mayor desarrollo personal y acelerar el aprendizaje.

¿Ha hecho usted alguna vez algo de manera tan elegante y efectiva que le cortara la respiración? ¿Ha habido ocasiones en que ha estado realmente satisfecho de lo que hizo y se preguntó cómo lo había hecho? La PNL le enseña a comprender y organizar sus propios éxitos, de modo que pueda disfrutar de muchos más momentos como ésos. Es una forma de descubrir y desvelar su genio personal, una forma de sacar a la luz lo mejor de usted y de otros.

La PNL es una habilidad práctica que crea los resultados que nosotros verdaderamente queremos en el mundo, mientras vamos dando valor a otros durante el proceso. Es el estudio de lo que marca la diferencia entre lo excelente y lo normal. También va dejando detrás todo un conjunto de técnicas sobre educación, asesoramiento, negocios y terapias, extremadamente efectivas.

Santa Cruz, California, 1972

La PNL empezó a principios de los años setenta como resultado de la colaboración entre John Grinder, quien era entonces profesor ayudante de lingüística en la Universidad de California en Santa Cruz, y Richard Bandler, estudiante de psicología en la misma universidad. Richard Bandler estaba muy interesado también en la psicoterapia. Juntos estudiaron a tres psiquiatras punteros: Fritz Perls, el innovador psicoterapeuta y creador de la escuela de terapia conocida como Gestalt; Virginia Satir, la extraordinaria psiquiatra familiar, capaz de resolver difíciles relaciones familiares que muchos otros terapeutas creían intratables; y Milton Erickson, el mundialmente famoso hipnoterapeuta.

Bandler y Grinder no tenían la intención de iniciar una nueva escuela de terapia, sino la de identificar los patrones empleados por los mejores psiquiatras y divulgarlos. No se entretuvieron en teorías; elaboraron modelos de terapias que funcionaban en la práctica y podían enseñarse. Aunque los tres psiquiatras que estudiaron eran personalidades bien diferentes, los tres empleaban patrones sorprendentemente similares en lo fundamental. Bandler y Grinder tomaron estos patrones, los depuraron y construyeron un elegante modelo que puede emplearse para una comunicación efectiva, cambio personal, aprendizaje acelerado y, por supuesto, mayor disfrute de la vida. Plasmaron sus descubrimientos iniciales en cuatro libros publicados entre 1975 y 1977: *The Structure of Magic 1 and 2* [La estructura de lo mágico, 1 y 2] y *Patterns 1 and 2* [Patrones, 1 y 2], dos libros sobre el trabajo de Erickson con hipnoterapia. La literatura sobre PNL ha ido en constante aumento desde entonces.

En aquel tiempo, John y Richard vivían muy cerca de Gregory Bateson, el antropólogo británico que escribe sobre comunicación y la teoría de sistemas. También había escrito sobre muchos otros temas: biología, cibernética, antropología y psicoterapia. Es más conocido por haber desarrollado la teoría de la doble ligazón en la esquizofrenia. Su contribución a la PNL fue profunda. Puede que solamente ahora esté haciéndose patente hasta qué punto influyó.

De estos modelos iniciales, la PNL se desarrolló en dos direcciones complementarias. En primer lugar, como un proceso para descubrir los patrones para sobresalir en un campo; y, en segundo lugar, como las formas efectivas de pensar y comunicarse empleadas por personas sobresalientes. Estos patrones y habilidades pueden emplearse en su propio provecho, y también reintroducirse en el proceso modelador para hacerlo aún más poderoso. En 1977, John y Richard realizaron seminarios públicos por todo el país con gran éxito. La PNL creció rápidamente; hasta el momento [comienzos de 1995], sólo en Estados Unidos más de 100.000 personas han realizado algún tipo de práctica de PNL.

Santa Cruz, 1976

En la primavera de 1976, John y Richard estaban en una cabaña de madera, en las montañas que dominan Santa Cruz, poniendo en común las intuiciones y descubrimientos que habían realizado. Hacia el final de la maratoniana sesión de 36 horas se sentaron frente a una botella de vino tinto californiano y se preguntaron: «¿Cómo demonios vamos a llamar a esto?».

El resultado fue «Programación neurolingüística», un engorroso término que cubre tres sencillas ideas. La parte «neuro» de la PNL recoge la idea fundamental de que todo comportamiento proviene de nuestros procesos neurológicos de visión, audición, olfato, gusto, tacto y sentimiento. Tomamos contacto con el mundo mediante los cinco sentidos, damos «sentido» a la información y actuamos según ello. Nuestra neurología cubre no sólo los invisibles procesos del pensamiento, sino también nuestras reacciones fisiológicas visibles frente a las ideas y acontecimientos. El uno es el simple reflejo del otro en un nivel físico. Cuerpo y cerebro forman una unidad inseparable, un ser humano.

La parte «lingüística» del título indica que usamos el lenguaje para ordenar nuestros pensamientos y conducta y para comunicarnos con los demás. La «programación» se refiere a las maneras que podemos escoger para organizar nuestras ideas y acciones a fin de producir resultados.

La PNL trata de la estructura de la experiencia humana subjetiva; cómo organizamos lo que vemos, oímos y sentimos, y cómo revisamos y filtramos el mundo exterior mediante nuestros sentidos. También explora cómo lo describimos con el lenguaje y cómo reaccionamos, tanto intencionadamente como no, para producir resultados.

Mapas y filtros

Sea como sea el mundo exterior, usamos los sentidos para explorarlo y delimitarlo. El mundo es una infinidad de posibles impresiones sensibles, y sólo somos capaces de percibir una pequeña parte de él. La parte que podemos percibir es luego filtrada por nuestra experiencia única, cultura, lenguaje, creencias, valores, intereses y suposiciones. Cada uno vive en su realidad única, construida por sus propias impresiones sensibles y experiencias individuales de la vida, y actuamos de acuerdo a lo que percibimos: nuestro modelo del mundo.

El mundo es tan vasto y rico que para darle sentido tenemos que simplificarlo. Hacer mapas es una buena analogía para lo que hacemos; es la manera como damos significado al mundo. Los mapas son selectivos, dejan de lado información al mismo tiempo que nos la brindan, y son de un valor incalculable para explorar el territorio. El tipo de mapa que usted haga dependerá de lo que vea y de adónde quiera llegar.

El mapa no es el territorio que describe. Hacemos caso a aquellos aspectos del mundo que nos interesan e ignoramos otros. El mundo es siempre más rico que las ideas que tenemos sobre él. Los filtros que ponemos en nuestras percepciones determinan en qué clase de mundo vivimos. Hay una anécdota de Picasso, cuando un extraño se le acerca y pregunta por qué no pintaba las cosas tal y como eran en realidad. Picasso se quedó un poco confundido y contestó:

—No acabo de entender lo que quiere decir.

El hombre sacó una fotografía de su esposa.

—Mire —dijo—, como esto. Así es mi mujer de verdad.

Picasso parecía incrédulo.

—Es muy pequeña, ¿no? Y un poco plana, ¿no?

Un artista, un leñador y un botánico que dan un paseo por un bosque tendrán experiencias muy diferentes y advertirán cosas muy distintas. Si usted va por el mundo buscando la excelencia, encontrará la excelencia; si va por el mundo buscando problemas, encontrará problemas. O, como dice el proverbio árabe: «Lo que pueda significar un trozo de pan dependerá de que tengas hambre o no».

Convicciones (o creencias), intereses y percepciones muy estrechos, darán como resultado un mundo empobrecido, predecible y aburrido. Este mismo mundo puede ser rico y excitante; la diferencia no estriba en el mundo sino en los filtros por los que lo percibimos.

Tenemos muchos filtros naturales útiles y necesarios. El lenguaje es un filtro. Es un mapa de nuestros pensamientos y experiencias, trasladado del mundo real a un nivel ulterior. Piense un instante en lo que la palabra «belleza» significa para usted. Sin duda alguna usted tiene recuerdos y experiencias, imágenes internas, sonidos y sentimientos que le permiten dar sentido a esa palabra. Del mismo modo, otra persona tendrá diferentes recuerdos y experiencias y pensará sobre esa palabra de forma distinta. ¿Quién tiene razón? Ambos, cada uno dentro de su propia realidad. La palabra no es la experiencia que describe, si bien hay personas que pelearían e incluso morirían creyendo que el mapa es el territorio.

Nuestras convicciones también actúan como filtros, haciendo que actuemos de ciertas maneras y advirtamos unas cosas a costa de otras. La PNL ofrece una manera de pensar sobre nosotros mismos y el mundo; es un filtro en sí misma. Para usar la PNL no hay que cambiar de convicciones o valores, sino ser simplemente curioso y estar preparado para experimentar. Todas las generalizaciones sobre las personas son falsas en alguna persona, porque cada persona es única. Por ello la PNL no afirma ser objetivamente verdad; es un modelo, y los modelos son supuestamente útiles. Hay algunas ideas básicas en la PNL que son muy útiles. Le invitamos a que se porte como si fueran verdaderas y vea la diferencia que marcan. Cambiando sus filtros usted puede cambiar su mundo.

Algunos de los filtros básicos de la PNL suelen llamarse *Marcos de conducta*. Éstos consisten en formas de pensar acerca de cómo actuamos.

El primer marco es una orientación hacia *objetivos* más que hacia *problemas*. Esto quiere decir descubrir lo que nosotros y los demás queremos, descubrir los propios recursos y utilizarlos para dirigirnos hacia nuestra meta. La orientación hacia los problemas suele llamarse muchas veces «Marco de reprobación». Se refiere a un análisis detallado acerca de lo que está mal. Quiere decir hacerse preguntas como «¿Por qué tengo este problema? ¿En qué medida me limita? ¿Quién tiene la culpa?». Este tipo de preguntas normalmente no conduce a nada útil. Hacérselas lleva a uno a sentirse peor de como estaba al comienzo, y no contribuye en nada a resolver el problema.

El segundo marco consiste en preguntarse *¿Cómo?* más que *¿Por qué?* Las preguntas sobre el cómo le llevarán a comprender la estructura de un problema. Las preguntas sobre el porqué probablemente le proporcionarán justificaciones y razones, sin producir ningún cambio.

El tercer marco es *Interacción (Feedback)* frente a *Fracaso (Failure)*. El fracaso no existe, sólo hay resultados. Esto puede utilizarse como interacción, correcciones útiles, una oportunidad espléndida para darse cuenta de cosas que le hubieran pasado inadvertidas. Fracaso es simplemente una forma de describir un resultado que usted no quería. Usted puede utilizar los resultados que ha conseguido para corregir la dirección de sus esfuerzos. La interacción mantiene el objetivo a la vista. El fracaso es una vía muerta. Dos palabras muy similares [en inglés], pero que representan dos formas completamente diferentes de pensar.

El cuarto marco consiste en considerar *Posibilidades* más que *Necesidades*. Aquí también hay un desplazamiento de enfoque: fijarse en lo que se puede hacer, en las opciones posibles, más que en las limitaciones de una situación. A menudo las barreras son menos grandiosas de lo que parecen.

Por último, la PNL adopta una actitud de *Curiosidad* y *Fascinación* más que de hacer *Suposiciones*. Esta es una idea muy sencilla que tiene profundas consecuencias. Los jóvenes aprenden a una velocidad tremenda, gracias a su curiosidad por todo. Son ignorantes, y saben que lo son, y por eso temen que los tilden de estúpidos si hacen preguntas. Después de todo, hubo un tiempo en el que todos «sabían» que la Tierra giraba alrededor del Sol, que un objeto más pesado que el aire no podía volar, y, por supuesto, que correr la milla en menos de cuatro minutos era fisiológicamente imposible. Lo único que permanece constante es el cambio.

Otra idea útil es que todos nosotros tenemos, o podemos crear, los recursos internos que necesitamos para alcanzar nuestras metas. Usted estará más cerca de conseguir el éxito si actúa como si esto fuera verdad que si cree lo contrario.

Aprender, desaprender y reaprender

Aunque de una manera consciente sólo seamos capaces de tomar una cantidad muy pequeña de la información que nos ofrece el mundo, advertimos y respondemos a una cantidad mucho mayor sin darnos cuenta. Nuestra parte consciente es muy limitada y parece ser capaz de seguir un máximo de siete variables o trozos de información al mismo tiempo.

Esta idea fue esbozada por el psicólogo estadounidense George Miller en 1956 en un artículo clásico titulado *The Magic Number Seven, Plus or Minus Two* [El número mágico de siete, más o menos dos]. Estos trozos de información no tienen un tamaño fijo, y pueden consistir en cualquier cosa, desde conducir un coche hasta mirar por el espejo retrovisor. Una forma de aprender es mediante el dominio consciente de pequeños trozos de comportamiento que, combinándolos en cadenas más y más largas, se convierten en habituales e inconscientes. Construimos hábitos y así nos liberamos para poder advertir otras cosas.

De modo que nuestra parte consciente está limitada a siete, más o menos dos, trozos de información, ya sea del mundo interior de nuestros pensamientos o del mundo exterior. Nuestro inconsciente, por el contrario, lo constituyen todos los procesos vitales de nuestro cuerpo, todo lo que hemos aprendido, nuestras experiencias pasadas, y todo lo que podríamos advertir en el momento presente, aunque no lo hagamos. El inconsciente es más listo que el consciente. La idea de ser capaz de entender un mundo infinitamente complejo con una parte consciente que sólo puede abarcar siete trozos de información a la vez es, por supuesto, ridícula.

La noción de consciente e inconsciente es fundamental en este modelo de cómo aprendemos. En la PNL una cosa es consciente cuando nos damos cuenta de ella en el momento presente, como esta frase lo está ahora. Una cosa será inconsciente cuando no nos enteramos de ella en el momento presente. Los sonidos de fondo que usted pueda oír eran probablemente inconscientes hasta que leyó esta frase. La memoria de su primera visión de la nieve está probablemente fuera del alcance de su conocimiento consciente. Si usted ha ayudado alguna vez a un niño a aprender a ir en bicicleta, habrá advertido lo inconsciente que esta habilidad se ha vuelto en usted. Y el proceso de conversión de su última comida en pelo y uñas permanecerá, con toda probabilidad, inconsciente para siempre. Vivimos en una cultura que cree que la mayor parte de todo lo que hacemos lo hacemos de forma consciente y, sin embargo, la mayor parte de lo que hacemos, y lo que hacemos mejor, lo hacemos de forma inconsciente.

El punto de vista tradicional dice que aprender algo se divide en cuatro etapas. Primero está la incompetencia inconsciente; usted no solamente no sabe hacer algo, sino que no sabe que no sabe. Por ejemplo, si nunca ha conducido un coche, usted no tiene idea de lo que es.

Así que usted empieza a aprender. Muy pronto descubre sus limitaciones; ha recibido unas clases y se fija de forma consciente en todos los instrumentos, en el volante, en coordinar el embrague y en mirar la carretera. Requiere toda su atención; todavía no es usted competente y se mantiene en las calles secundarias. Esta es la etapa de incompetencia consciente, cuando fuerza las marchas, no domina el volante y da sustos de muerte a los ciclistas. Aunque esta etapa es muy incómoda (especialmente para los ciclistas), es el momento en que más se aprende.

Esto le lleva a la etapa de competencia consciente. Usted puede conducir el automóvil, pero requiere toda su atención; ha aprendido la habilidad, pero todavía no la domina.

Finalmente, y es la finalidad del esfuerzo, tenemos la competencia inconsciente. Todos esos pequeños patrones que ha aprendido de forma tan concienzuda se armonizan en una suave unidad de conducta. Ahora ya puede escuchar la radio, disfrutar del paisaje y mantener una conversación al mismo tiempo que conduce. Su parte consciente fija el objetivo y lo deja al inconsciente para que lo lleve a cabo, liberando su atención para otras cosas.

Si usted practica algo el tiempo suficiente, alcanzará esta cuarta etapa y creará hábitos. En este punto la habilidad se ha convertido en inconsciente. Sin embargo, los hábitos pueden no ser los más efectivos para realizar esa tarea; nuestros filtros pueden habernos hecho perder alguna información importante en nuestro camino hacia la competencia inconsciente.

Supongamos que usted es un jugador pasable de tenis y quiere mejorar. El entrenador le habrá estado mirando y empezará a pedirle que cambie cosas como el juego de piernas, la forma de sostener la raqueta y la forma en que la mueve. En otras palabras, habrá cogido lo que para usted era una sola pieza de conducta —dar un drive—, lo habrá desmenuzado en algunos de sus componentes y lo reconstruirá de forma que usted pueda mejorar su drive. Usted dará marcha atrás en las etapas de aprendizaje hasta la incompetencia consciente y tendrá que desaprender antes de reaprender. La única razón para esto es la de construir nuevas opciones, modelos más eficaces.

Lo mismo pasa en el aprendizaje de la PNL. Nosotros ya tenemos habilidades comunicativas y de aprendizaje. La PNL le ofrece depurar sus habilidades y le da más opciones y más flexibilidad para usarlas.

Las cuatro etapas del aprendizaje:
1. Incompetencia inconsciente
2. Incompetencia consciente
3. Competencia consciente
4. Competencia inconsciente

Desaprender es ir del número 4 al 2.
Reaprender es ir del número 2 al 4 con más opciones.

Profundizaremos más en otros modelos de aprendizaje más adelante.

El seminario de tres minutos

Si la PNL tuviera que ser resumida en un seminario de tres minutos, sería más o menos así: el director del seminario entraría y diría:

—Señoras y señores, para tener éxito en la vida tienen que recordar tan sólo tres cosas.

»En primer lugar, saber lo que quieren; tener una idea clara de qué meta quieren alcanzar en cada situación.

»En segundo lugar, estar alerta y mantener los sentidos abiertos de forma que se den cuenta de lo que están obteniendo.

»En tercer lugar, tener la flexibilidad de ir cambiando su forma de actuar hasta que obtengan lo que querían».

Luego escribiría en la pizarra:

Objetivo
Agudeza
Flexibilidad

y se marcharía.

Fin del seminario.

Primero viene la habilidad de saber cuál es nuestro objetivo; si usted no sabe adónde va, se hace difícil llegar hasta allí.

Una parte importante de la PNL es el adiestramiento de la agudeza sensorial: dónde enfocar la atención y cómo cambiar y aumentar los filtros para que uno se dé cuenta de las cosas que antes había pasado por alto. Es tomar conciencia sensorial en el momento presente; la comunicación con otros significa advertir los signos pequeños pero cruciales que nos dejan saber cómo están respondiendo. El pensamiento, esto es, la comunicación con uno mismo, significa una mayor conciencia de las imágenes internas, sonidos y sentimientos.

Se necesita agudeza o sensibilidad para advertir si lo que se está haciendo lleva a lo que se quiere. Si lo que usted está haciendo no funciona, haga otra cosa, cualquier otra cosa. Usted necesita oír, ver y sentir lo que está pasando y tener un abanico de respuestas.

La PNL aspira a dar a las personas más opciones en lo que hagan. Tener una sola vía para hacer las cosas no es ninguna opción. Unas veces funcionará y otras no, así que siempre habrá situaciones que no podrá solucionar. Dos opciones le pondrían en un dilema. Tener opciones significa poder usar un mínimo de tres enfoques. En cualquier situación, aquella persona que tenga más opciones a la hora de actuar, que tenga la mayor flexibilidad de comportamiento, será la que conserve el control de la situación.

Si usted siempre hace lo que ha hecho siempre, siempre obtendrá lo que siempre ha obtenido. Si lo que está haciendo no funciona, haga otra cosa.

Cuantas más opciones, más oportunidades de éxito.

La forma como estas habilidades funcionan juntas es muy parecida a lo que sucede cuando usted alquila un bote de remos para explorar un trecho de agua: usted decide a dónde quiere ir, es su objetivo inicial. Comienza a remar y presta atención a su dirección: es su agudeza sensorial. Compara su dirección con el lugar a donde se dirige y, si se desvía, cambia de dirección. Este ciclo se irá repitiendo hasta que llegue a su destino.

Luego se propondrá otro destino; podrá cambiar su objetivo en cualquier punto del ciclo, seguirá disfrutando del paseo e irá aprendiendo cosas durante el mismo. El camino tendrá la forma de zigzag; es muy raro que se siga un camino completamente recto hasta el lugar adonde se quiere llegar.

Objetivos

—¿Podría decirme, por favor, qué camino he de seguir desde aquí?
—Eso depende en buena medida del lugar adonde quieras ir
—dijo el gato.
—No me importa mucho adónde... —dijo Alicia.
—Entonces no importa por dónde vayas —dijo el gato.

LEWIS CARROLL, *Alicia en el País de las maravillas*

Empecemos por el principio: los objetivos o resultados. Cuanto más precisa y positivamente pueda definir lo que quiere, y cuanto más programe su cerebro para buscar y advertir posibilidades, tanto más seguro estará de obtener lo que quiere. Las oportunidades existen cuando son reconocidas como tales.

Para vivir la vida que usted quiere, es preciso que sepa lo que quiere. Ser efectivo en el mundo significa producir los resultados que usted elige. El primer paso es elegir; si usted no lo hace, ya hay suficientes personas ansiosas de elegir por usted.

¿Cómo sabe usted lo que quiere? Deberá usted decidirlo. Hay algunas reglas para hacerlo de forma que tenga usted las mayores posibilidades de éxito. En palabras de la PNL, usted elige un objetivo bien elaborado. Esto es, un objetivo que esté bien elaborado según los criterios siguientes.

Primero, deberá estar enunciado de forma positiva. Es más fácil irse acercando hacia lo que se quiere que alejarse de lo que no se quiere. De todos modos, no se puede uno mover hacia algo si no se sabe lo que es.

Por ejemplo, piense por un instante en un canguro.

¿Está pensando en un canguro?

Bien.

Ahora deje de pensar en el canguro mientras acaba de leer esta página. Impida que la idea del canguro aparezca por su mente durante el minuto siguiente o así. ¿No es cierto que está usted pensando en el canguro?

Ahora piense en lo que va a hacer mañana...

Para deshacerse del persistente canguro, tiene usted que pensar en algo enunciado positivamente.

Este truco nos hace comprender que el cerebro sólo puede entender lo negativo convirtiéndolo en positivo. Para evitar algo, hay que saber lo que se está evitando y mantener la atención en ello. Deberá usted pensar en ello para saber en qué no hay que pensar, del mismo modo que hay que mantener un objetivo a la vista para evitar golpearlo. Cualquier cosa a lo que uno se resista, persiste. Es ésta una de las razones por la que dejar de fumar es tan difícil: debe usted estar pensando continuamente en fumar para poder dejarlo.

Segundo, debe usted tomar parte activa, la meta debe estar razonablemente bajo su control. Los objetivos que se basan primeramente en otras personas que tomen parte en la acción no están bien elaborados. Si la gente no responde de la forma que usted quería, se quedará atascado. Concéntrese más bien en lo que deberá hacer para inducir estas respuestas; así por ejemplo, en vez de esperar a conocer a alguien, piense en lo que puede hacer para conocerlo.

Piense en su objetivo tan específicamente como le sea posible. ¿Qué es lo que verá, escuchará y sentirá? Imagíneselo en su totalidad y descríbaselo o escríbalo en términos de quién, qué, dónde, cuándo y cómo. Cuanto más completa esté la idea de lo que quiere, más fácil será para su cerebro poder ensayarla y advertir las oportunidades para lograrlo. ¿En qué contexto lo quiere? ¿Están estos contextos donde usted no quiere?

¿Cómo va a saber que ha alcanzado su objetivo? ¿Cuál es la evidencia de base sensorial que le permitirá saber que ha conseguido lo que quería? ¿Qué es lo que verá, oirá y sentirá cuando lo haya logrado? Algunos objetivos tienen un final tan amplio que se necesitarían varias vidas para alcanzarlos. También sería deseable que se pusiera una limitación de tiempo en lo que desee alcanzar.

¿Tiene usted los recursos para iniciar y mantener el objetivo? ¿Qué es lo que necesita? ¿Ya lo tiene? Si no, ¿cómo va a conseguirlo? Es este un punto que tiene que ser cuidadosamente explorado. Estos recursos pueden ser internos (habilidades específicas o estados positivos de la mente) o externos. Si se encuentra con que necesita recursos externos, podría necesitar proponerse un objetivo subsidiario para lograrlos.

El objetivo debe ser de un tamaño apropiado; podría ser demasiado grande, en cuyo caso debería dividirse en varios objetivos de menor tamaño y más asequibles. Por ejemplo, podría ponerse como objetivo llegar a ser un jugador de tenis extraordinario. Evidentemente, esto no se cumplirá en una semana, es demasiado vago y a largo plazo. Es necesario fraccionarlo en porciones menores, por lo que deberá preguntarse: «¿Qué es lo que me impide lograrlo?».

Esta cuestión planteará algunos problemas obvios; por ejemplo: carece de una buena raqueta, y necesitará ser entrenado por un jugador profesional. Luego convierta estos problemas en objetivos preguntándose a sí mismo: «¿Qué es lo que quiero ahora?». Necesito comprarme una buena raqueta y encontrar un entrenador. Un problema es simplemente un objetivo mal enunciado.

Usted probablemente deberá realizar este proceso varias veces si tiene un objetivo muy grande antes de llegar a un primer paso razonable y alcanzable. Incluso el más largo de los viajes comienza con un primer paso (en la dirección correcta, por supuesto).

Por otro lado, el objetivo podría parecerle demasiado pequeño y trivial como para motivarle. Por ejemplo, podría proponerme ordenar el despacho, una tarea pequeña y no muy excitante. Para aportar un poco de energía a esto, debería establecer una relación con un objetivo mayor, más importante y motivadora. Por ello me preguntaré: «Si realizo esta tarea, ¿qué voy a conseguir?». En este ejemplo, podría ser un paso necesario para crear un espacio de trabajo donde realizar cosas más interesantes. Una vez establecida la relación, puedo acometer el objetivo pequeño con energía obtenida del mayor.

El marco final que rodea la elección de los objetivos es la ecología. Nadie existe aisladamente; todos formamos parte de un sistema mayor, la familia, el trabajo, las amistades y la sociedad en general. Deberá considerar las consecuencias de alcanzar su objetivo en el contexto de estas relaciones más amplias. ¿Va a haber algún tipo de secuela no deseable? ¿De qué va a tener que prescindir, o apropiarse, para alcanzarlo?

Por ejemplo, usted quiere tener más trabajo por libre; esto le requerirá más tiempo, por lo que estará menos con su familia. Además, conseguir un gran contrato puede incrementar su trabajo en forma tal que es posible que no pueda realizarlo en forma adecuada. Por ello deberá asegurarse de que su objetivo está en armonía con usted como persona en su totalidad. Los objetivos no consisten en conseguir lo que usted quiere a costa de otros. Los resultados más satisfactorios y valiosos se consiguen negociando y cooperando para establecer objetivos compartidos donde todos ganan. De esta manera se tiene en cuenta, de forma automática, la cuestión ecológica.

Este tipo de cuestiones pueden hacerle revisar su meta, o cambiarla por otra que sirva para el mismo propósito, pero sin tener consecuencias no deseadas. El ejemplo clásico de elección de un objetivo antiecológico es el rey Midas, que quería que *todo* lo que tocase se convirtiera en oro. Pronto se dio cuenta de que era un claro riesgo.

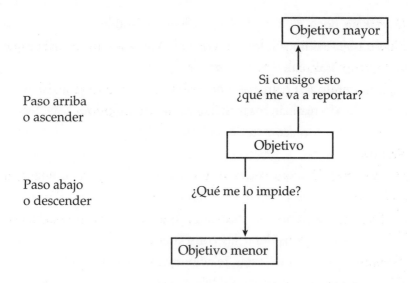

Resumen de los objetivos

Se puede usted acordar de todo esto por mnemotecnia, utilizando la palabra Popeert, formada por la primera letra de la palabra clave en cada paso (Positivo, Parte propia, Especificidad, Evidencia, Recursos, Tamaño), o mediante alguna otra fórmula de su invención.

Positivo
Piense en lo que quiere más que en lo que no quiere.
    Pregúntese: «¿Qué es lo que quisiera tener?».
            «¿Qué es lo que realmente quiero?».

Parte propia
Piense en que lo que quiere hacer activamente está bajo su control.
    Pregúntese: «¿Qué voy a hacer para alcanzar mi objetivo?».
            «¿Cómo puedo empezar y mantenerlo?».

Especificidad
Imagínese el objetivo de la manera más específica posible.
    Pregúntese: «¿Quién, dónde, cuándo, qué y cómo, específicamente?».

Evidencia

Piense en la evidencia de base sensorial que le permitirá saber que ha logrado lo que quería.

Pregúntese: «¿Qué veré, oiré y sentiré cuando lo tenga?».

«¿Cómo sabré que lo he conseguido?».

Recursos

¿Tiene usted los recursos y opciones adecuados para alcanzar su objetivo?

Pregúntese: «¿Qué recursos necesito para alcanzar mi objetivo?».

Tamaño

¿Tiene el objetivo el tamaño adecuado?

Si es muy grande, pregúntese: «¿Qué es lo que me impide alcanzarlo?», y convierta los problemas en pequeños objetivos; hágalos lo bastante pequeños y alcanzables.

Si es muy pequeño para motivarle, pregúntese: «Si alcanzo esté objetivo, ¿qué me va a reportar?».

No ceje hasta que lo relacione con un objetivo que sea lo bastante grande y motivador.

Marco ecológico

Sopese las consecuencias en su vida y sus relaciones si consiguiera su objetivo.

Pregúntese: «¿Quién más produce este efecto?».

«¿Qué pasará si consigo mi objetivo?».

«Si pudiera tenerlo ya, ¿lo cogería?».

Considere los sentimientos de duda que comiencen con un «sí, pero…».

¿Qué consideraciones representan estos sentimientos de duda?

¿Cómo podría cambiar su objetivo para tenerlos en cuenta?

Ahora haga pasar este objetivo modificado por todos los pasos anteriores para ver que sigue siendo un objetivo bien elaborado.

El último paso es *pasar a la acción*.

Tiene usted que realizar el primer movimiento.

El viaje de mil kilómetros comienza con un primer paso.

Si el objetivo está bien elaborado, es alcanzable, motivador y, con toda probabilidad, lo impulsará a lograrlo.

Estado presente y estado deseado

Una manera de pensar en cambios en el trabajo, desarrollo personal o educación es un viaje desde el estado presente al estado deseado. Un problema es la diferencia entre ambos; al imponerse usted un objetivo en el futuro, de alguna forma ha creado un problema en el presente y, recíprocamente, cada problema del presente se puede convertir en un objetivo.

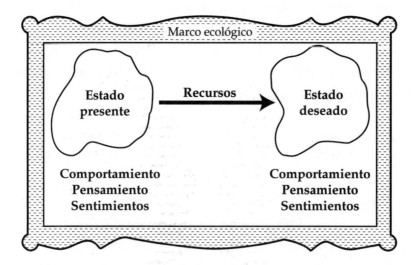

Su comportamiento, pensamientos y sentimientos serán diferentes en el estado presente y en el estado deseado; y, para pasar de un estado a otro, necesitará recursos.

La energía para el viaje viene de la motivación. El estado deseado deberá ser algo que de verdad queramos, o estar relacionado con algo que de verdad queramos. Deberemos estar también comprometidos con el objetivo; las reservas muestran, a menudo, que la ecología no ha sido tomada en cuenta. En resumen, deberemos querer realizar el viaje y creer que el objetivo es alcanzable y útil.

Habilidades, técnicas y estados mentales son los medios para alcanzar la meta. Pueden abarcar nuestra fisiología, nutrición, energía y resistencia. Las técnicas de la PNL son poderosos recursos para vencer barreras, resistencias e interferencias.

Comunicación

Comunicación es una palabra comodín que cubre casi cualquier tipo de relación con otros: una conversación corriente, la persuasión, la enseñanza o la negociación.

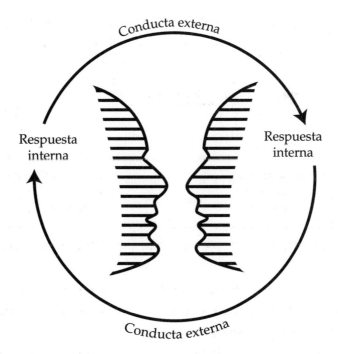

Anillos encantados.

¿Qué significa «comunicación»? La palabra es un nombre estático, pero en realidad la comunicación es un ciclo o círculo que se realiza entre dos personas al menos. No se puede usted comunicar con un maniquí de cera; lo que hiciera usted no tendría sentido, no habría respuesta. Cuando usted se comunica con una persona, escucha su respuesta y reacciona con sus propios pensamientos y sentimientos. Su conducta en ese momento está generada por las respuestas internas a lo que usted vea y oiga. Solamente prestando atención a la otra persona tiene usted idea de lo que hará o dirá después; su interlocutor responde a su conducta de la misma forma.

Usted se comunica mediante palabras, calidad de voz y con el cuerpo: posturas, gestos, expresiones. Usted no puede no comunicar; algún tipo de mensaje se da incluso cuando no dice nada y se mantiene quieto. Por este motivo, la comunicación está compuesta por un mensaje que pasa de una persona a otra. ¿Cómo sabe usted que el mensaje que da es el mensaje que reciben lo demás? Es probable que tenga la experiencia de haber hecho un comentario neutral a alguien y verse sorprendido por el significado que le dieron. ¿Cómo puede asegurarse de que el significado que los demás le den es el que usted se propone?

Hay un ejercicio interesante empleado en los cursos de entrenamiento de la PNL: usted escoge una oración simple, por ejemplo, «Hoy hace un buen día», y tres mensajes emocionales básicos que quiera transmitir con ella. Podrá decir la frase de forma alegre, amenazadora y sarcástica. Dice la oración de tres formas a la otra persona sin decirle los tres mensajes que quería transmitir, y su interlocutor, luego, le dice los mensajes emocionales que captó de su oración. Unas veces lo que usted intentaba transmitir se corresponde con lo que su interlocutor captó; otras, no. A partir de aquí podrá usted empezar a explorar lo que debería variar en su voz y lenguaje corporal para asegurarse de que el mensaje que reciban sus oyentes sea el mismo que usted envía.

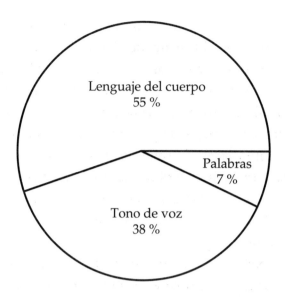

La comunicación es mucho más que las palabras que emitimos; éstas forman solamente una pequeña parte de nuestra expresividad como seres humanos. Las investigaciones demuestran que en una presentación ante un grupo de personas, el 55 por ciento del impacto viene determinado por el lenguaje corporal —postura, gestos y contacto visual—, el 38 por ciento por el tono de voz, y sólo el 7 por ciento por el contenido de la presentación.[1]

Los porcentajes exactos variarán de acuerdo a situaciones diferentes, pero, de forma muy clara, el lenguaje corporal y el tono marcan una enorme diferencia en el impacto y el significado de lo que decimos. No es tanto lo que digamos sino cómo lo digamos lo que marca la diferencia. Margaret Thatcher invirtió mucho tiempo y esfuerzos para alterar su calidad de voz. La tonalidad y el lenguaje corporal determinan que la palabra «Hola» signifique un simple reconocimiento, una amenaza, una humillación o un agradable saludo. Los actores, en realidad, no trabajan con palabras,

1. Mehrabian y Ferris, «Inference of Attitudes from Nonverbal Communication in Two Channels», en *The Journal of Counselling Psychology*, vol. 31, 1967, pp. 248-252.

practican tonos y lenguaje corporal. Todo actor debe ser capaz de dar, al menos, una docena de matices diferentes al significado de la palabra «no». Todos nosotros damos muchos matices de significado en nuestras conversaciones cotidianas y, con toda probabilidad, también tenemos una docena de maneras diferentes de decir «no», sólo que no somos conscientes de ello.

Si las palabras son el contenido del mensaje, las posturas, gestos, expresión y tono de voz son el contexto en el que el mensaje está enmarcado, y juntos dan sentido a la comunicación.

Por ello, no hay garantía de que la otra persona capte el significado que usted intenta comunicar. La respuesta nos remite, una vez más, al objetivo, agudeza y flexibilidad. Usted tiene un objetivo en su comunicación; se da cuenta de las respuestas que obtiene, y va cambiando lo que hace o dice hasta obtener la respuesta que buscaba.

Para ser un eficaz comunicador actúe según el siguiente principio:

El significado de la comunicación es la respuesta que usted obtiene.

Utilizamos de forma constante nuestras habilidades comunicativas para influir en la gente; toda terapia, gestión y educación comporta el hecho de influir, así como habilidades comunicativas. Hay una paradoja en el hecho que, mientras nadie está interesado en aprender habilidades que no sean efectivas, las habilidades efectivas pueden ser denigradas y etiquetadas como manipulaciones. La manipulación arrastra una connotación negativa: que alguien está, de alguna manera, forzando a otra persona a hacer algo en contra de sus intereses.

Esto no puede decirse, en modo alguno, de la PNL que tiene la prudencia, opción y ecología en su misma base. La PNL es la capacidad de responder de forma afectiva a los demás y comprender y respetar su modelo del mundo. La comunicación es un círculo: lo que usted hace influye en otras personas, y lo que ellas hagan influye en usted; no puede ser de otra manera. Usted puede hacerse responsable por su parte en el círculo. Usted ya ha influido en otras personas, la única opción es la de ser o no consciente de los efectos que usted crea. La única cuestión es: ¿puede usted influir con integridad? ¿Está de acuerdo con sus valores la influencia que acaba de recibir? Las técnicas de la PNL son neutrales; sucede como con los coches: cómo se usen y para lo que sean utilizados dependerá de las habilidades e intenciones de las personas que los conduzcan.

Sintonía

¿Cómo podemos entrar en el círculo de la comunicación? ¿Cómo podemos respetar y apreciar el modelo del mundo de otra persona manteniendo, al mismo tiempo, nuestra integridad? En educación, terapia, asesoramiento, negocios, ventas y capacitación, la sintonía o empatía es esencial para establecer una atmósfera de credibilidad, confianza y participación donde la gente pueda responder libremente. ¿Qué hacemos para estar en sintonía con las personas, cómo creamos una relación de credibilidad e interés, y cómo podemos mejorar y ampliar esta habilidad natural?

Para obtener una respuesta práctica, más que teórica, demos la vuelta a la cuestión: ¿cómo sabe usted que dos personas están en sintonía? Al mirar en restaurantes, oficinas o lugares donde la gente se encuentra y charla, ¿cómo sabe usted qué personas están en sintonía y qué personas no?

Cuando dos personas están en sintonía, la comunicación parece fluir; tanto sus cuerpos como sus palabras están en armonía. Lo que decimos puede crear o destruir la sintonía, pero eso forma sólo el 7 por ciento de la comunicación. El lenguaje del cuerpo y la tonalidad son más importantes. Usted puede haber notado que las personas que sintonizan tienden a reflejarse y complementarse en las posturas, gestos y contacto visual. Es como un baile donde cada uno responde a y refleja los movimientos del otro con movimientos propios; están metidos en un baile de mutua correspondencia. Su lenguaje corporal es complementario.

¿Se ha dado cuenta al disfrutar alguna vez de una conversación con alguien de que los cuerpos de ambos han adoptado la misma postura? Cuanto más profunda sea la sintonía, más cercana tenderá a ser la correspondencia. Esta habilidad parecerá innata, puesto que los recién nacidos se mueven al ritmo de las voces que les rodean. Cuando las personas no están en sintonía, sus cuerpos lo reflejan: sea lo que sea de lo que estén hablando, sus cuerpos no se corresponderán. No están inmersos en la danza y usted podrá verlo inmediatamente.

La gente de éxito crea sintonía, y la sintonía crea credibilidad. Usted puede crear sintonía con la persona que usted desee mediante la depuración consciente de las habilidades naturales para la sintonía que usted emplea cada día. Al igualar y reflejar el lenguaje corporal y la tonalidad, podrá usted ganar muy rápidamente sintonía con casi cualquiera. Corresponder al contacto visual es una habilidad de intimidad obvia y, por regla general, la única que es conscientemente enseñada en la cultura inglesa, la cual tiene un fuerte tabú contra la observación consciente del lenguaje corporal, así como contra el hecho de responder a él.

Para crear sintonía, únase al baile de la otra persona igualando su lenguaje corporal de forma sensible y respetuosa. Esto crea un puente entre usted y el modelo del mundo de los demás; igualar no quiere decir imitar, lo cual sería una copia obvia, exagerada e indiscriminada de los movimientos de otra persona, y por lo general se considera ofensivo. Se pueden igualar los movimientos de brazos de la otra persona con pequeños movimientos de la mano, los movimientos del cuerpo con movimientos de la cabeza; es lo que se llaman «reflejos cruzados». Esto también se puede hacer mediante la distribución del peso del cuerpo y la postura básica. Cuando las personas se parecen unas a otras, se gustan unas a otras. Respirar al unísono es una forma muy poderosa de aumentar la sintonía; puede que usted ya haya observado que cuando dos personas están en gran intimidad, respiran al unísono.

Estos son los elementos básicos de la sintonía, pero no se limite a creer lo que decimos: observe qué sucede cuando usted refleja simétricamente a los demás, luego observe qué sucede cuando se detiene. Observe qué hacen las personas que están en sintonía. Empiece a ser consciente de lo que usted hace de forma natural para que pueda mejorarlo y decidir cuándo emplearlo.

Observe, de manera especial, lo que sucede cuando sus gestos no se correspondan con los del otro; algunos consejeros y terapeutas corresponden a y reflejan los gestos del otro de forma inconsciente, casi compulsiva. La no correspondencia es una habilidad muy útil. La manera más elegante de terminar una conversación es desentenderse de ella. Y no se puede dejar de bailar si no se estaba bailando. Por supuesto, la no correspondencia más extrema es dar la espalda.

La igualdad de tono en la voz es otra de las formas por las que puede mejorar su sintonía. Puede adecuar el tono, velocidad, volumen y ritmo al hablar. Esto es como unirse a la canción o música de otra persona: ambos se mezclan y armonizan. Puede adecuar el tono de la voz para sintonizar en una conversación telefónica; como también puede hacer lo contrario, cambiando la velocidad y el tono de la voz para terminar la conversación. Es ésta una habilidad muy útil; terminar una conversación telefónica de manera natural es, a veces, muy difícil.

Hay sólo dos límites a su habilidad para lograr sintonía: el grado de percepción que tenga para captar las posturas, gestos y forma de hablar de las otras personas; y la habilidad con que pueda corresponder a ellas en el baile de la sintonía. La relación será un baile armónico entre su integridad, lo que usted pueda hacer y creer de todo corazón, y lo lejos que esté dispuesto a llegar en la construcción de un puente hacia el modelo de mundo de otra persona.

Observe cómo se siente cuando trata de igualar; puede muy bien sentirse incómodo al hacerlo con ciertas personas. Con toda seguridad, hay ciertas conductas que uno no querría igualar directamente; no va a igualar un patrón respiratorio que sea mucho más rápido del que es natural para usted, ni igualará el patrón respiratorio de un asmático. Podrá, eso sí, reflejarlos con pequeños movimientos de las manos. Los movimientos nerviosos de una persona pueden ser sutilmente reflejados con movimientos oscilatorios del cuerpo. Se llama a esto, a veces, correspondencia (o igualación) cruzada, el hecho de emplear una conducta análoga más que una correspondencia directa. Si está usted preparado para usar estas habilidades de forma consciente, podrá entonces crear sintonía con la persona que usted elija. No tiene por qué gustarle la otra persona para establecer esta sintonía, está usted simplemente construyendo un puente para comprenderla mejor. Crear sintonía es una opción, y usted no sabrá si es efectiva o qué efectos puede producir a menos que *la haya probado.*

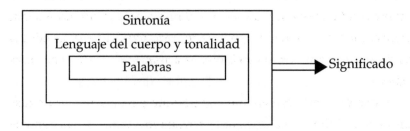

Tenemos, pues, que la sintonía es el contexto total que rodea al mensaje verbal. Si el significado de la comunicación es la respuesta que provoca, conseguir la sintonía es la habilidad para provocar respuestas.

Compartir y dirigir

La sintonía le permite construir un puente hacia la otra persona; tienen así algún punto de comprensión y contacto. Con esto establecido, puede usted empezar a cambiar su conducta y ellos estarán en situación de seguirle. Puede usted guiarlos en otra dirección. Los mejores profesores son aquellos que establecen una sintonía y entran en el mundo del que está aprendiendo; de esta forma es más fácil para el alumno acceder a una mejor comprensión de la materia o habilidad. Se llevan bien con sus estudiantes, y la buena relación hace la tarea más sencilla.

En la PNL esto se llama compartir y dirigir. Compartir es establecer un puente mediante la sintonía y el respeto. Dirigir es cambiar su propia conducta para que la otra persona le siga; el liderazgo no funcionará sin sintonía. No se puede guiar a alguien por un puente si antes no lo ha construido. Cuando le dije a mi amigo que estaba escribiendo un libro sobre Programación neurolingüística, no estaba compartiendo nada con él, así que no podía guiarle hacia ninguna explicación sobre lo que estaba escribiendo.

Mantener la propia conducta sin cambios y esperar que sean los demás quienes le comprendan y guíen, es una opción. Unas veces dará buenos resultados, y otras no. Manteniendo siempre su propia conducta obtendrá todo tipo de resultados, y no todos serán bienvenidos. Si usted está preparado para modificar su conducta para que se amolde a su objetivo, está preparado para tener más éxito.

Estamos constantemente compartiendo para amoldarnos a distintas situaciones sociales, para hacer que los demás se sientan cómodos y para sentirnos cómodos nosotros mismos: compartimos diferentes culturas respetando las costumbres extranjeras; si queremos entrar en un hotel de lujo, llevamos corbata; no maldecimos delante de un sacerdote; vamos bien vestidos a una entrevista de trabajo si nuestras intenciones para obtenerlo son serias.

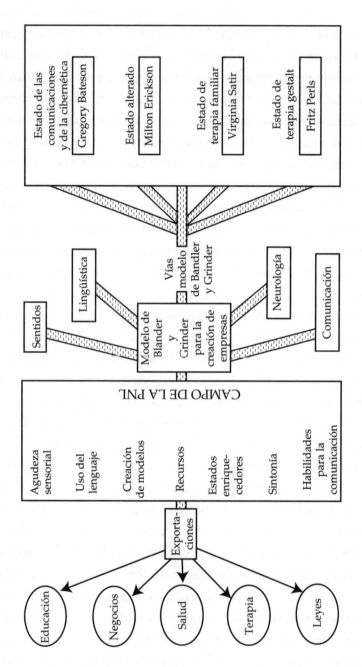

Cuadro fundamental de la PNL

Compartir es una habilidad general de la sintonía que empleamos cuando discutimos sobre intereses comunes, los amigos, el
trabajo o nuestras aficiones. Compartimos emociones. Cuando alguien que queremos está triste, usamos un tono y unos gestos com-
prensivos, no un cordial grito de «Ánimo!»; esto, probablemente, le
haría sentirse peor. No lo hace usted de mala fe, sino que abriga
una intención positiva, pero no funciona. Una opción mejor sería
reflejar e igualar los gestos, y emplear un tono suave acorde con los
sentimientos del otro. Luego ir cambiando de forma gradual y
ajustarse a una postura más positiva y útil. Si el puente está construido, la otra persona le seguirá; percibirá de manera inconsciente
que ha respetado su estado y estará dispuesta a seguirle si es esa la
dirección en que quiere ir. Esta forma de compartir y dirigir emocionalmente es una poderosa herramienta a la hora de aconsejar,
así como en las terapias.

Con una persona colérica, ponga su cólera a un nivel un poco
más abajo que el de la otra persona; si va demasiado lejos, hay el
peligro de entrar en una espiral. Una vez que estén en armonía,
puede empezar a guiarla para que rebaje de forma gradual su estado a otro más calmado, rebajando el tono y conducta de usted. Un
sentido de urgencia puede compartirse e igualarse mediante el tono
de voz, hablando un poco más alto y rápido de lo normal.

Usted consigue la intimidad apreciando lo que la gente dice;
no es necesario que esté usted de acuerdo con lo que digan. Una
buena manera de hacerlo es eliminando la palabra «pero» de su
vocabulario; reemplácela por «y». «Pero» puede ser una palabra
destructiva, implica que usted ha escuchado lo que han dicho,
pero... tiene algunas objeciones que rebajan su valor. «Y» es ino-
cente, simplemente añade y amplía lo que se haya dicho antes. Las
palabras encierran un gran poder en sí mismas. Debería considerar la posibilidad de realizar este cambio, aunque puede ser difícil.
Pero seguramente verá que vale la pena. Y conseguirá una mayor
sintonía.

Las personas que comparten una misma cultura tienden a tener unos valores comunes y una misma visión del mundo. Intereses comunes, el trabajo, los amigos, aficiones, gustos, fobias y persuasión política crearán cierta sintonía. Nos llevamos bien de manera natural con las personas que comparten nuestros valores y creencias básicos.

Compartir y dirigir son ideas básicas en la PNL; tienen en cuenta la intimidad y el respeto por el modelo del mundo de la otra persona. Asumen una intención positiva, y es una manera poderosa de encaminarse hacia un acuerdo o una meta compartida. Para compartir y dirigir de forma efectiva, se debe prestar atención a la otra persona y ser lo bastante flexible en la conducta propia como para responder a lo que se ve y oye. La PNL es el arte marcial de la comunicación: elegante, agradable y muy efectiva.

2

Las puertas de la percepción

El bucle de la comunicación tiene un punto de inicio: nuestros sentidos. Como señaló Aldous Huxley, las puertas de la percepción son los sentidos, nuestros ojos, oídos, boca y piel, y éstos son nuestros únicos puntos de contacto con el mundo.

Incluso estos puntos de contacto no son lo que parecen. Tomemos los ojos, por ejemplo, las «ventanas al mundo». Bien, pues no lo son. No son ventanas bajo ningún concepto, ni tan siquiera unas cámaras. ¿Se ha preguntado alguna vez por qué una cámara no puede captar la esencia de la imagen visual que está usted viendo? El ojo es mucho más inteligente que una cámara. Los receptores individuales, los bastones y conos de la retina no responden a la luz en sí misma, sino a los cambios o diferencias en la luz.

Consideremos la aparentemente sencilla tarea de mirar una de estas palabras. Si su ojo y el papel estuvieran completamente quietos, la palabra desaparecería tan pronto como cada bastón se hubiese disparado en respuesta al estímulo inicial en blanco o negro. Para seguir enviando información sobre la forma de las letras, el ojo tiembla rápida y minuciosamente para que las varillas de la zona de blanco y negro continúen estimuladas. De esta forma podemos seguir viendo la letra. La imagen se proyecta invertida en la retina, codificada en forma de impulsos eléctricos por los bastones y conos, y reorganizada, a partir de aquí, por el córtex visual del cerebro. La imagen resultante se proyecta luego «afuera», pero se crea en el interior del cerebro.

Por tanto, vemos mediante una compleja serie de filtros perceptivos activos. Lo mismo podemos decir del resto de sentidos. El mundo que percibimos no es el mundo real, el territorio; es un mapa hecho por nuestra neurología. Aquello en lo que nos fijemos de este mapa será nuevamente filtrado por nuestras convicciones, intereses o preocupaciones.

Podemos aprender a hacer que nuestros sentidos nos sirvan mejor. La habilidad de observar mejor y realizar distinciones más sutiles con todos los sentidos puede enriquecer de forma significativa la calidad de vida, y es una habilidad esencial en muchas áreas de trabajo. Un catador de vino necesita un paladar muy sensible, un músico debe tener la habilidad de realizar distinciones auditivas muy delicadas; un escultor o un tallador deben ser muy sensibles a la hora de sentir los materiales de donde van a sacar las figuras encerradas en la roca o la madera. Un pintor debe ser sensible a los matices de color y forma.

Aprender a realizar esto no es tanto aprender a ver más que los demás como saber qué buscar, aprendiendo a percibir la diferencia, que es lo que hace que las cosas sean diferentes. El desarrollo de una amplia sensibilidad en cada uno de nuestros sentidos estriba en la agudeza sensorial, y es una meta explícita de la PNL.

Sistemas representativos

La comunicación comienza con nuestros pensamientos, luego usamos las palabras, el tono y el lenguaje corporal para transmitirlos a la otra persona. ¿Y qué son los pensamientos? Hay muchas y muy variadas respuestas científicas, si bien todos sabemos íntimamente lo que es pensar *para nosotros*. Una forma útil de pensar sobre el pensamiento es que estamos empleando nuestros sentidos internamente.

Cuando pensamos en lo que vemos, oímos y sentimos, recreamos estas vistas, sonidos y sentimientos internamente. Reexperimentamos información en la forma sensorial en que la percibimos la primera vez. Unas veces somos conscientes de hacerlo, otras no. ¿Puede recordar dónde pasó las últimas vacaciones?

Ahora, ¿cómo se acuerda de algo? Puede que imágenes del lugar vengan a su mente; puede que diga un nombre o escuche sonidos. O puede que recuerde lo que sintió. Pensar es una actividad tan obvia y común que nunca nos paramos a pensar en ella. Tendemos a pensar en lo que estamos pensando, no en cómo lo estamos pensando. También damos por supuesto que los demás piensan de la misma manera que nosotros.

Así que una de las maneras en que pensamos es recordando de forma consciente o inconsciente las imágenes, sonidos, sentimientos, sabores y olores que hemos experimentado. A través del lenguaje, podemos crear variaciones de experiencias sensoriales sin haberlas experimentado de forma real. Lea el párrafo siguiente de la manera más lenta y relajada posible.

Tómese un momento para pensar en estar paseando por un bosque de pinos. Los árboles le sobrepasan en altura a su alrededor; ve los colores del bosque por todas partes, y el sol proyecta sombras de las copas y dibuja mosaicos en el suelo. Camina por una mancha de luz que se abre por entre el cálido techo de hojas que le cubre. A medida que va caminando, se va dando cuenta de la tranquilidad, rota sólo por los pájaros piando y el crujiente sonido de sus pasos al pisar la pinaza del suelo. De vez en cuando se oye un crujido seco y agudo al pisar una rama seca. Se acerca a un árbol y toca el tronco, sintiendo la aspereza de la corteza bajo su mano. Poco a poco se va dando cuenta de una suave brisa que le acaricia el rostro y, con ella, siente el olor aromático del pino mezclado con el olor de la tierra. Siguiendo su marcha, recuerda que la cena estará lista pronto y que tendrá uno de sus platos favoritos. Casi puede sentir la comida en su boca...

Para que este último párrafo tuviera sentido, usted ha tenido que pasar por estas experiencias en su mente, utilizando sus sentidos interiormente para representar la experiencia conjurada por las palabras. Probablemente ha creado la escena con fuerza suficiente para imaginarse el sabor de la comida en una situación absolutamente imaginaria. Si usted ha caminado alguna vez por un bosque de pinos, puede que haya recordado experiencias específicas de aquella ocasión. Si no, puede que se haya construido la experiencia a partir de experiencias similares, o empleando material de la televisión, cine, libros u otros recursos. Su experiencia era un mosaico de recuerdos e imaginación. La mayor parte de nuestros pensamientos es, típicamente, una mezcla de estas impresiones sensoriales recordadas y construidas.

Empleamos los mismos caminos neurológicos para representar la experiencia en nuestro interior que para experimentarla directamente. Las mismas neuronas generan cargas electroquímicas que pueden medirse con lectores electromiográficos. El pensamiento tiene efectos físicos directos, la mente y el cuerpo son un sistema. Piense por un momento en que está comiéndose su fruta favorita. La fruta puede ser imaginaria, la salivación no.

Utilizamos nuestros sentidos externamente para percibir el mundo, e interiormente para «representarnos» la experiencia a nosotros mismos. En la PNL las maneras como recogemos, almacenamos y codificamos la información en nuestra mente —ver, oír, sentir, gustar y oler— se conocen con el nombre de sistemas representativos.

El sistema visual, a menudo abreviado como «V», puede ser usado externamente (e) cuando miramos el mundo exterior (V^e), o internamente (i) cuando estamos visualizando con la mente (V^i). De la misma forma, el sistema auditivo (A), puede dividirse en escuchar sonidos externos (A^e) o internos (A^i). El sentido del tacto se llama sistema cinestésico (C). La cinestesia externa (C^e) incluye las sensaciones táctiles como el tacto, la temperatura y la humedad. La cinestesia interna (C^i) incluye sensaciones recordadas, emociones, y los sentidos internos del equilibrio y conciencia del propio cuerpo; se conoce como el sentido propioceptivo que nos informa en todo momento de nuestros movimientos. Sin ellos no podríamos controlar nuestros cuerpos en el espacio con los ojos cerrados. El sistema vestibular es una parte importante del sistema cinestésico. Tiene que ver con nuestro sentido del equilibrio, permitiéndonos mantener equilibrado el cuerpo en el espacio. Está situado en la compleja serie de canales situados en el oído interno. Habitualmente empleamos muchas metáforas relativas a este sistema (tambalearse, perder el equilibrio). El sistema vestibular tiene mucha importancia, y muchos lo consideran un sistema representativo independiente.

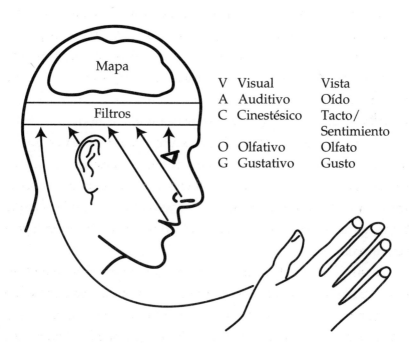

Sistemas representativos.

Los sistemas visual, auditivo y cinestésico son los sistemas representativos primarios empleados en la cultura occidental. Los sentidos del gusto (G) y olfato (O) no son tan importantes y a menudo se incluyen en el sentido cinestésico. Sirven, muchas veces, como nexos inmediatos y muy poderosos a las imágenes, sonidos y escenas asociados con ellos.

Constantemente empleamos los tres sistemas primarios, aunque no seamos conscientes de ellos de la misma manera, y tendemos a favorecer a unos por encima de otros. Por ejemplo, muchas personas tienen una voz interior que va por el sistema auditivo creando un diálogo interno; prueban argumentaciones, ensayan discursos, preparan respuestas y, en general, reflexionan sobre las cosas con ellos mismos. Esta es, por cierto, una manera de pensar.

Los sistemas representativos no se excluyen mutuamente. Es posible visualizar una escena, tener las sensaciones asociadas a ella y escuchar los sonidos simultáneamente; aunque será difícil atender a las tres cosas a la vez. Algunas partes del proceso serán inconscientes.

Cuanto más absorta esté una persona en su mundo interior de visiones, sonidos y sensaciones, tanto menos sabrá de lo que esté ocurriendo a su alrededor; como el famoso jugador de ajedrez en un torneo internacional que estaba tan concentrado en la posición que estaba viendo en su mente que comió dos cenas completas en la misma noche. Se olvidó del todo de que ya había comido una primera vez. Estar «perdido en los pensamientos» es una descripción muy adecuada. También, las personas que experimentan fuertes emociones internas son menos vulnerables al dolor exterior.

Nuestro comportamiento está generado por una mezcla de experiencias sensoriales internas y externas. En cualquier momento podremos estar atendiendo a partes diferentes de nuestra experiencia. Mientras está usted leyendo este libro, estará concentrado en la página y, probablemente, no será consciente de su pie izquierdo... hasta que se lo he mencionado.

Mientras escribo esto, soy consciente en casi su totalidad de cómo mi diálogo interior se adapta a mi velocidad (muy lenta) de escritura. Si presto atención a los sonidos externos, me distraigo. No soy un buen mecanógrafo y debo estar mirando las teclas y sentirlas bajo los dedos al ir escribiendo, por lo que mis sistemas visual y cinestésico los utilizo hacia el exterior. Esto cambiaría si me detuviera a visualizar una escena que quisiera describir. Hay algunas señales importantes que obtendrían mi atención de manera inmediata: un dolor súbito, oír mi nombre, el olor de humo o, si tuviera hambre, el olor de comida.

Sistemas representativos preferidos

Utilizamos todos nuestros sentidos externamente de forma constante, aunque estaremos prestando más atención a un sentido que a otro dependiendo de lo que hagamos. En una galería de arte usaremos más nuestros ojos, en un concierto los oídos. Lo que es sorprendente es que, cuando pensamos, tendemos a favorecer a uno, quizás dos, sistemas representativos sin tener en cuenta en qué estemos pensando. Somos capaces de usarlos todos y, a partir de los 11 o 12 años, ya tenemos claras preferencias.

Muchas personas pueden realizar imágenes mentales muy claras y pensar, básicamente, en imágenes. Otros encuentran esto difícil y puede que se lo pasen hablando con ellos mismos, mientras otros puede que basen sus actuaciones a partir de sus sentimientos en cada situación. Cuando una persona tiende a utilizar de manera habitual un sentido de forma interna, se dice en la PNL que éste es su sistema preferido o primario. Parece que son más perspicaces y capaces de realizar distinciones más sutiles empleando ese sistema en vez de otro.

Esto significa que unas personas son mejores por naturaleza, o tienen un «talento», para realizar ciertas tareas o habilidades; que han aprendido a usar mejor uno o dos sentidos internos y se les ha convertido en algo normal y natural que realizan sin ningún esfuerzo o conciencia. A veces un sistema representativo no está muy bien desarrollado, lo que hace que ciertas actividades se conviertan en tareas difíciles. Por ejemplo, la música es un arte difícil sin la habilidad mental de escuchar los sonidos claramente.

No hay ningún sistema, de forma absoluta, que sea mejor que otro; depende de lo que cada uno quiera hacer. Los atletas necesitan una conciencia cinestésica muy desarrollada, y es difícil ser un buen arquitecto sin poder realizar imágenes mentales claras y bien construidas. Una habilidad compartida por todos aquellos que sobresalen en un campo es que son capaces de ir cambiando de un sistema representativo a otro dependiendo de cuál sea el más apropiado para cada tarea a la que se enfrenten.

Varias psicoterapias muestran una predisposición a un sistema representativo. Las terapias que trabajan con el cuerpo son primariamente cinestésicas; el psicoanálisis es sobre todo verbal y auditivo. La terapia basada en el arte y el simbolismo son ejemplos de terapias basadas más en lo visual.

Lenguaje y sistemas representativos

Usamos el lenguaje para comunicar nuestros pensamientos, por lo que no es sorprendente que las palabras que empleamos reflejen nuestra forma de pensar. John Grinder habla de cuando él y Richard Bandler salían de casa para dirigir un grupo de terapia basada en la gestalt. Richard se reía de uno que había dicho: «Ya veo lo que dices».

—Piensa en la frase de manera literal —me dijo—. ¿Qué quería decir?

—Bueno —dijo John—, tomémoslo literalmente; supongamos que la gente hace imágenes con los significados de las palabras que emplean.

Era esta una idea interesante. Cuando llegaron al grupo, intentaron un procedimiento totalmente nuevo aprovechándose del estímulo del momento. Cogieron tarjetas verdes, amarillas y rojas e hicieron que cada uno en el grupo dijera el motivo por el que estaba allí. Las personas que emplearon muchas frases y palabras relacionadas con sentimientos, recibieron una tarjeta amarilla. Los que utilizaron palabras y frases relacionadas con sonidos y el oído, recibieron tarjetas verdes. Aquellos que usaron palabras y frases predominantemente relacionadas con la vista, recibieron tarjetas rojas.

Luego hicieron un ejercicio muy simple: las personas que tuvieran tarjetas del mismo color debían sentarse juntas y charlar unos cinco minutos. Luego debían sentarse con personas con tarjetas de color diferente y charlar otra vez. Las diferencias que observaron en la sintonía entre la gente fueron muy profundas. Las personas con tarjetas del mismo color parecían llevarse mucho mejor. Grinder y Bandler pensaron que esto era fascinante y muy sugestivo.

Predicados

Usamos palabras para describir nuestros pensamientos, por lo que nuestra elección de palabras indicará qué sistema representativo empleamos. Tomemos por ejemplo tres personas que hayan acabado de leer el mismo libro.

El primero puede señalar que él ha *visto* muchas cosas en el libro, que los ejemplos estaban muy bien elegidos para *ilustrar* los conceptos, y que estaba escrito con un estilo *brillante*.

El segundo podría poner objeciones en el *tono* del libro; que tenía una prosa *escalofriante*. De hecho no podía, en absoluto, *armonizarlo* con las ideas del autor y le gustaría poder *decírselo*.

El tercero podría sentir que el libro trata de un tema muy *denso* de forma *equilibrada*. Le ha gustado la forma en que el autor toca los puntos principales y que ha podido coger las ideas nuevas fácilmente. Estaba de acuerdo con el autor.

Todos han leído el mismo libro, y podemos darnos cuenta que cada persona se expresa de forma diferente ante el mismo. Dejando a un lado «lo que» pensaran del libro, «cómo» han pensado sobre él era diferente. Uno estaba pensando mediante *imágenes*, el segundo mediante *sonidos*, y el tercero mediante *sensaciones*. Estas palabras de base sensorial, adjetivos, verbos y adverbios, se llaman, en los textos de la PNL, *predicados*. El uso habitual de un tipo de predicado indicará el sistema representativo favorito de una persona.

Es posible reconocer el sistema preferido por el autor de un libro prestando atención al lenguaje que utilice (excepto en los libros de la PNL, donde los autores se aproximan a las palabras que emplean de forma más calculada...). La gran literatura siempre tiene una rica y variada mezcla de predicados, usando de forma parecida todos los sistemas representativos, de donde les viene la atracción universal.

Palabras como «comprender», «entender», «pensar» y «procesar» no tienen una base sensorial, por lo que son neutrales en cuanto al sistema representativo. Tratados académicos tienden a usarlas de forma preferente a palabras con base sensorial, tal vez como reconocimiento inconsciente de que las palabras con base sensorial son más personales para el escritor y el lector, y por ello menos «objetivas». Sin embargo, palabras neutrales serán traducidas de forma distinta por lectores cinestésicos, auditivos o visuales, y pueden originar muchas discusiones académicas, a menudo sobre el significado de las palabras, donde todo el mundo cree tener razón.

Puede que durante los próximos días le interese saber qué clase de palabras favorece usted en su conversación. Es también fascinante escuchar a los demás y descubrir qué clase de lenguaje de base sensorial prefieren. Los que entre ustedes prefieran pensar con imágenes puede que les guste ver si pueden identificar los ricos modelos de lenguaje de la gente que les rodea. Si piensa de forma cinestésica, podrá sentir la forma en que la gente se comunica, y si usted piensa en sonidos, le pediríamos que escuchara con atención y sintonizara con las diferentes formas de hablar de las personas.

Hay implicaciones muy importantes para conseguir sintonía. El secreto de la buena comunicación no es tanto lo que se dice, sino cómo se dice. Para crear sintonía, hay que hacer concordar los predicados con las otras personas. Deberá ponerse a hablar en su lenguaje y presentar las ideas en la misma forma en que los demás piensan sobre ellas. Su habilidad para lograrlo dependerá de dos cosas. Primero, su agudeza acústica para darse cuenta, escuchar o captar los modelos de lenguaje de los demás. Y segundo, tener un vocabulario adecuado en ese sistema representativo para responder. Las conversaciones no serán todas en un solo sistema, por supuesto, pero igualar el lenguaje logra maravillas para la sintonía.

Usted está más predispuesto a lograr sintonía con una persona que piense de la misma manera que usted, y lo puede descubrir fijándose en las palabras que use su interlocutor sin tener en cuenta si está o no de acuerdo con lo que diga esa persona. Puede que estén en la misma onda o que vean exactamente lo mismo; por lo que, de nuevo, podrá usted conseguir un sólido entendimiento.

Es una buena idea emplear una mezcla de predicados cuando se dirige usted a un grupo de personas. Deje que los visualizadores vean lo que dice. Deje que los pensadores auditivos le escuchen alto y claro, y dese usted de sí para que los pensadores cinestésicos puedan sentir los mensajes. De otra manera, ¿por qué tendrían que escucharle? Está usted arriesgándose a que dos terceras partes de la audiencia no sigan su explicación si se limita a exponerla en un solo sistema representativo.

Sistema director

De la misma forma que hemos preferido un sistema representativo para nuestro pensamiento consciente, tenemos también un medio preferido de llevar información a nuestros pensamientos conscientes. Una memoria completa contendría todas las visiones, sonidos, sentimientos, sabores y olores de la experiencia original, y nosotros preferimos ir a una sola de estas características para recordarlo. Piense de nuevo en sus vacaciones.

¿Qué ha venido primero...?

¿Una imagen, un sonido o una sensación?

Este es el sistema director, el sentido interno que empleamos como herramienta para remontarnos a una memoria. Es la forma en que la información llega a la parte consciente del cerebro. Por ejemplo, puede que yo recuerde mis vacaciones y empiece a ser consciente de las sensaciones de relajación que tuve; pero la manera en que inicialmente viene a la mente puede ser mediante una imagen. En este caso mi sistema director es visual, y mi sistema preferido es cinestésico.

El sistema director es casi como un programa de puesta en marcha de una computadora: casi inadvertido, pero fundamental para el funcionamiento de la máquina. A veces se le llama el sistema de entrada, porque suministra el material sobre el que pensar de forma consciente.

La mayoría de la gente tiene un sistema de acceso preferido, que no tiene por qué ser necesariamente el mismo que el primario. Una persona puede tener un sistema director distinto para diferentes tipos de experiencia. Por ejemplo, puede emplear imágenes para recordar experiencias dolorosas, y sonidos para traer experiencias agradables.

Ocasionalmente, una persona puede no ser capaz de hacer consciente un sistema representativo. Por ejemplo, algunas personas dicen que no ven imágenes mentales. Si bien esto es verdad para ellas, es en realidad imposible, o serían incapaces de reconocer una cara o describir objetos. Lo que pasa es que no son conscientes de las imágenes que ven en su interior. Si este sistema inconsciente genera imágenes dolorosas, la persona puede que se sienta mal sin saber la razón. A menudo, así es como se generan los celos.

Sinestesias, solapamientos y traducciones

¿Has visto alguna vez crecer un lirio blanco
antes de que unas rudas manos lo tocaran?
¿Has dejado tus huellas cuando cae la nieve,
antes de que el suelo la manchara?
¿Has sentido la piel del castor,
o el plumón de un cisne, alguna vez?
¿Has olido los brotes del roble
o el nardo en el fuego?
¿Has probado el tesoro de la abeja?
Oh, qué blanca, que suave,
Oh, qué dulce.

BEN JONSON (1572-1637)

La amplitud y riqueza de nuestros pensamientos depende de nuestra habilidad para relacionarlos y movernos de una forma de pensar a otra. Por lo cual, si mi sistema director es auditivo y mi sistema preferido es visual, tenderé a recordar a una persona por el sonido de su voz, y luego pensaré en ella mediante imágenes. A partir de aquí podré recuperar sensaciones sobre esa persona.

Así que recuperamos información mediante un sentido, pero la representamos internamente mediante otro. Los sonidos pueden evocar memorias visuales o recuerdos visuales abstractos. En música se habla del color de los sonidos y de sonidos cálidos, así como de colores fuertes. Una relación inmediata e inconsciente entre sentidos se llama *sinestesia*. La primacía en una persona de un sistema preferido conformará, normalmente, su modelo sinestésico típico.

Las sinestesias forman una parte importante de nuestra forma de pensar; algunas están tan difundidas y expandidas que parecen estar ligadas a nuestro cerebro desde que nacimos. Por ejemplo, los colores se relacionan, normalmente, con estados de ánimo: el rojo para la ira y el azul para la tranquilidad. De hecho, tanto la presión arterial como el pulso aumentan un poco en un ambiente predominantemente rojo, y disminuyen si hay predominio del azul. Hay estudios que señalan que hay personas que sienten las habitaciones azules más frías que las amarillas, incluso cuando son en realidad un poco más cálidas. La música emplea de forma amplia las sinestesias; la altura que tiene una nota en el pentagrama está en relación directa a lo alto de su sonido, y hay compositores que asocian ciertos sonidos musicales con unos colores.

Las sinestesias se producen de manera automática. A veces queremos relacionar sentidos internos con un propósito; por ejemplo, para tener acceso a un sistema representativo que está fuera de nuestra conciencia.

Supongamos que una persona tiene dificultades para visualizar. Primero le podemos pedir que vaya a un recuerdo cómodo y feliz, un día en el mar o algo así. Invítela a que escuche el sonido del mar en su interior, y el sonido de cualquier conversación que tuviera. Teniendo esto presente, puede que realice un solapamiento para sentir el viento en su cara, la calidez del sol en la piel y la arena entre sus pies. De aquí a que vea la imagen de la arena bajo sus pies o el sol en el cielo, sólo hay un paso. Esta técnica de solapar puede recuperar un recuerdo en su totalidad: imágenes, sonidos y sensaciones.

Del mismo modo que una traducción de una lengua a otra preserva el significado pero cambia radicalmente la forma, también las experiencias pueden traducirse entre los sentidos internos. Por ejemplo, usted puede ver una habitación muy desordenada, tener sentimientos incómodos por ello y querer hacer algo. La visión de la misma habitación puede haber dejado indiferentes los sentidos de un amigo, y puede que se sintiera perplejo al advertir que a usted le afectara tanto. Puede que le etiquetara de supersensible porque no puede penetrar en el mundo sensorial de usted. Podría entender los sentimientos de usted si le dijera que se siente como si tuviera polvos picapica en su cama. Traduciéndolo a sonidos, usted podría compararlo al desagrado que se siente al escuchar un instrumento desafinado. Esta analogía tocaría las cuerdas de cualquier músico; por lo menos, estaría hablando en su lenguaje.

Pistas de acceso ocular

Es fácil saber si una persona piensa mediante imágenes, sonidos o sensaciones. Hay cambios visibles en nuestro cuerpo según la manera en que estemos pensando. La forma como pensamos afecta a nuestro cuerpo, y cómo usamos nuestros cuerpos afecta a la forma como pensamos.

¿Qué es lo primero que ve cuando atraviesa la puerta de su casa?

Para contestar a esta pregunta, diremos que probablemente usted mire hacia arriba y a la izquierda. Mirar hacia arriba y a la izquierda es la forma como la mayoría de personas diestras (es decir, no zurdas) recuerdan las imágenes.

Ahora, piense realmente en lo que sentiría si tuviese terciopelo en contacto con su piel.

Aquí seguramente usted habrá mirado hacia abajo y a la derecha, porque es la forma como la mayoría de las personas se ponen en contacto con sus sensaciones.

Movemos nuestros ojos en direcciones diferentes de forma sistemática dependiendo de cómo estemos pensando. Estudios neurológicos han mostrado que el movimiento del ojo tanto lateral como verticalmente parece estar asociado con la activación de distintas partes del cerebro. Estos movimientos se llaman movimientos laterales del ojo (LEM: del inglés, *Lateral Eye Movements*) en la literatura neurológica. En la PNL se llaman pistas de acceso ocular, porque son señales visuales que nos dejan ver cómo accede la gente a la información. Hay una conexión neurológica innata entre los movimientos del ojo y los sistemas representativos, porque los mismos patrones se dan en todo el mundo (con la excepción del País Vasco).

Cuando visualizamos algo referente a nuestras experiencias pasadas, los ojos tienden a mirar hacia arriba y a la izquierda. Cuando construimos una imagen a partir de palabras o intentamos «imaginar» algo que no hemos visto nunca, los ojos se mueven hacia arriba y a la derecha. Los ojos se mueven en horizontal hacia la izquierda para recordar sonidos, y en horizontal a la derecha para construir sonidos. Para acceder a sensaciones los ojos irán, típicamente, abajo y a nuestra derecha. Cuando hablamos con nosotros mismos, los ojos irán, normalmente, abajo y a la izquierda. Desenfocar los ojos y mirar hacia delante, «mirando a lo lejos», también es señal de visualización.

La mayor parte de las personas diestras tienen los modelos de movimientos de los ojos como se señalan en el diagrama (ver.

pág.80). Para los zurdos suele invertirse: miran a la derecha para recordar imágenes y sonidos, y a la izquierda para construir imágenes y sonidos. Las pistas de acceso ocular son coherentes para cada persona, incluso en el caso de que estén en contradicción con este modelo. Por ejemplo, una persona zurda podrá mirar hacia abajo a su izquierda para las sensaciones, y hacia abajo a su derecha para el diálogo interno. Pero esto lo hará sistemáticamente, y no mezclará las pistas de acceso al azar. Siempre hay excepciones, y por esto deberá observarse cuidadosamente a una persona antes de aplicarle las reglas generales. La respuesta no es la generalización, sino la persona que se tiene delante.

Aunque es posible mover los ojos conscientemente en cualquier dirección mientras se está pensando, acceder a un sistema de representación en particular es, en general, mucho más sencillo si se emplean los movimientos naturales del ojo apropiados. Hay diferentes maneras de ajustar el cerebro para pensar de una manera en particular; si queremos recordar algo visto ayer, es más fácil hacerlo mirando arriba hacia la izquierda o mirando hacia delante. Es difícil recordar imágenes mirando hacia abajo.

Normalmente, no somos conscientes de los movimientos laterales de nuestros ojos, y no hay ninguna razón por la que debiéramos serlo; sin embargo, «mirar» hacia el lado correcto a la hora de buscar información es una habilidad muy útil.

Las pistas de acceso nos permiten saber cómo piensa otra persona, y una parte importante de la formación en la PNL tiene que ver con el reconocimiento de las pistas o señales oculares de la otra persona. Una forma de realizarlo es haciendo todo tipo de preguntas y observando los movimientos de los ojos, no las respuestas. Por ejemplo, si yo pregunto: «¿De qué color es la alfombra de la sala de estar de tu casa?», habrá que visualizar, antes que nada, la alfombra para poder dar la respuesta sin tener en cuenta el color.

Visualización

Imágenes construidas
visualmente

Imágenes recordadas
visualmente

Sonidos construidos

Sonidos recordados

Cinestesia
*(Sentimientos y
sensaciones del cuerpo)*

Digital auditivo
(Diálogo interno)

Quizás le gustaría llevar a cabo el siguiente ejercicio con un amigo. Siéntense en un lugar tranquilo, hágale las siguientes preguntas y observe las pistas de acceso visuales. Anótelas si quiere; dígale que dé respuestas breves, o que simplemente mueva la cabeza cuando tenga la respuesta. Cuando haya acabado, intercambien los sitios y hágase las preguntas a usted. Esto no tiene nada que ver con intentar demostrar algo, es sólo simple curiosidad por saber la forma como pensamos.

Algunas de las preguntas que implican necesariamente memorias visuales para dar respuesta podrían ser las siguientes:

¿De qué color es la puerta de su casa?

¿Qué ve en el camino hacia la tienda más próxima?

¿En qué sentido van las rayas en el cuerpo de un tigre?

¿Cuántos pisos tiene el edificio en que vive?

¿Cuál de sus amigos tiene el pelo más largo?

Estas preguntas implicarían una construcción visual para dar una respuesta:

¿Cómo estaría su dormitorio con papel de topos rosas en las paredes?

Si tenemos un mapa al revés, ¿dónde queda el sureste?

Imagine un triángulo lila dentro de un cuadrado rojo.

¿Cómo se deletrea su nombre al revés?

Para acceder a la memoria auditiva, podría preguntar:

¿Puede escuchar su melodía favorita?

¿Qué puerta se golpea con más ruido en su casa?

¿Cuál es el sonido que da el teléfono cuando la línea está ocupada?

¿Es la tercera nota del himno nacional más alta o más baja que la segunda?

¿Puede escuchar el canto de los pajarillos en la mente?

Preguntas para construcción auditiva:

¿Cómo sonarían diez personas gritando a la vez?

¿Cómo sonaría su voz debajo del agua?

Imagínese su canción favorita a doble velocidad.

¿Qué ruido haría un piano al caer desde un décimo piso?

¿Cómo sonaría el grito de la mandrágora?

¿Cómo sonaría una sierra en un techo ondulado de cinc?

Preguntas para iniciar un diálogo interno:

¿Qué tono de voz utiliza para hablar consigo mismo?

Recite una nana en silencio.

Cuando habla consigo mismo, ¿de dónde viene el sonido?

¿Qué se dice a sí mismo cuando las cosas van mal?

Preguntas para el sentido cinestésico (incluyendo el olfato y el gusto):

¿Qué siente al ponerse calcetines mojados?

¿Qué siente al meter el pie en una piscina de agua helada?

¿Qué se siente al tener lana en contacto con la piel?

¿Cuál está más caliente en este momento, su mano derecha o la izquierda?

¿Qué siente al meterse en un agradable baño caliente?

¿Cómo se siente después de una buena comida?

Piense en el olor del amoníaco.

¿Qué se siente al tomarse una cucharada de una sopa muy salada?

Lo que importa es el proceso del pensamiento, no las respuestas. Ni tan siquiera es necesario obtener respuestas verbales. Algunas cuestiones se pueden pensar de maneras distintas. Por ejemplo, para saber cuántos lados tiene una moneda de 2 euros, puede usted visualizar la moneda y contar los lados, o bien puede contarlos colocándose mentalmente en el borde de la moneda, sintiéndola. Así que si usted hace una pregunta que debiera evocar una visualización, y las pistas de exploración son diferentes, es algo que va en favor de la flexibilidad y creatividad de esas personas. No significa que los moldes sean erróneos o que la persona lo haga «mal». En caso de duda, pregunte: «¿En qué estaba pensando en ese momento?».

Las señales de exploración oculares se suceden de forma vertiginosa y deberá usted estar alerta para verlas. Le mostrarán la secuencia de sistemas representativos que una persona utiliza para responder a estas preguntas. Por ejemplo, en la pregunta auditiva sobre la puerta que golpea más fuertemente, una persona podrá visualizar cada puerta, sentir mentalmente cómo golpea y escuchar el sonido. Puede que tenga que hacerlo varias veces antes de poder dar una respuesta. Normalmente, una persona empleará el sistema director en primer lugar para contestar. Alguien que tenga el sistema visual como director, hará una imagen de las distintas situaciones en las preguntas sobre audición y sensaciones antes de escuchar el sonido o tener la sensación.

Otras pistas de exploración

Los movimientos de los ojos no son las únicas señales de acceso, aunque probablemente sean las más sencillas de ver. Puesto que cuerpo y mente son inseparables, cómo pensamos siempre muestra algún lugar, si se sabe dónde mirar. De forma especial, se muestra en los ritmos de respiración, el color de la piel y las posturas.

Una persona que piense mediante imágenes, hablará, por regla general, más rápidamente y en un tono más alto que alguien que no piensa mediante imágenes. Las imágenes se suceden con rapidez en el cerebro y hay que hablar rápidamente para poder seguirlas. La respiración estará más arriba en el pecho y será más superficial. A menudo se produce un incremento en la tensión muscular, particularmente en los hombros, la cabeza estará erguida y la cara más pálida de lo normal.

Las personas que piensen mediante sonidos, respirarán de forma homogénea por todo el pecho. A menudo producen pequeños movimientos rítmicos con el cuerpo, y el tono de voz es claro, expresivo y resonante. La cabeza está equilibrada sobre los hombros, o ligeramente caída, como si estuviese escuchando algo.

Las personas que estén hablándose a sí mismas, a menudo inclinan la cabeza hacia un lado, apoyándose en su mano o puño. Esto se conoce como la «posición teléfono» porque parece que estén hablando por un teléfono invisible. Algunas personas repiten en voz baja lo que acaban de escuchar, y podrá usted ver cómo mueven los labios.

El acceso cinestésico se caracteriza por una respiración profunda que arranca desde el estómago, acompañada, muchas veces, por una relajación muscular. Con la cabeza gacha, la voz tendrá un tono más profundo y la persona hablará lentamente, con largas pausas. La famosa escultura de Rodin *El pensador* está pensando, sin duda alguna, de forma cinestésica.

Los movimientos y los gestos también le dirán cómo está pensando una persona. Muchas personas señalarán el órgano del sentido que están utilizando en su interior: señalarán sus orejas cuando oigan sonidos en su interior, señalarán los ojos cuando estén visualizando, o el abdomen si están sintiendo algo con fuerza. Estos signos no le dirán lo que la persona esté pensando, sólo cómo lo está pensando. Es éste un tipo de lenguaje del cuerpo más refinado y a otro nivel del que conocemos.

La idea de sistemas representativos es una manera muy útil para comprender de qué formas tan distintas piensa la gente, y la interpretación de las señales de acceso es una habilidad inestimable para cualquiera que quiera comunicarse mejor con los demás. Para terapeutas y educadores es algo esencial: los terapeutas pueden saber cómo piensan sus clientes y descubrir cómo pueden cambiarlos; los educadores pueden descubrir qué formas de pensar van mejor para un tema en particular y enseñarlo mejor.

Hay multitud de teorías sobre los tipos psicológicos basadas tanto en su fisiología como en las formas de pensar. La PNL sugiere otra posibilidad. Las formas habituales de pensar dejan su marca en el cuerpo. Estos patrones característicos de posturas, gestos y respiración serán habituales en individuos que piensan predominantemente de una manera. En otras palabras, una persona que hable rápidamente, en un tono alto, que respire con rapidez y de forma superficial con el pecho, y que tenga tensa el área de los hombros, es con toda probabilidad una persona que piensa mediante imágenes. Una persona que hable despacio, con una voz y respiración profunda, probablemente se fiará de sus sensaciones.

Una conversación entre una persona que piense de forma visual y otra que piense de forma cinestésica puede ser muy frustrante para ambas. El pensador visual empezará a mover sus pies con impaciencia, mientras el cinestésico «no podrá ver» literalmente por qué la otra persona tiene que ir tan de prisa. La persona con capacidad de adaptarse a la forma de pensar de la otra persona será la que obtenga los mejores resultados.

Sin embargo, no hay que olvidar que estas generalizaciones deben ser todas contrastadas por la experiencia y la observación. La PNL no es bajo ningún concepto otra forma de encasillar a las personas bajo nuevas etiquetas. Decir que una persona es de tipo visual no es más útil que decir que es pelirroja. Si esta clasificación le impide ver lo que está haciendo esa persona aquí y ahora, será absolutamente inútil, será sólo otra forma de crear estereotipos.

Hay una fuerte tentación de meter en categorías a uno mismo y a los demás en virtud de los sistemas de representación primarios. Cometer este error es caer en la trampa que ha asediado a la psicología: inventar una serie de categorías y luego meter a la gente en ellas sin importar el que quepan o no. Las personas son siempre mucho más ricas de lo que son las generalizaciones. La PNL ofrece un grupo de modelos lo bastante rico para que pueda caber lo que la gente hace, más que para intentar que las personas se acoplen a los estereotipos.

Submodalidades

Hasta aquí hemos hablado de tres formas principales de pensar —mediante sonidos, imágenes y sensaciones—, pero esto es sólo un primer paso. Si usted quisiera describir una imagen que ha visto, hay gran cantidad de detalles que puede añadir. ¿Era en color o en blanco y negro? ¿Era una imagen en movimiento o quieta? ¿Sucedía lejos o cerca? Este tipo de distinciones puede hacerse sin tener en cuenta lo que haya en la imagen. Igualmente, se puede describir un sonido como de tono alto o bajo, cercano o distante, alto o suave. Una sensación puede ser intensa o leve, aguda o apagada, pesada o ligera. Así que una vez establecida la forma general en que pensamos, el paso siguiente es precisar más dentro de ese sistema.

Póngase cómodo y piense de nuevo en algo agradable. Examine cualquier imagen que tenga de ello. ¿Está contemplándolo todo como si lo viera con sus propios ojos (asociado), o lo está viendo desde otro lugar (disociado)? Por ejemplo, si usted se ve a sí mismo en la imagen, estará disociado. ¿Es en color? ¿Hay movimiento o está fija? ¿Está en tres dimensiones o la imagen es plana como una foto? A medida que siga observando la imagen puede seguir definiéndola.

Luego preste atención a los sonidos que se asocian con esa imagen. ¿Son fuertes o suaves? ¿Cercanos o lejanos? ¿De dónde vienen?

Finalmente, preste atención a los sentimientos o sensaciones que formen parte de esta imagen. ¿Dónde los siente? ¿Son leves o intensos? ¿Fuertes o ligeros? ¿Cálidos o fríos?

En las obras de PNL estas distinciones se conocen como submodalidades. Si los sistemas representativos son modalidades —maneras de experimentar el mundo—, las submodalidades son los ladrillos que conforman los sentidos; cómo se compone cada imagen, sonido o sensación.

La gente ha empleado las ideas de la PNL en todos los tiempos. La PNL no apareció cuando se le inventó el nombre. Los antiguos griegos ya hablaban de las experiencias sensoriales, y Aristóteles habló de submodalidades, sin darle este nombre, cuando se refería a las cualidades de los sentidos.

La siguiente es una lista de las distinciones más comunes en las submodalidades:

Visuales

Asociado (visto a través de los propios ojos) o disociado (viéndose a uno mismo)

Color, o blanco y negro

Enmarcado o sin límites

Profundidad (dos o tres dimensiones)

Localización (por ejemplo, a la izquierda o a la derecha, arriba o abajo)

Distancia de uno a la imagen

Brillo

Contraste

Claridad (borroso o enfocado)

Movimiento (con o sin movimiento)

Velocidad (más o menos rápido de lo normal)

Número (imagen dividida o múltiples imágenes)
Tamaño

Auditivas

Mono o estéreo
Palabras o sonidos
Volumen (alto o suave)
Tono (suave o duro)
Timbre (plenitud del sonido)
Localización del sonido
Distancia de la fuente del sonido
Duración
Continuidad o discontinuidad
Velocidad (más o menos rápido de lo habitual)
Claridad (claro o con interferencias)

Cinestésicas

Localización
Intensidad
Presión (fuerte o débil)
Extensión (tamaño)
Textura (áspero o suave)
Peso
Temperatura
Duración (cuánto dura)
Forma

Estas son algunas de las distinciones más frecuentes entre submodalidades que realiza la gente, no es una lista exhaustiva. Algunas submodalidades son discontinuas o digitales; como un interruptor, que puede estar encendido o apagado, una experiencia debe ser o de este modo o de aquél. Un ejemplo podría ser asociado o disociado; una imagen no puede ser ambas cosas a la vez. La mayor parte de las submodalidades varían constantemente, como si estuvieran controladas por un interruptor escondido. Conforman una especie de escala de diapositivas, por ejemplo: claridad, brillo o volumen. Análoga es la palabra empleada para describir estas cualidades que pueden variar, dentro de unos límites, de forma continua.

Muchas de estas submodalidades están incrustadas en frases que utilizamos normalmente, y si mira la lista que hay al final del capítulo, podrá observarlas bajo una nueva luz, o puede que le afecten de forma distinta, puesto que dicen gran cantidad de cosas sobre la forma en que nuestro cerebro trabaja. Las submodalidades pueden concebirse como los códigos operativos más importantes del cerebro humano. Es simplemente imposible pensar nada o recordar una experiencia sin que tenga una estructura en submodalidades. Es muy fácil no ser consciente de la estructura en submodalidades de una experiencia hasta que no se pone la debida atención.

El aspecto más importante de las submodalidades es lo que ocurre cuando se cambian. Algunas pueden cambiarse impunemente sin que se pueda apreciar ningún cambio. Otras son cruciales para un recuerdo en concreto, y cambiarlas supone cambiar por completo la forma en que sentimos esa experiencia. El impacto y significado de un recuerdo o pensamiento es más una función de unas pocas submodalidades críticas que del contenido.

Una vez que ha ocurrido un hecho, ha terminado y ya no podemos dar marcha atrás y cambiarlo. Después de ello, ya no estamos respondiendo al hecho en sí sino a la memoria del hecho, que puede modificarse.

Intente realizar este experimento. Vuelva a una experiencia agradable. Asegúrese de que usted está asociado con la imagen, como si la viera con sus propios ojos. Fíjese en cómo es esta experiencia. Ahora, disóciese; salga afuera y mire a la persona que se ve en todo como usted. Esto probablemente cambiará sus sentimientos sobre la experiencia. Disociarse de un recuerdo le quita su fuerza emocional. Un recuerdo agradable perderá su agrado, y uno desagradable, su dolor. La próxima vez que su cerebro traiga una escena dolorosa, disóciese de ella. Para disfrutar de recuerdos agradables en su totalidad, asegúrese de estar asociado a ellos. Usted puede cambiar su forma de pensar. Esto es una parte esencial del manual no escrito de los que usan el cerebro.

Intente realizar este experimento para cambiar su forma de pensar y descubra qué submodalidades son más críticas para usted.

Piense en una situación con alto significado emocional para usted y de la que se acuerde bien. Primero fíjese en la parte visual de esa memoria. Imagine que le da al botón de control del brillo de la misma forma que hace en la televisión. Dese cuenta de las diferencias que aparecen cuando lo hace. ¿Qué brillo prefiere? Al final, vuélvalo a poner en su brillo original.

A continuación, acerque la imagen todo lo que pueda y luego aléjela. ¿Qué diferencias aprecia y cuál prefiere? Póngala de nuevo a la distancia original.

Ahora, si era en color, póngala en blanco y negro. Si era en blanco y negro, póngala en color. ¿Qué diferencias hay y cuál es mejor? Devuélvala al color original.

Ahora veamos si tiene movimiento; si es así, vaya ralentizándola hasta tener una imagen fija. Luego intente acelerarla. Vea lo que prefiere y póngala en su movimiento original.

Para acabar, intente cambiar de imagen asociada a disociada, y viceversa.

Algunos o todos los cambios producirán un profundo impacto en la forma en que usted siente ese recuerdo. Puede que prefiera guardar ese recuerdo con las submodalidades en los valores que a usted le gustan más. Puede que no le gusten algunos valores que le ha dado el cerebro. ¿Es usted consciente de haberlos elegido?

Ahora siga el experimento con el resto de las submodalidades visuales y observe qué pasa. Haga lo mismo con las partes auditivas y cinestésicas del recuerdo.

Para la mayoría de la gente, una experiencia será más intensa y memorable si es grande, brillante, colorida, cercana y asociada. Si esto es así para usted, entonces asegúrese de que almacena sus buenos recuerdos así. Por el contrario, haga sus malos recuerdos pequeños, oscuros, en blanco y negro, lejanos y disociados. En ambos casos el contenido de los recuerdos permanece, lo que cambia es la forma de recordarlos. Las cosas malas suceden y tienen consecuencias con las que debemos convivir, pero no hay necesidad de que nos persigan. El poder que tienen para hacernos sentir mal en el aquí y ahora se deriva de la manera en que pensamos sobre ellas. La distinción crucial que debemos hacer es entre el hecho real en el momento en que ocurrió, y el significado y poder que le damos según la manera en que lo recordamos.

Puede que usted tenga una voz interior que no deje de regañarle.

Póngala en cámara lenta.

Ahora, acelérela.

Intente ir cambiándola de tono.

¿De qué lado viene?

¿Qué pasa cuando la va cambiando de lado?

¿Qué pasa cuando le aumenta el volumen?

¿Y si la hace más suave?

Hablarse a sí mismo puede ser un verdadero placer.

Esta voz puede incluso que no sea suya, pregúntele entonces qué está haciendo en su cerebro.

Cambiar de submodalidades es una cuestión de experiencia personal, difícil de ser expresada en palabras. La teoría es discutible, la experiencia es incontestable. Usted puede ser el director de su propia película mental y decidir cómo quiere pensar, más que estar a merced de las representaciones que parecen surgir por sí mismas. Como la televisión en verano, el cerebro muestra gran cantidad de reposiciones, muchas de las cuales son películas viejas y no muy buenas. Usted no tiene por qué mirarlas.

Las emociones vienen de algún lugar, aunque su causa puede estar fuera de la parte consciente; también las emociones son, en sí mismas, representaciones cinestésicas con peso, localización e intensidad, y unas submodalidades que pueden cambiarse. Los sentimientos no son enteramente involuntarios, y puede que usted tenga que recorrer un largo camino hasta escoger los que desee. Las emociones hacen sirvientes excelentes, pero también señores tiránicos.

Los sistemas representativos, las pistas o señales de acceso y las submodalidades son algunos de los ladrillos fundamentales en la estructura de nuestra experiencia subjetiva. No hay duda de que la gente realiza distintos mapas del mundo; tienen líderes diferentes, sistemas representativos preferidos también distintos y diferentes sinestesias, y codifican los recuerdos según distintas submodalidades. Cuando, finalmente, empleamos el lenguaje para comunicarnos, es un milagro que podamos entendernos.

Ejemplos de palabras y expresiones con base sensorial

Visuales

Mirar, imagen, foco, imaginación, interior, escena, visualizar, perspectiva, brillo, reflejo, clarificar, examinar, ojo, enfocar, prever, espejismo, ilustrar, observar, revelar, ver, mostrar, inspección, visión, vigilar, oscuridad, tiniebla.

Auditivas

Decir, acento, ritmo, alto, tono, resonar, sonido, monótono, sordo, timbre, preguntar, acentuar, audible, claro, discutir, proclamar, notar, escuchar, gritar, sin habla, vocal, silencio, disonante, armonioso, agudo, mudo.

Cinestésicas

Tocar, contacto, empujar, acariciar, sólido, cálido, templado, frío, áspero, agarrar, empujón, presión, sensible, estrés, tangible, tensión, toque, concreto, suave, arañar, sostener, rascar, sufrir, pesadez, liso.

Neutrales

Decidir, pensar, recordar, saber, meditar, reconocer, atender, entender, evaluar, procesar, decidir, aprender, motivar, cambiar, conciencia, considerar.

Olfativas

Fragante, oler, rancio, ahumado, perfumado, fresco, olfatear.

Gustativas

Ácido, sabor, amargo, gusto, salado, dulce, jugoso.

Construcciones visuales

Ya veo lo que quieres decir
Tiene un punto ciego
Cuando vuelvas a ver todo esto te reirás
Esto dará algo de luz a la cuestión
Da color a su visión del mundo
Tras la sombra de la duda
Dar una visión oscura
El futuro aparece brillante
El ojo de la mente

Construcciones auditivas

En la misma onda
Vivir en armonía
Me suena a chino
Hacer oídos sordos
Música celestial
Palabra por palabra
Expresado claramente

Una forma de hablar
Alto y claro
Dar la nota
Inaudito
Lejos de mis oídos

Construcciones cinestésicas

Estaremos en contacto
Lo siento en el alma
Tener piel de elefante
Arañar la superficie
Poner el dedo en la llaga
Estar hecho polvo
Contrólate
Bases firmes
No seguir la discusión
Tener la carne de gallina
Arrugársele el ombligo
Discusión acalorada
Pisar fuerte
Quitarse un peso
Romper el hielo
Suave como un guante

Construcciones olfativas y gustativas

Oler a cuerno quemado
Un trago amargo
Fresco como una rosa
Gusto por la buena vida
Una persona dulce
Un comentario ácido

3

Estados fisiológicos y libertad emocional

Cuando las personas están física y emocionalmente decaídas, decimos, a menudo, que «están con la depre». De la misma forma, reconocemos que para poder enfrentarnos a un reto, debemos «tener la mente al cien por cien». Todo depende, pues, del estado de nuestra mente; pero ¿qué es el estado de la mente? De forma sencilla diremos que son todos los pensamientos, emociones y fisiología que expresamos en un momento determinado; las imágenes mentales, sonidos, sentimientos y todos los gestos, posturas y ritmo respiratorio. El cuerpo y la mente están totalmente intercomunicados, por lo que los pensamientos influyen inmediatamente en la fisiología, y viceversa.

El estado de nuestra mente cambia continuamente, y es ésta una de las pocas cosas de las que podemos estar seguros. Cuando cambia de estado, todo el mundo cambia también. (O así lo parece.) Normalmente, somos más conscientes de nuestro estado emocional que de la fisiología, posturas, gestos y ritmo respiratorio. De hecho, se considera que las emociones se escapan, a menudo, del control consciente; son la pequeña parte visible del iceberg. No podemos ver toda la fisiología y el proceso mental que se esconde bajo las emociones y las apoya. Intentar influir en las emociones sin cambiar el estado es tan fútil como intentar hacer desaparecer un iceberg quitándole la punta: saldrá más a la superficie, a menos que invierta una cantidad desorbitada de energía para mantenerlo sumergido, y esto es lo que muchas veces hacemos con ayuda de las drogas o con nuestra fuerza de voluntad. Para nosotros, la mente guía y el cuerpo sigue obediente, por lo que las emociones habituales pueden estar impresas en el rostro y los gestos de una persona, porque la persona no se da cuenta de cómo las emociones modelan su fisiología.

Intente realizar la prueba siguiente. Tómese un momento para pensar en una experiencia agradable, un momento en el que se sintiera especialmente bien. Cuando haya pensado en una, piense que está de nuevo experimentándola. Pase un minuto o dos reexperimentándola de la forma más completa posible.

Mientras está disfrutando de ese momento agradable, mire a su alrededor, observe lo que ve y lo que oye mientras está rememorando esa experiencia.

Observe lo que siente. Cuando esté listo, vuelva al presente.

Observe el impacto que esto tiene en su estado presente, en especial en su respiración y postura. Las experiencias pasadas no han desaparecido para siempre, pueden ayudarle a sentirse bien en el presente. Aunque las imágenes y los sonidos del pasado hayan desaparecido, cuando los recreamos mentalmente el sentimiento real es todavía tan real y tangible como entonces. Así que sin tener en cuenta lo que sintiera antes de leer este párrafo, se ha puesto usted en un estado con más recursos.

Ahora, para contrastar, piense en una experiencia pasada incómoda. Cuando le haya aparecido una, piense que la está experimentando de nuevo.

De nuevo en aquella situación, ¿qué es lo que ve?

¿Qué oye?

Observe cómo se siente.

No esté mucho tiempo con esa experiencia, vuelva al presente y observe el efecto que ha tenido en usted. Dése cuenta de cómo se siente después de esta experiencia comparado con cómo se sentía después de la experiencia anterior. Observe también su postura y ritmo respiratorio.

Ahora cambie su estado emocional. Haga un poco de actividad física, mueva su cuerpo y cambie su atención de aquella memoria a algo totalmente distinto. Mire por la ventana, salte, corra hasta el otro extremo de su casa o tóquese las puntas de los pies. Preste atención a las sensaciones físicas al moverse y a lo que siente aquí y ahora.

En la terminología de la PNL esto se conoce como cambio de estado o ruptura del estado, y es útil realizarlo siempre que se dé cuenta de que se siente negativo o falto de recursos. Cuando tenga recuerdos incómodos que le lleven a estados sin recursos, todo su cuerpo recoge estos estados negativos y los mantiene como patrones del tono muscular, postura y respiración. Estas memorias almacenadas físicamente pueden contaminar sus experiencias futuras durante algunos minutos o durante horas. Todos sabemos lo que es «levantarse con el pie izquierdo». Las personas que sufren de depresión han controlado inconscientemente la capacidad de mantenerse en un estado falto de recursos por largos períodos de tiempo. Otros han logrado controlar la capacidad para cambiar sus estados emocionales a voluntad, creándose una libertad emocional que transforma la calidad de sus vidas. Estas personas experimentan en su totalidad los altibajos de la vida, pero aprenden, siguen y no se detienen innecesariamente en el dolor emocional.

A medida que avanzamos en nuestras vidas, nos movemos por diferentes estados emocionales, a veces de manera rápida, a veces de manera más gradual. Por ejemplo, puede que se sienta un poco bajo de ánimo y que un amigo le llame con buenas noticias: su ánimo se enciende; o puede que sea un día de sol radiante y al abrir el correo se encuentra de forma inesperada con una enorme factura. Las nubes de la mente pueden tapar el sol.

Podemos influir en nuestros estados, y no simplemente reaccionar frente a lo que pasa a nuestro alrededor. En los últimos minutos usted se ha sentido bien, luego incómodo, después... como quiera que se sienta ahora. Y nada ha pasado en realidad en el mundo exterior. Lo ha hecho todo usted mismo.

Inducir

Inducir es la palabra usada en la PNL para describir el proceso de guiar a alguien a un estado en particular. Es ésta una habilidad habitual bajo un nombre distinto, puesto que todos nosotros tenemos mucha práctica en poner a la gente en distintos estados de ánimo. Lo hacemos constantemente mediante palabras, tono y gestos. A veces, sin embargo, el resultado no es el que queríamos. Cuántas veces habrá oído una frase como ésta: «Qué le pasa, si todo lo que dije fue...».

La forma más sencilla de inducir un estado emocional es pedirle a la otra persona que recuerde un momento del pasado en que estaba experimentando tal emoción. Cuanto más expresivo sea, mayor expresividad inducirá. Si su tono de voz, palabras, expresión facial y postura del cuerpo se corresponden con la respuesta que está buscando, será más fácil que la obtenga.

Todos sus esfuerzos tienen resultados. Si usted intenta tranquilizar a alguien y convencerle de que posee muchos recursos, es inútil hablar en un tono de voz alto y rápido, respirando con rapidez y superficialmente, y haciendo muchos movimientos impacientes. A pesar de sus palabras suaves, la otra persona se pondrá más nerviosa. Tiene que hacer lo que dice; así que si quiere que alguien pase a un estado de confianza, le deberá pedir que recuerde un momento en que estuvieran intimando. Deberá hablar con claridad, en un tono de voz seguro, respirar quedamente con la cabeza alta y el cuerpo erguido. Deberá actuar con «confianza». Si sus palabras no son congruentes con el lenguaje de su cuerpo y tono de voz, los demás tenderán a seguir sus mensajes no verbales.

También es importante que esa persona recuerde la experiencia como si estuviese dentro de ella, y no como un simple espectador que está fuera de ella. Estando asociado a la situación podrá recuperar las sensaciones de forma más completa. Imagínese a alguien que está comiendo su fruta favorita. Ahora imagínese a usted mientras come esa fruta. ¿Qué experiencia es más sabrosa? Para extraer sus propios estados, póngase de nuevo en las experiencias de la forma más completa y vívida posible.

Calibración

Calibración es la palabra empleada por la PNL que significa reconocer cuándo la gente está en estados diferentes. Es ésta una habilidad que todos tenemos y empleamos en nuestra vida diaria, y que es muy útil desarrollar y pulir.

Usted distingue expresiones sutilmente diferentes de la misma forma que otros experimentan recuerdos diferentes y estados diferentes. Por ejemplo, cuando alguien recuerda una experiencia escalofriante, sus labios puede que se pongan más finos, la piel más pálida y que su respiración sea más superficial. Mientras que cuando recuerdan algo agradable, los labios parecen más llenos, el calor de la piel más sano y la respiración más profunda, con un relajamiento de los músculos de la cara.

A veces nuestra calibración es tan pobre que sólo nos damos cuenta de que alguien tiene un problema cuando comienza a llorar. Confiamos demasiado en las palabras de la otra persona para saber cómo se siente; no nos conviene calibrar que la otra persona está enfadada sólo después de recibir un puñetazo en la nariz, ni nos conviene suponer toda suerte de posibilidades porque alguien nos guiñó un ojo.

Hay un ejercicio de la PNL que tal vez quiera realizar con un amigo. Pídale que piense en una persona a la que aprecia mucho. Mientras lo hace, fíjese en la posición de sus ojos, el ángulo de la cabeza, la respiración: si es profunda o superficial, lenta o rápida, alta o baja. Observe también las diferencias en el tono muscular facial, color de la piel, tamaño de los labios y tono de la voz. Preste atención a estas sutiles señales que normalmente pasan inadvertidas. Son la expresión externa de los pensamientos. Son esos pensamientos en su dimensión física.

Ahora pida a su amigo que piense en alguien que no le agrada. Observe cómo difieren esos signos. Pídale que piense alternativamente en uno y otro hasta que esté seguro de que puede detectar algunas diferencias en su fisiología. En terminología de la PNL, ha calibrado usted esos dos estados mentales. Sabe cómo se caracterizan externamente. Pídale que piense en uno de los dos, pero sin que le diga a usted en quién está pensando. Usted sabrá cuál de los dos es leyendo las señales físicas que antes había identificado.

Parece como si usted leyera el cerebro...

Está claro que podemos refinar nuestras habilidades. La mayoría de la gente calibra inconscientemente. Por ejemplo, si le pregunta a alguien que usted aprecia si quiere salir a comer, usted sabrá de manera intuitiva, inmediata, antes de que abra la boca la otra persona, la respuesta que le va a dar. El «sí» o el «no» es el último paso en el proceso mental; no podemos evitar responder con el cuerpo, la mente y el lenguaje, tan unidos están los tres elementos.

Puede que haya tenido la experiencia de hablar con alguien y haya intuido que le estaba mintiendo. Probablemente lo calibró de forma inconsciente y tuvo esa sensación sin saber por qué. Cuanto más practique la calibración, mejor. Algunas diferencias entre estados serán mínimas; otras, inconfundibles. A medida que practique, las diferencias sutiles serán más sencillas de detectar. Los cambios, no importa de qué tamaño sean, siempre han estado ahí. A medida que sus sentidos se agudicen, podrá ir detectando esos cambios.

Anclas

Los estados emocionales tienen una influencia poderosa y penetrante en el pensamiento y el comportamiento. Después de inducir y calibrar estos estados, ¿cómo podemos utilizarlos para tener más recursos en el presente? Necesitamos algún medio para hacerlos accesibles en todo momento y estabilizarlos en el aquí y ahora.

Imagínese el impacto que tendrá en su vida si puede usted ponerse, a voluntad, en los estados de máximo provecho. Los mejores políticos, deportistas, artistas y ejecutivos deben ser capaces de dar el máximo en todo momento. El actor debe ser capaz de comprometerse con el papel en cuanto sube el telón, no una hora antes ni media después. Esta es la línea básica del profesionalismo.

Es tan importante como ser capaz de desconectar. El actor debe ser capaz de dejar el papel cuando baja el telón. Muchos hombres de negocios están extremadamente motivados, alcanzan grandes cosas, pero se queman y son infelices, pierden a su familia o, en casos extremos, sufren infartos. Controlar nuestros estados requiere equilibrio y cordura.

Todos tenemos una historia rica en distintos estados emocionales. Para reexperimentarla, necesitamos un pistoletazo, una asociación en el presente para inducir la experiencia original. La mente enlaza experiencias de forma natural, es la forma en que damos significado a las cosas que hacemos. A veces estas asociaciones son muy agradables; por ejemplo, una pieza musical que nos trae un recuerdo agradable. Cada vez que escucha una melodía en particular, evoca uno de esos recuerdos; y cada vez que lo hace, fortalece la asociación.

Un estímulo que trae un estado psicológico y está asociado a él se llama, en PNL, *ancla*. Otros ejemplos de anclas positivas que se suceden de forma natural son: fotografías favoritas, olores evocadores, una expresión especial de alguien querido o un tono de voz.

Las anclas, normalmente, son externas. Un despertador suena y es hora de levantarse; el timbre de la escuela señala el fin del recreo. Estas son anclas acústicas. Una luz roja significa alto; un movimiento de cabeza significa sí. Estas son anclas visuales. Y el olor de asfalto recién puesto le lleva al momento mágico en que lo olió por vez primera en su infancia. Los publicistas intentan que la marca del producto sea un ancla para un artículo en particular.

Un ancla es cualquier cosa que da acceso a un estado emocional, y son tan obvias y están tan extendidas que apenas las reconocemos. ¿Cómo se crean las anclas? De dos maneras. Una, por repetición; si usted ve imágenes repetidas donde el rojo se asocia con el peligro, acabará enlazándolos. Es éste un aprendizaje sencillo: el rojo significa peligro. Otra, y mucho más importante, es que las anclas pueden establecerse en una sola ocasión si la emoción es fuerte y la cronología correcta. La repetición sólo es necesaria si no interviene el plano emocional. Piense en cuando usted estaba en la *escuela* (es ésta una poderosa ancla en sí misma), y verá que lo que era interesante y atractivo era fácil de aprender, mientras que las cosas en las que no encontraba interés necesitaban mucha repetición. Cuanto menos comprometido emocionalmente esté, más repeticiones se necesitan para aprender la asociación.

Muchas asociaciones son muy útiles. Forman hábitos y no podemos funcionar sin ellos. Si usted conduce, usted ya tiene una asociación entre la luz verde que cambia a roja y el movimiento del pie de cierta manera en los pedales. No es ésta una operación sobre la que quiera pensar de forma consciente cada vez que sucede, y si usted no hace la asociación, es posible que no soporte mucho tiempo en la carretera.

Otras asociaciones, aunque útiles, pueden ser menos agradables. La vista de un coche de la policía de tráfico por el retrovisor nos hace dudar instantáneamente del estado de las luces del coche y a qué velocidad íbamos circulando.

Otras asociaciones no son útiles. Mucha gente asocia hablar en público con ansiedad y ataques de pánico; pensar en exámenes hace que mucha gente se ponga nerviosa e insegura. Las palabras pueden actuar como anclas: la palabra «prueba» es un ancla para la mayoría de los estudiantes que les hace sentir ansiedad y no ser capaces de dar lo mejor.

En casos extremos, un estímulo exterior puede traer un estado negativo muy poderoso. Es el reino de las fobias; por ejemplo, la gente que padece claustrofobia ha aprendido una asociación poderosísima entre estar confinado en un espacio y sentir pánico, y siempre realizan esta asociación.

La vida de muchas personas está innecesariamente limitada por miedos de su pasado que todavía no han sido reevaluados. Nuestras mentes no pueden parar de hacer asociaciones. ¿Son las que usted ha hecho y sigue haciendo agradables, útiles y fortalecedoras?

Podemos elegir las asociaciones que queremos hacer. Puede usted escoger cualquier experiencia de su vida que encuentre muy difícil o desafiante, y decidir con anterioridad en qué estado psicológico quisiera usted estar para enfrentarse con ella. Para cualquier situación con la que no se sienta especialmente feliz, puede usted crear una nueva asociación y, por tanto, una nueva respuesta usando las anclas.

Esto se consigue en dos fases. Primero, escoja el estado emocional que usted desea, y luego asócielo con un estímulo o ancla para poder traerlo a la mente cuando quiera. Los deportistas emplean amuletos para dominar sus habilidades y energía. También verá, a menudo, deportistas que realizan pequeños movimientos rituales con el mismo propósito.

Emplear su estado de plenitud de recursos mediante anclas es una de las formas más efectivas de cambiar su comportamiento y el de otras personas. Si usted se enfrenta a una situación en un estado con más recursos que antes, su comportamiento está listo para cambiar a mejor. Los estados de plenitud de recursos son la clave para conseguir la mejor actuación. Cuando usted cambia lo que hace, el comportamiento de los demás también cambiará. Toda la experiencia de la situación variará.

Nota cautelar. Las técnicas de cambio de este capítulo y de todo el libro son muy poderosas, y este poder viene, sobre todo, de la habilidad de la persona que las utilice. Un carpintero puede realizar muebles soberbios con herramientas de precisión, pero las mismas herramientas en manos de un aprendiz no darán los mismos resultados. De forma parecida, hace falta práctica y trabajo para obtener el mejor sonido de un excelente instrumento musical.

A través del tiempo formando a personas en estas habilidades, hemos visto las dificultades para aplicar estas técnicas por primera vez. Recomendamos de forma especial que practique estas técnicas en un contexto seguro, como en un seminario de enseñanza de PNL, hasta que se sienta seguro y sus niveles de habilidad sean suficientemente elevados.

Anclaje de recursos

Estos son los pasos para transferir recursos emocionalmente positivos desde experiencias del pasado a situaciones del presente para que le sirvan a usted ahora. Podría necesitar hacerlo con un amigo que le guiara por los distintos pasos.

Siéntese cómodamente en una silla o permanezca de pie en un lugar donde pueda considerar el proceso de forma objetiva. Piense en una situación específica en la que le gustaría ser diferente, sentirse diferente y responder de manera diferente. Luego escoja un estado emocional en particular, de los distintos que ha tenido a lo largo de su vida, del que le gustaría disponer en esa situación. Puede ser cualquier estado de plenitud de recursos —seguridad, humor, valor, persistencia, creatividad—, aquello que venga intuitivamente a la mente como lo más apropiado. Cuando esté seguro de qué recurso quiere, empiece a buscar una situación en su vida en que sintió ese recurso. Tómese su tiempo, observe qué ejemplos vienen a su mente y elija aquel que sea más claro e intenso.

Si ha escogido ya un recurso, y es difícil recordar un momento en que lo ha experimentado, piense entonces en alguien que usted conozca o en un personaje ficticio de un libro o una película. ¿Qué es lo que pasaría, si usted fuera el otro, al experimentar este recurso? Recuerde que aunque el personaje no sea real, sus sentimientos sí lo son, y esto es lo que cuenta.

Cuando tenga usted un ejemplo específico en la mente, real o imaginario, estará listo para pasar al paso siguiente: elegir las anclas que traerán a su mente este recurso cada vez que usted quiera.

En primer lugar, el ancla cinestésica: alguna sensación que pueda usted asociar con el recurso escogido. Tocarse el pulgar y el índice o cerrar el puño de forma especial funcionan bien como anclas cinestésicas. Hay uno muy común entre los jugadores de squash, cuando tocan la pared lateral para tomar confianza de nuevo cuando su juego no va bien.

Es importante que el ancla sea única y no forme parte de su conducta habitual. Precisa de un ancla distintiva que no suceda constantemente y que, por tanto, no pueda estar asociada con otros estados y conductas. También es necesario que el ancla sea discreta, algo que pueda realizar sin levantar sospechas. Hacer la vertical puede funcionar muy bien como un ancla de seguridad, pero le hará ganar reputación de excéntrico si la emplea para que le ayude a hacer discursos después de una comida.

A continuación, el ancla auditiva. Puede ser una palabra o frase que se diga a usted mismo. No importa qué palabra o frase utilice, siempre que esté a tono con el sentimiento. La forma en que la diga, el tono de voz en particular que usa, tendrá tanto impacto como la palabra o frase. Hágala distintiva y fácil de recordar. Por ejemplo, si la «seguridad» es el estado de recurso que quiere anclar, puede decirse a sí mismo: «Me siento más y más seguro», o simplemente: «¡Seguro!». Utilice un tono de voz que denote seguridad. Asegúrese de que el recurso es realmente apropiado a la situación problemática.

Ahora el ancla visual. Puede usted elegir un símbolo o recordar lo que estaba viendo cuando se sentía seguro. Mientras la imagen que usted elija sea distintiva y le ayude a evocar aquella sensación, servirá.

Una vez que haya escogido un ancla para cada sistema representativo, el paso siguiente es revivir estos sentimientos de seguridad recreando de manera vívida la situación a la que recurrimos. Dé un paso adelante o cámbiese de silla a medida que se asocia más completamente con la experiencia. Situar estados emocionales distintos en lugares físicos distintos, ayuda a distinguirlos claramente.

En su imaginación, vuelva al estado de recurso específico que ha elegido…

Recuerde dónde estaba y lo que estaba haciendo…

En cuanto lo tenga, imagine que está usted de nuevo allí ahora y que está viendo lo que estaba viendo…

Puede empezar a escuchar los sonidos que estaba escuchando y empezar a reexperimentar las sensaciones que forman parte tan específica de esa experiencia…

Tómese su tiempo y disfrute reviviendo esta escena de la forma más completa posible…

Para volver a estar plenamente en contacto con la totalidad de las sensaciones de su estado de recurso, ayuda, a menudo, escenificar las actividades que realizó en aquel momento. Puede que quiera poner su cuerpo en la misma posición, hacer las mismas cosas que hizo (sólo si es adecuado)...

Cuando estas sensaciones hayan alcanzado el punto culminante y empiecen a disminuir, vuelva a ponerse físicamente en la posición objetiva. Ha descubierto ya lo bueno que es recrear el estado de plenitud de recursos, y lo que cuesta hacerlo.

Ahora está usted preparado para anclar los recursos. Vuelva al lugar donde logró el estado de recurso y reexperiméntelo. En cuanto alcance su punto culminante, vea su imagen, haga sus gestos y diga las palabras. Tiene usted que conectar las anclas con el estado de recurso en cuanto llega el clímax. El tiempo es crítico. Si usted las conecta después del momento culminante, se anclará cuando está abandonando el estado, y esto no es lo que quiere. La secuencia de anclas no es crítica, emplee el orden que vaya mejor con usted o suéltelas de forma simultánea. Unos momentos después de que sus sentimientos de plenitud de recursos hayan llegado al clímax, deberá usted dejarlos y cambiar de estado antes de estar listo para probar las anclas.

Emplee las tres anclas de la misma forma y en la misma secuencia, y observe en qué medida accede usted de verdad al estado de plenitud de recursos. Si no está satisfecho, vuelva a empezar y repita el proceso de anclaje para fortalecer la asociación entre las anclas y el estado de plenitud de recursos. Puede que necesite repetir el proceso unas cuantas veces; esto es útil para poder ser capaz de acceder a ese mismo estado cada vez que lo necesite.

Finalmente, piense en una situación futura en la que pueda usted querer acceder a este estado de plenitud de recursos. ¿Qué puede emplear como señal que le diga que necesita ese recurso? Busque la primera cosa que ve, oye o siente cuando está usted en esa situación. La señal puede ser externa o interna. Por ejemplo, una expresión especial en la cara de alguien o en su tono de voz serían señales externas. Empezar un diálogo interior sería una señal interna. Ser consciente de que se tienen distintas opciones respecto al estado interior es ya un estado de recurso. También interrumpirá la respuesta anclada habitual; es útil anclar esta capacidad a la señal porque así la señal actúa como recordatorio de que puede elegir sus sentimientos.

Después de un tiempo, si sigue usando el ancla, la misma señal se convertirá en ancla para que se sienta con recursos. La señal que le hacía sentirse mal se ha convertido en otra que le hace sentirse fuerte y lleno de recursos. A continuación viene un resumen de los pasos fundamentales del proceso.

Las anclas deben:

Estar sincronizadas con el estado cuando está alcanzando el clímax.

Ser únicas y distintivas.

Ser fáciles de repetir con exactitud.

Estar ligadas a un estado que está revivido clara y completamente.

Resumen del anclaje de estados de plenitud de recursos

1. Identificar la situación en que usted quiere estar con más recursos.
2. Identificar el recurso específico que quiere; por ejemplo, seguridad.
3. Asegurarse de que el recurso es realmente apropiado preguntándose: «Si pudiera tener este recurso aquí, ¿lo escogería de verdad?». Si la respuesta es afirmativa, siga; si no, vaya de nuevo al número 2.
4. Busque una situación de su vida en que tuviera ese recurso.

5. Elija las anclas que va a emplear en cada uno de los tres sistemas representativos principales; algo que vea, oiga y sienta.

6. Cambie de lugar y, en su imaginación, trasládese totalmente a aquella experiencia del estado de plenitud de recursos. Reexperiméntela de nuevo. Cuando alcance el clímax, cambie de estado y abandónela.

7. Reexperimente el estado de recurso y, en cuanto llegue al clímax, conecte las tres anclas. Manténgase en ese estado durante el tiempo que crea necesario y cambie luego de estado.

8. Pruebe la asociación soltando las tres anclas y confirmando que de verdad va a ese estado. Si no está satisfecho, vuelva al número 7.

9. Identifique la señal que le hace ver que está en una situación problemática en la que quiere usar sus recursos. Esta señal le recordará que debe usar la señal.

Ahora puede usar estas anclas para alcanzar el estado de recursos cuando usted quiera. Recuerde que debe experimentar con ésta o con cualquier otra técnica de la PNL para ver en qué forma funciona mejor con usted. Mantenga su objetivo en mente (le hará sentirse con más recursos), y juegue con la técnica hasta que tenga éxito. Algunas personas ven que con sólo hacer gestos («disparando» el ancla cinestésica) tienen suficiente para rememorar el estado de recurso. Otras siguen utilizando las tres anclas.

Puede emplear usted este proceso para anclar distintos recursos. Algunas personas anclan cada recurso a un dedo; otras conectan distintos estados de recurso a la misma ancla obteniendo un ancla poderosísima. Esta técnica de ir añadiendo distintos recursos a la misma ancla se conoce como *amontonamiento de recursos.*

Anclar y emplear los estados de plenitud de recursos es una habilidad y, como todas las habilidades, se hace más sencilla y efectiva cuando más se usa. Para unos esta técnica funciona de forma radical la primera vez; otros ven que necesitan practicar para ir construyendo tanto esta capacidad como la confianza necesaria que marcan la diferencia. Recuerde el modelo de aprendizaje. Si el anclaje es nuevo para usted, felicidades por haber pasado de la incompetencia inconsciente a la incompetencia consciente. Disfrute de este estado hasta que vaya alcanzando la competencia consciente.

El anclaje de recursos es una técnica para aumentar las opciones emocionales. Nuestra cultura, a diferencia de otras, cree que los estados emocionales son involuntarios, creados por circunstancias exteriores o por otras personas. El universo puede repartirnos una variada mano de cartas, pero nosotros podemos escoger cómo y cuándo jugarlas. Como dijo Aldous Huxley: «La experiencia no es lo que le suceda a usted, sino lo que hace usted con lo que le sucede».

Encadenamiento de anclas

Las anclas pueden encadenarse de forma que una lleve a otra. Cada ancla forma un eslabón en la cadena que conduce al siguiente, de la misma manera que el impulso eléctrico pasa de un nervio a otro en el cuerpo. De alguna forma, las anclas son un espejo exterior de cómo creamos una nueva ruta neuronal en el sistema nervioso entre una señal inicial y una nueva respuesta. Cambiar de anclas nos permite movernos por una secuencia de estados diferentes de forma fácil y automática. El encadenamiento es particularmente útil si el estado en que tenemos un problema es muy fuerte y el estado de recurso está demasiado alejado para alcanzarlo en un solo paso.

Por ejemplo, piense en una situación en que se sienta frustrado. ¿Puede identificar la señal estable que le trae este recuerdo?

¿Un tono de voz en su diálogo interior?

¿Una sensación en particular?

¿Algo que haya visto?

Puede parecer, a veces, que el mundo conspire contra usted, pero puede usted controlar su reacción frente a esta conspiración. Y el sentimiento de frustración no va a cambiar el mundo exterior. Cuando tenga usted esta señal interna, decida a qué estado querría cambiar. ¿Al de curiosidad, quizás? ¿Y de ahí, al de creatividad?

Para poner en marcha la cadena, piense en un momento en que fuera intensamente curioso y ánclelo, puede que de manera cinestésica, tocándose la mano. Cambie de estado, luego piense en un momento en que estuviera en un estado de gran creatividad y ánclelo, tocándose otra parte de la mano, por ejemplo.

A continuación, vuelva a la experiencia frustrante, y tan pronto como tenga la señal de frustración, ponga en acción el ancla de curiosidad y, cuando el sentimiento de curiosidad alcance el punto culminante, active el ancla de la creatividad.

Esto establece una cadena nerviosa de asociaciones que cambia fácilmente de la frustración a la creatividad, pasando por la curiosidad. Practíquelo tantas veces como desee hasta que la conexión sea automática.

Una vez que pueda usted inducir, calibrar y anclar distintos estados emocionales, tendrá una herramienta tremendamente poderosa para aconsejar y para la terapia. Usted y sus clientes tendrán un acceso fácil y rápido a cualquier estado emocional. El anclaje puede utilizarse para ayudar a que los clientes realicen cambios de forma notablemente rápida, y puede hacerse en cualquier sistema, visual, auditivo o cinestésico.

Colapso de anclas

Ahora bien, ¿qué pasaría si intentase sentir frío y calor al mismo tiempo? ¿Qué pasa cuando se mezcla amarillo y azul? ¿Qué pasa si llama a dos anclas opuestas al mismo tiempo? Que se siente tibio o verde. Para colapsar las anclas, usted ancla un estado no deseado negativo (llámelo frío o azul), y otro estado positivo (llámelo caliente o amarillo) y dispara ambas anclas al mismo tiempo. Tras un corto periodo de confusión, el estado negativo cambia y aparece un estado nuevo y distinto. Puede emplear esta técnica de colapsar anclas con un amigo o cliente. Aquí tiene un esquema con los pasos a seguir; asegúrese de que establece y se mantiene la sintonía por todo él.

Resumen del colapso de anclas

1. Identifique el estado problemático y un estado positivo poderoso que la persona puede tener accesible.
2. Induzca el estado positivo y calibre la fisiología para que pueda distinguirlo. Cambie de estado: haga que el cliente cambie a otro estado dirigiendo su atención a otro lugar y pidiéndole que se mueva.
3. Induzca el estado deseado otra vez, y ánclelo a un toque y/o palabra o frase, luego cambie de estado otra vez.
4. Pruebe el ancla positiva para asegurarse de que está establecida la relación. Dispare el ancla tocando en el mismo lugar y/o diciendo las palabras apropiadas. Asegúrese de que ve la fisiología del estado deseado. Si no, repita los pasos 1 a 3 para hacer la asociación más fuerte. Cuando haya establecido un ancla positiva para el estado deseado, cambie de estado.
5. Identifique el estado negativo o la experiencia, y repita los pasos 2 a 4 usando el estado negativo, y ánclelo a otro toque en un lugar distinto del cuerpo. Cambie de estado. Esto establece un ancla para el estado problemático.
6. Lleve a la persona por cada estado de manera alternativa, empleando las anclas una después de otra y diciendo cosas como «de modo que hay momentos en que se ha sentido

"azul" (dispare el ancla negativa) y en estas situaciones preferiría sentirse "amarillo"» (dispare el ancla positiva). Repita esto varias veces sin solución de continuidad entre ellas.

7. Cuando esté listo, empiece con unas palabras apropiadas como «observe los cambios de que sea capaz» y dispare ambas anclas a la vez. Observe cuidadosamente la fisiología de la persona. Verá, con toda probabilidad, signos de cambio y confusión. Abandone el ancla negativa antes que la positiva.

8. Compruebe el resultado, ya sea pidiéndoles que vuelva al estado problemático, ya sea disparando el ancla negativa. Verá a la persona sumergirse en un estado intermedio entre los dos (distintos matices de verde), o en un estado nuevo y diferente, o en un estado positivo. Si todavía está en el estado negativo, intente encontrar qué recurso necesita esa persona y ánclelo en el mismo lugar que el primer recurso positivo; luego siga desde el punto 6.

9. Finalmente, pida a la otra persona que piense en una situación cercana en el futuro donde espere sentirse negativa, y pídale que la experimente en su mente; mientras, observe su estado. Escuche a medida que le vaya explicando. Si usted no está contento con su estado o si la otra persona todavía no está contenta con la situación, busque qué otros recursos necesitan y ánclelos en el mismo lugar en que está el primer recurso positivo, y luego siga desde el punto 6. El colapso de anclas no funcionará a menos que el estado positivo sea más fuerte que el negativo, y puede que tenga que apilar distintos estados positivos a un ancla para conseguirlo.

Una manera de pensar sobre lo que está pasando es que el sistema nervioso está intentando juntar dos estados mutuamente incompatibles al mismo tiempo. Como no puede hacerlo, hace algo distinto; el modelo antiguo se rompe y crea otros nuevos. Esto explica la confusión que a menudo sucede cuando dos anclas se colapsan. Las anclas permiten acceder a las experiencias mediante el uso consciente de los procesos naturales que normalmente usamos de manera inconsciente. Estamos anclándonos de continuo, y casi siempre lo hacemos de forma totalmente casual. Por el contrario, podemos ser mucho más selectivos sobre las anclas a las que respondemos.

Cambiar la historia personal

La experiencia humana sólo existe en el momento presente. El pasado existe como memoria, y para recordarlo tenemos que reexperimentarlo de alguna manera en el presente. El futuro existe como expectativa o fantasía, también creado en el presente. El anclaje nos permite aumentar nuestra libertad emocional escapando de la tiranía de experiencias pasadas negativas y creando un futuro más positivo.

Cambiar la historia personal es una técnica para reevaluar memorias problemáticas a la luz de los conocimientos presentes. Todos tenemos una rica historia personal de experiencias pasadas que existen como memorias en el presente. Mientras que lo que ocurrió *realmente* (fuera lo que fuese, puesto que las memorias humanas son falibles) no se puede cambiar, podemos cambiar su significado presente para nosotros y, por tanto, su efecto en nuestro comportamiento.

Por ejemplo, el sentimiento de celos casi siempre está generado no por lo que ocurriera realmente, sino por imágenes construidas de lo que creemos que pasó. Entonces, en respuesta a las imágenes, nos sentimos mal; las imágenes son lo suficientemente reales para provocar reacciones extremas, aunque nada de ello sucediera.

Si las experiencias pasadas fueron muy traumáticas o intensas, de forma que el mero hecho de pensar en ellas fuese doloroso, entonces la cura de fobias del capítulo 8 es la mejor técnica a emplear. Está diseñada para tratar con experiencias emocionales muy intensas.

El cambio de la historia personal es útil cuando sentimientos o comportamientos problemáticos vuelven una y otra vez, como el sentimiento del tipo «¿por qué sigo haciendo esto?». El primer paso a usar en esta técnica con un cliente o amigo es, por supuesto, establecer y mantener la sintonía.

Resumen del cambio de historia personal

1. Identificar el estado negativo, inducirlo, calibrarlo, anclarlo y cambiar de estado.

2. Mantenga el ancla negativa y pida a la persona que vuelva a otros momentos en que se sintiera de forma parecida. Siga hasta alcanzar la experiencia más antigua de este tipo que pueda recordar la persona. Suelte el ancla, cambie de estado y haga volver a la persona al presente.

3. Pida al cliente, a la luz de lo que ahora sabe, que piense qué recurso hubiese necesitado en esas situaciones pasadas para que esas situaciones hubiesen sido satisfactorias en vez de problemáticas. Probablemente identificará el recurso con una palabra o frase del tipo «seguridad», «ser amado» o «comprensión». El recurso debe venir del interior de la persona y estar bajo su control; porque tener a una persona en una situación que la lleve a comportarse de forma diferente no permitiría que esa persona aprendiera nada nuevo. Nuestro cliente podrá extraer respuestas diferentes a partir de las otras personas implicadas sólo cuando él sea diferente.

4. Induzca y ancle una experiencia específica y completa del estado de recurso necesario, y pruebe con esta ancla positiva.

5. Manteniendo el ancla positiva, haga volver a la persona a la experiencia primera. Pídale que se observe desde fuera (disociado) con este nuevo recurso y vea cómo cambia su experiencia. Luego pídale que entre en la situación (asociado) con el recurso (está usted todavía manteniendo el ancla) y repase toda la experiencia como si estuviera pasando de nuevo. Pídale que observe la respuesta de las otras personas en la situación, ahora que tiene este nuevo recurso. Pídale que se imagine cómo se vería desde esos otros puntos de vista, para que pueda tener una sensación de cómo perciben los demás su comportamiento. Si la otra persona no está satisfecha en algún momento, vuelva al punto 4, identifique y acumule otros recursos para llevarla a la situación primitiva. Cuando la persona esté satisfecha, experimente la situación de forma distinta y pueda aprender de ella, deje el ancla y cambie de estado.

6. Revise este cambio sin utilizar las anclas, pidiéndole a la persona que recuerde la experiencia pasada, y observe cómo han cambiado ahora sus recuerdos. Fíjese en la fisiología; si hay signos del estado negativo, vuelva al punto 4 y añada nuevos recursos.

Situarse en el futuro

Experimentar una situación por adelantado se llama, en PNL, situarse en el futuro, y constituye el paso final de muchas técnicas de la PNL. Usted se traslada al futuro con su imaginación, con los nuevos recursos que posee, y experimenta por adelantado cómo querría que fueran las cosas. Por ejemplo, situarse en el futuro en el cambio de historia personal sería pedir a la persona que imagine la próxima vez que espera que se repita la situación problemática. Mientras está haciéndolo, usted calibra para ver si hay algún signo de vuelta al estado negativo. Si lo hay, entonces sabe que todavía queda trabajo por hacer.

Situarse en el futuro prueba si su trabajo es efectivo. Es lo más cercano a estar en una situación problemática. Sin embargo, la prueba real de cambio se realizará la próxima vez que la persona se enfrente al problema de verdad. La introspección y los cambios se anclan fácilmente a la consulta del psicólogo; el aprendizaje se ancla al aula, y las estrategias comerciales a la pizarra. Pero el mundo real es la prueba verdadera.

En segundo lugar, situarse en el futuro es una forma de entrenar la mente. La preparación y la práctica mentales constituyen un patrón sólido que encontramos en los mejores de su campo: actores, músicos, vendedores y, especialmente, deportistas. Programas de formación completos se construyen sobre este único elemento; la preparación mental es práctica en la imaginación y, como el cuerpo y la mente forman un único sistema, prepara e instruye al cuerpo para la situación real.

Dar al cerebro poderosas imágenes positivas de éxito lo programa para pensar en esa forma, y consigue que el éxito sea más asequible. Las expectativas son como profecías que se cumplirán necesariamente. Estas ideas de situarse en el futuro y realizar ensayos mentales pueden utilizarse para aprender de las experiencias diarias y generar nuevos comportamientos. Puede que le interese seguir los siguientes pasos cada noche antes de dormir.

Cuando repase el día, escoja algo que hizo muy bien y algo de lo que no esté muy contento. Vea ambas escenas de nuevo, vuelva a escuchar los sonidos y experiméntelos de nuevo de manera asociada. Luego salga de las escenas y pregúntese: «¿Qué es lo que podría haber hecho de otra manera?». ¿Cuáles eran las opciones en ambas experiencias? ¿Cómo se pueden mejorar las buenas experiencias? Podría incluso identificar otras opciones que podría haber elegido en la mala experiencia.

Ahora repita las experiencias en su totalidad pero con usted comportándose de forma diferente. ¿Cómo se ve? ¿Cómo se siente? Observe sus propios sentimientos. Este pequeño ritual le presentará opciones; podrá identificar una señal en la mala experiencia que le alertará la próxima vez que aparezca, para que elija otra opción que ya habrá experimentado mentalmente.

Puede usted emplear esta técnica para generar comportamientos totalmente nuevos, o para cambiar y mejorar algo que ya ha hecho.

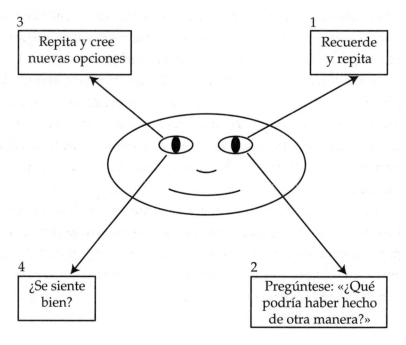

Generador de nuevo comportamiento

Es esta la técnica más general para usar si hay un nuevo comportamiento que usted quiere cambiar o mejorar. Por ejemplo, le gustaría mejorar en su deporte favorito. Obsérvese en su imaginación comportándose de la forma que le gustaría, con un buen saque en tenis, por ejemplo. Si esto le es difícil, observe un modelo que lo esté realizando. Tome el asiento del director en su película interior. Conviértase en un Steven Spielberg en su imaginación. Observe la escena a medida que se desarrolla ante sus ojos internos. Esté disociado mientras escucha el sonido. Usted es la estrella y el director. Si hay más personas en la escena, observe sus respuestas a lo que usted está haciendo.

Dirija la escena y realice la banda sonora hasta que esté completamente satisfecho, entonces métase usted mismo en la escena y revívala como si la estuviera realizando de verdad. Mientras lo está haciendo, preste especial atención tanto a sus sentimientos como a la respuesta de la gente a su alrededor. ¿Se ajusta este nuevo comportamiento a sus valores e integridad personal?

Si no se siente bien, vuelva a la silla del director y cambie la película antes de volverse a meter en ella. Cuando esté contento con su actuación imaginaria, identifique una señal interna o externa que pueda emplear para recordar este comportamiento. Pruebe mentalmente la eficacia de la señal y realice de nuevo toda la actuación.

El generador de nuevo comportamiento es una técnica simple pero poderosa, que podrá emplear para su desarrollo personal y profesional. Cada experiencia se convierte en una oportunidad para aprender. Cuanto más lo practique, más rápidamente se acercará a la persona que realmente quiere ser.

4

Ningún hombre es una isla.

JOHN DONNE

Bucles y sistemas

La comunicación puede ser simplificada en mera causa y efecto. Aísle una interacción, trátela como una causa y analice el efecto que tiene sin considerar posteriores influencias. A menudo hablamos como si esto fuese lo que ocurre, pero se trata, claramente, de una simplificación.

Las leyes de causa y efecto valen para los objetos inanimados; si una bola de billar choca con otra, puede predecirse con un alto porcentaje de precisión los lugares donde se detendrá cada una. Después de la colisión inicial ya no se influyen la una a la otra.

Otra cosa ocurre con los organismos vivos. Si doy un puntapié a un perro, podría calcular la fuerza y velocidad de mi pie y calcular exactamente la trayectoria del perro dados su tamaño y peso. La realidad podría ser algo diferente: si yo fuese lo suficientemente estúpido para darle un puntapié a un perro, éste podría volverse y morderme. El lugar en que finalmente se eche el animal tendrá muy poco que ver con las leyes newtonianas del movimiento.

Las relaciones humanas son complejas, ya que son muchas las cosas que suceden simultáneamente. No se puede predecir con exactitud lo que ocurrirá, porque la reacción de una persona influye en la comunicación de la otra. Las relaciones forman un bucle: continuamente revisamos nuestras experiencias para saber qué haremos a continuación. Centrarse en sólo un lado del bucle es como intentar comprender el tenis estudiando sólo una mitad de la pista. Usted podría pasarse toda la vida intentando imaginar cómo el hecho de golpear la pelota «causa» su retorno y qué leyes determinan el siguiente golpe. Nuestra mente consciente es limitada y nunca puede ver la totalidad del bucle de la comunicación, sino sólo pequeñas partes del mismo.

El contenido y el contexto de una comunicación se combinan para dar el significado. El contexto es el escenario en conjunto, el sistema completo que lo envuelve. ¿Qué significa una pieza de un rompecabezas? En sí misma, nada; depende de dónde vaya en el cuadro total, dónde encaje y la relación que tenga con el resto de piezas.

¿Qué significa una nota musical? Por sí sola, muy poco; su valor musical dependerá de cómo se relacione con las demás notas, la altura que tenga y su duración. La misma nota puede sonar de forma muy distinta si cambian las notas a su alrededor.

Hay dos maneras básicas de comprender las experiencias y los hechos. Puede usted centrarse en el contenido, en la información. ¿Qué pieza es ésta? ¿Cómo se llama? ¿En qué se parece a las demás? La mayor parte de la educación es así; las piezas de un rompecabezas pueden ser interesantes y bonitas para estudiar aisladamente, pero así sólo se accede a un conocimiento unidimensional. El conocimiento en profundidad necesita otro punto de vista: la relación o el contexto. ¿Qué significa esta pieza? ¿Cómo se relaciona con las demás? ¿Dónde encaja en el sistema?

Nuestro mundo interior de convicciones, pensamientos, sistemas representativos y submodalidades también forma un sistema. Cambiar un elemento puede tener grandes efectos y generar nuevos cambios, como habrá tenido ocasión de descubrir al experimentar los cambios de submodalidades en sus experiencias.

Unas cuantas palabras bien escogidas y dichas en el momento oportuno pueden transformar la vida de una persona. Cambiar una pequeña parte de un recuerdo puede alterar todo su estado mental. Esto es lo que ocurre cuando se trabaja con sistemas: un pequeño empujón en la dirección correcta puede generar un cambio profundo, y usted debe saber hacia dónde empujar. Intentar sin más es inútil; puede procurar con todas sus fuerzas sentirse mejor, y acabar sintiéndose peor. Intentar equivale a procurar que una puerta se abra al revés; puede gastar gran cantidad de energía hasta que se dé cuenta de que sólo se puede abrir en la otra dirección.

Cuando actuamos para lograr nuestras metas, necesitamos comprobar que no haya dudas o reservas interiores. También debemos prestar atención a la ecología exterior y apreciar el efecto que nuestros objetivos tendrán en nuestro más amplio sistema de relaciones.

Por todo ello, los resultados de nuestras acciones nos vendrán en forma de bucle. La comunicación es una relación, no una vía de información de una sola dirección. No se puede ser maestro sin tener alumnos, vendedor sin comprador, abogado sin cliente. Actuar de todo corazón con inteligencia significa apreciar las relaciones e interacciones entre nosotros y otros. El equilibrio y la relación entre las partes de nuestra mente será un espejo del equilibrio y de las relaciones que tenemos con el mundo exterior. El pensamiento de la PNL se basa en sistemas. Por ejemplo, Gregory Bateson, una de las figuras más influyentes en el desarrollo de la PNL, aplicó la cibernética o sistemas de pensamiento a la biología, la evolución y la psicología; mientras que Virginia Satir, la mundialmente famosa terapeuta familiar, y también uno de los modelos originales de la PNL, consideraba a la familia como un sistema equilibrado de relaciones, y no como una colección de individuos con problemas que había que arreglar. Cada persona era una parte importante y ayudaba a la familia a alcanzar un equilibrio más sano y mejor. Su valor estaba en que sabía exactamente dónde intervenir y qué persona necesitaba cambiar para que toda la relación mejorara. Como en un caleidoscopio, no se puede cambiar una pieza sin cambiar todo el modelo; pero ¿qué pieza se cambia para crear el modelo que se quiere? Este es el arte de la terapia efectiva.

La mejor manera de cambiar a los demás es cambiar uno mismo, porque así cambiamos las relaciones y los demás deberán cambiar también. A veces, perdemos mucho tiempo intentando cambiar a alguien en un nivel, mientras en otro nos comportamos de una forma que refuerza totalmente lo que el otro haga. Richard Bandler lo llama el modelo «Alejarse... acercarse...».

Hay una hermosa metáfora de la física conocida como el efecto mariposa: teóricamente, el movimiento de las alas de una mariposa puede cambiar el clima en el otro extremo del globo porque podría alterar la presión del aire en un momento y lugar críticos. En un sistema complejo, un pequeño cambio puede tener un efecto enorme. Así que no todos los elementos de sistema tienen la misma importancia. Unos pueden cambiarse sin casi consecuencias, mientras que otros pueden tener una enorme influencia. Si quiere producir cambios en su pulso, apetito, vida y tasa de crecimiento, solamente tiene que vérselas con una pequeña glándula llamada hipófisis, en la base del cráneo. Es el equivalente corporal más parecido a un panel general de control. Funciona de la misma forma que un termostato controla un sistema de calefacción central. Se pueden programar los radiadores individualmente, pero el termostato los controla todos. El termostato está en un nivel lógico superior al de los radiadores que controla.

La PNL identifica y utiliza los elementos que tienen en común las distintas psicologías y que se comprueba que tienen éxito. El cerebro humano tiene la misma estructura en todo el mundo, y ha generado todas las diferentes teorías psicológicas, por tanto es muy probable que tengan en común algunos patrones básicos. Puesto que la PNL toma modelos de todas las ramas psicológicas, está en un nivel lógico diferente. Un libro sobre cómo hacer mapas está en un nivel distinto de los diferentes libros de mapas, aunque sea otro libro.

Aprender a dar vueltas

Aprendemos de los errores mucho más que de los éxitos. Nos dan información útil, y pasamos mucho más tiempo pensando en ellos. Muy raramente obtenemos algo bueno la primera vez, a menos que sea algo muy simple, e incluso entonces habrá posibilidades de mejora. Aprendemos mediante una serie de bucles o aproximaciones sucesivas. Hacemos lo que podemos (estado presente) y lo comparamos con lo que deseamos (estado deseado). Esta información la empleamos para corregir nuestra nueva actuación y disminuir la distancia entre lo que queremos y lo que obtenemos. Poco a poco nos vamos acercando a nuestro objetivo. Esta comparación lleva nuestro aprendizaje de la incompetencia consciente a la competencia inconsciente.

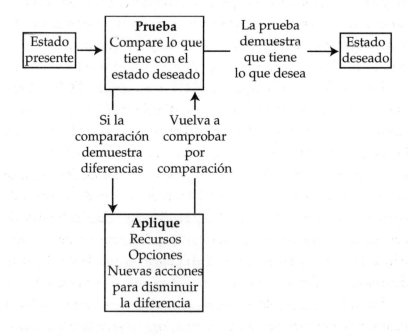

Modelo de aprendizaje.

Es éste un modelo general de la forma en que se puede llegar a ser más eficaz en todo aquello que se haga. Usted compara lo que tiene con lo que quiere, y actúa para reducir la diferencia. Luego vuelve a comparar. La comparación debe basarse en lo que se considera valioso: qué es lo importante para uno en esa situación. Por ejemplo, al revisar estas páginas, tengo que decidir si están suficientemente bien o si es necesario reescribirlas. Mis valores son: claridad de sentido (desde el punto de vista del lector, no del mío), corrección gramatical y fluidez de estilo.

También tengo que decidir respecto a mi criterio de comprobación. ¿Cómo sabré que está de acuerdo con mis valores? Si no tengo un criterio de comprobación, podré ir dando vueltas y más vueltas eternamente, porque nunca sabré cuándo detenerme. En esta trampa caen aquellos autores que se pasan años y más años corrigiendo sus manuscritos en busca de la perfección, y nunca llegan a publicarlos. En mi ejemplo, la comprobación consistiría en someter el texto primero al corrector gramatical, y luego mostrarlo a algunos amigos cuyas opiniones valoro y considerar sus sugerencias. Luego haría las correcciones de acuerdo a esa interacción.

Este modelo se conoce con el nombre de modelo TOTE: *Test-Operate-Test-Exit*, Prueba-Operación-Prueba-Salida. La comparación constituye la Prueba. La Operación es el lugar donde se aplican los propios recursos. Se vuelve a comparar (otra Prueba), y se sale del bucle (Salida) cuando nuestro criterio de comprobación nos dice que el objetivo se ha cumplido. El éxito dependerá del número de opciones de comprobación de que se disponga: la flexibilidad de conducta, o la variedad de requisitos, término tomado de la cibernética. De este modo el viaje desde el estado actual hasta el estado deseado ni siquiera tiene forma de zigzag, sino de una espiral.

Es más que probable que haya bucles menores dentro del bucle mayor: objetivos menores que debe usted lograr para alcanzar el mayor. El sistema en su conjunto encaja como una colección de cajas chinas. En este modelo de aprendizaje, los errores son útiles puesto que son resultados que usted no quiere en ese contexto. Pueden emplearse como información para acercarse más al objetivo.

A los niños les enseñan muchos temas diferentes en la escuela, y olvidan la mayor parte de ellos. Normalmente, no les enseñan cómo aprender. Aprender a aprender es una habilidad de un nivel superior que aprender cualquier materia en particular. La PNL trata de cómo aprender mejor sin tener en cuenta lo que se aprenda. La manera más rápida y efectiva de aprender es emplear lo que sucede de forma natural y sencilla. Se cree, a veces, que aprender y cambiar son procesos lentos y dolorosos; no es verdad. Hay formas lentas y dolorosas de aprender y cambiar, pero al usar la PNL no empleamos ninguna de las dos.

Robert Dilts ha desarrollado una técnica para convertir lo que podría verse como un fracaso en información útil de la que podemos aprender. Es más sencilla si tiene usted a otra persona que le vaya haciendo pasar por los pasos siguientes.

Del fracaso a la información útil

1. ¿Cuál es la actitud o creencia problemática? ¿Todos sus proyectos individuales acaban en la ignominia? ¿Sus intentos en la cocina son buenas noticias para los restaurantes de comida rápida de su barrio? ¿En qué área obtiene usted resultados no deseados? ¿Cree usted que hay algo que no puede hacer o en lo que no es muy bueno?

   Mientras está pensando en todo esto, ¿cuál es su fisiología y posición de acceso ocular? Pensar en fracasos tiene que ver, normalmente, con malos sentimientos, imágenes de fracasos específicos y, quizás, una voz interna riñéndole, todo al mismo tiempo. No puede usted enfrentarse a todos a la vez. Necesita saber qué es lo que está pasando internamente en cada sistema representativo por separado.

2. Mire hacia abajo y a la derecha y póngase en contacto con sus sensaciones. ¿Qué está intentando hacer el sentimiento *en sí mismo* por usted? ¿Cuál es su intención positiva? ¿Motivarle? ¿O protegerle?

   Mire hacia abajo y a la izquierda. ¿Hay algún mensaje en las palabras tomadas aisladamente que pueda serle útil?

   Mire hacia arriba a la izquierda y vea las imágenes de sus recuerdos. ¿Hay algo nuevo que pueda aprender de ellas? Empiece a tener una visión más realista del problema; es usted capaz de mucho más: observe cómo hay recursos positivos mezclados en su memoria del problema. Ponga en relación las palabras, imágenes y sentimientos con el objetivo deseado; ¿cómo pueden ayudarle a conseguirlo?

3. Identifique una experiencia positiva y con recursos que vaya a suceder en el futuro, algo que está seguro de que va a conseguir en el futuro. No tiene por qué ser algo importante. Identifique las principales submodalidades visuales, auditivas y cinestésicas de la forma en que piensa en esta experiencia. Ancle la experiencia cinestésicamente mediante el tacto. Compruebe que cuando pone el ancla en acción, accede a la experiencia de recurso, que se convierte en una experiencia de referencia de lo que usted sabe que puede conseguir.

4. Mire hacia arriba a la derecha y constrúyase una imagen del objetivo o actitud deseados que tenga en cuenta lo que ha aprendido de las sensaciones, imágenes y palabras asociadas con la creencia problemática. Compruebe que está en armonía con su personalidad y relaciones; asegúrese de que hay una clara conexión entre las memorias y la actitud positiva o el objetivo. Quizás quiera modificar el objetivo en virtud de lo que ha aprendido al observar sus recuerdos.

5. Convierta las submodalidades del objetivo deseado en las mismas de la experiencia positiva de referencia, mantenga

el ancla para la experiencia de referencia mientras lo esté haciendo. El proceso en su totalidad le permitirá aprender del pasado y liberará las inquietudes respecto al futuro del lastre del fracaso pasado. Usted pensará en sus objetivos con submodalidades de anticipación positiva.

Niveles de aprendizaje

Aprender, en su nivel más simple, es intentar y equivocarse, con o sin guía. Se aprende a tomar la mejor opción posible, la respuesta «correcta». Esto puede que lleve uno o más intentos. Se aprende a escribir, a leer, que las luces rojas significan detención... Se empieza en la incompetencia inconsciente y se va progresando hasta la competencia consciente yendo por el círculo de aprendizaje.

Una vez que la respuesta se convierte en un hábito, ya no se aprende. En teoría, se podría actuar de forma distinta, pero en la práctica no se hace. Los hábitos son extremadamente útiles al simplificar partes de nuestra vida en las que no queremos pensar; evitan el tedio de tener que pensar cómo acordonar los zapatos cada mañana. Un área a la que no quiere unir su creatividad. Pero hay un arte de decidir qué partes de su vida quiere convertir en hábitos y de qué partes de su vida quiere seguir aprendiendo y tener opciones. Esto se convierte en una cuestión clave de equilibrio.

Esta cuestión, en realidad, le hace subir un peldaño. Puede mirar las habilidades que ha adquirido, elegir entre ellas o crear nuevas opciones que lleven al mismo fin. Ahora puede aprender a ser un mejor aprendiz eligiendo cómo va a aprender.

El pobre hombre al que concedieron tres deseos en el cuento de hadas, obviamente no tenía ni idea de los distintos niveles del aprendizaje. Si lo hubiera sabido, en vez de desperdiciar su último deseo en restaurar el *statu quo*, hubiera pedido poder pedir tres deseos más.

Los niños aprenden en la escuela que 4+4=8. A cierto nivel, esto es aprendizaje simple; no se necesita entender, sólo recordar. Hay una asociación automática; ha sido anclado. Dejado en este nivel, significaría que 5+3 no pueden ser 8 porque 4+4 lo son. Es evidente que aprender matemáticas de esta forma es inútil; a menos que se conecten las ideas en un nivel superior, se quedan limitadas a un contexto en particular. El verdadero aprendizaje significa aprender otras formas de hacer lo que ya se puede hacer: usted aprende que 7+1 hacen 8, y también 2+6. Entonces se puede subir un peldaño y comprender las reglas que hay detrás de estas respuestas. Sabiendo lo que uno quiere, se pueden encontrar maneras distintas y creativas para lograrlo. Algunas personas cambiarán aquello que desean en vez de cambiar lo que hacen para conseguirlo; seguirán intentando conseguir 8 porque están decididas a usar 3+4, y no resulta. Otras siempre emplearán 4+4 para obtener 8, y nunca usarán otra cosa.

El llamado «currículum oculto» de las escuelas es un ejemplo de aprendizaje a un nivel superior. No miremos lo que se aprende, sino *cómo* se aprende. Nadie enseña de manera consciente los valores de un «currículum oculto»; lo hace la escuela como contexto, y tiene una mayor influencia en el comportamiento de los niños que las clases formales. Si los niños nunca aprendieran que hay otras maneras de aprender que las pasivas, por repetición, en grupo y proviniendo de una autoridad, estarían en una posición análoga en un nivel superior al niño que aprende que 4+4 es la única forma de obtener 8.

Un nivel todavía superior de aprendizaje se obtiene de un cambio profundo en la manera de pensar sobre nosotros mismos y el mundo. Engloba la comprensión de las relaciones y paradojas de las diferentes maneras como aprendemos.

Gregory Bateson nos narra una interesante historia en su libro *Steps to the Ecology of Mind* [Pasos hacia la ecología de la mente] de cuando estudiaba los patrones de comunicación de los delfines en el Instituto de Investigaciones Marinas en Hawai. Observaba a los entrenadores cómo enseñaban a los delfines a hacer travesuras ante el público. El primer día, cuando el delfín hacía algo no usual, como saltar fuera del agua, el entrenador tocaba el silbato y le daba al delfín un pescado como premio. Cada vez que el delfín repetía esta acción, el entrenador tocaba el silbato y lo premiaba con un pescado. Muy pronto el delfín aprendió que esta conducta le aseguraba un pescado, y la continuó repitiendo para recibir el premio.

Al día siguiente, el delfín salió y realizó su salto, esperando un pescado, pero no sucedió nada. El delfín repitió sus saltos sin premio durante un rato hasta que, aburrido, hizo otra cosa, como girar sobre sí mismo, por ejemplo. Al ver que hacía otra cosa, el entrenador tocó el silbato y le dio un pescado. El delfín siguió repitiendo su nueva pirueta, obteniendo como premio un pescado. No había pescado para la pirueta del día anterior, sino sólo para algo nuevo. Esta pauta se repitió durante 14 días. El delfín salía y repetía varias veces la pirueta que había aprendido el día anterior, sin obtener recompensa alguna. Cuando hacía algo nuevo, obtenía un premio. Probablemente, esto era algo muy frustrante para el delfín. Al decimoquinto día, sin embargo, pareció que de pronto había aprendido las reglas del juego. Se volvió loco y realizó un espectáculo extraordinario, que incluía ocho piruetas nuevas, de las cuales cuatro nunca habían sido observadas anteriormente en ningún otro delfín. El delfín había ascendido a otro nivel de aprendizaje. Parecía que había comprendido no sólo cómo producir nuevas conductas, sino las mismas reglas acerca de cómo y cuándo producirlas.

Otro punto: durante los 14 días Bateson vio que el entrenador arrojaba pescado al delfín, en momentos en que no estaban entrenando y sin una razón aparente. Cuando le preguntó acerca de esto, el entrenador respondió: «Esto lo hago para mantener mi relación con él. Si esta relación no fuese buena, no se va a molestar en aprender algo».

Descripciones de la realidad

Para aprender el máximo posible de cualquier situación o experiencia, se necesita recoger información desde el mayor número de puntos de vista posibles. Cada sistema representativo proporciona una forma distinta de describir la realidad. Las nuevas ideas surgen de estas distintas descripciones de la misma forma que la luz blanca surge al mezclar los colores del arco iris. No se puede trabajar con un solo sistema representativo; se necesitan al menos dos: uno para recoger la información y el otro para interpretarla de otra manera.

De la misma forma, el punto de vista de una persona cualquiera tendrá puntos ciegos causados por su forma habitual de percibir el mundo, por sus filtros perceptivos. Desarrollando la habilidad de ver el mundo desde el punto de vista de otras personas, tenemos una forma de ver por nuestros puntos ciegos, de la manera en que le pedimos consejo o un punto de vista distinto a un amigo si estamos encallados. ¿Cómo podemos mover nuestras percepciones para poder salir de nuestra visión limitada del mundo?

Descripción triple

Hay tres formas, como mínimo, de ver nuestras experiencias. En el trabajo más reciente de John Grinder y Judith DeLozier se llaman posiciones perceptivas primera, segunda y tercera. En primer lugar, usted puede mirar el mundo tan sólo desde su propio punto de vista, su propia realidad en su interior, de forma totalmente asociada y sin tener en cuenta el punto de vista de nadie. Usted piensa sin más: «¿Cómo me afecta esto a mí?». Busque en el pasado y concéntrese en un momento en que fuera plenamente consciente de lo que usted pensaba sin tener en cuenta a nadie más en la situación. Es ésta la llamada «primera posición» (y la ha experimentado cuando se concentraba en su propia realidad, sin importar el ejemplo que seleccionó).

En segundo lugar, puede usted considerar cómo sería esta situación desde el punto de vista de otra persona. Es evidente que la misma situación o conducta puede significar cosas diferentes a personas diferentes; es esencial apreciar el punto de vista de otra persona y preguntarse: «¿Cómo la verán otras personas?». Esto se llama «segunda posición», también conocida como empatía. Si tiene un conflicto con alguien, necesitará apreciar cómo esa persona siente lo que usted hace. Cuanto más fuerte sea la intimidad que tiene con la otra persona, mejor podrá apreciar la realidad de ella y más fácil le será llegar a la segunda posición.

En tercer lugar, puede usted tener la experiencia de ver el mundo desde un punto de vista externo, como si fuera un observador independiente, alguien totalmente ajeno a la situación. Pregúntese: «¿Qué le parecería esto a una persona ajena a la situación?». Esto le dará un punto de vista objetivo conocido como «tercera posición». Está a un nivel distinto de las otras dos, pero no es superior. La tercera posición es diferente del hecho de estar disociado. Para que esta tercera posición sea útil, necesita usted estar en un estado de plenitud de recursos muy fuerte. Usted contempla de forma objetiva y con plenitud de recursos su propio comportamiento a fin de poder hacer una evaluación y generar algunas opciones útiles en cualquier situación difícil. Ser capaz de contemplar un problema desde una tercera posición es una habilidad muy útil y puede ahorrarle mucho estrés y molestias producidos por acciones precipitadas. Las tres posiciones tienen la misma importancia, la cuestión está en saber moverse por ellas libremente. Alguien encallado en la primera será un monstruo egoísta; una persona que esté de forma habitual en la segunda se dejará influir fácilmente por los demás, y una persona que esté habitualmente en la tercera será un observador alejado de la vida.

La idea de una descripción triple es sólo un aspecto del método adoptado por John Grinder y Judith DeLozier en su libro *Turtles All the Way Down* para dar una visión más sencilla de la PNL. Este método se conoce como el «nuevo código» de la PNL, y su intención es la de alcanzar un justo equilibrio entre los procesos consciente e inconsciente.

Todos pasamos cierto tiempo en estas tres posiciones, lo hacemos de forma natural, y nos ayudan a comprender mejor cualquier situación u objetivo. La habilidad para moverse con facilidad entre ellas, de forma consciente o inconsciente, es necesaria para actuar juiciosamente, así como para apreciar la maravillosa complejidad de nuestras relaciones. Las diferencias que se aprecian cuando se mira el mundo de diferentes maneras, es lo que enriquece el mundo y nos aporta diferentes opciones. Las posiciones primera, segunda y tercera constituyen un reconocimiento explícito de que el mapa no es el territorio. Hay muchos mapas diferentes.

La idea es la de estar atento a las diferencias más que a tratar de imponer la uniformidad. Lo importante es la diferencia y la tensión entre las distintas maneras de mirar el mundo. El interés y la invención vienen de ver el mundo de formas distintas; la uniformidad fomenta el aburrimiento, la mediocridad y la lucha. En la evolución biológica, las especies iguales son las que entran en conflicto y luchan por sobrevivir. Las guerras empiezan cuando las personas quieren exactamente los mismos y escasos recursos. La sabiduría proviene del equilibrio, y no se puede ser equilibrado a menos que haya distintas fuerzas para equilibrar.

El campo unificado de la PNL según Robert Dilts

Robert Dilts ha construido un modelo simple y elegante para pensar sobre cambio personal, aprendizaje y comunicación, que junta las ideas de contexto, relaciones, niveles de aprendizaje y posición perceptiva. También crea un contexto para pensar en las técnicas de la PNL, y da un marco para organizar y recoger información, de forma que se pueda identificar el mejor lugar donde intervenir para realizar el cambio deseado. Nosotros no cambiamos a trozos o en bits, sino de forma orgánica. La cuestión es: ¿dónde exactamente tiene que batir las alas la mariposa? ¿Dónde empujar para realizar un cambio?

El aprendizaje y los cambios pueden tener lugar en niveles distintos.

1. Espiritual

Es este el nivel más profundo, donde consideramos y revisamos las grandes cuestiones metafísicas. ¿Por qué estamos aquí? ¿Cuál es nuestra tarea aquí? El nivel espiritual guía y modela nuestras vidas, y proporciona una base a nuestra existencia. Cualquier cambio en este nivel tiene profundas repercusiones en los demás niveles, como comprobó San Pablo camino de Damasco. De alguna forma, contiene todo lo que somos y hacemos, y, sin embargo, no es nada de esto.

2. Identidad

Es el sentido básico de mí mismo, mis valores principales y misión en la vida.

3. Convicciones

Las diversas ideas que pensamos que son verdad, y empleamos como base para la acción diaria. Las convicciones (creencias) pueden ser tanto permisivas como limitativas.

4. Capacidad

Grupos o conjuntos de comportamientos, habilidades generales y estrategias que empleamos en la vida.

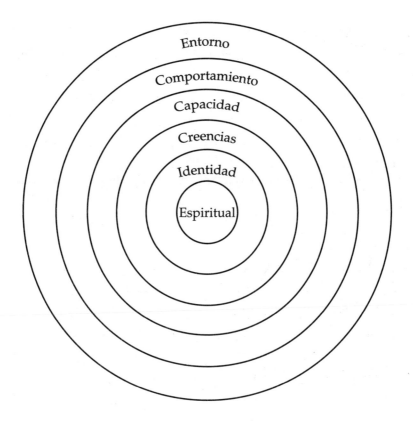

Niveles neurológicos.

5. Comportamiento

Las acciones específicas que llevamos a cabo.

6. Entorno

Aquello a lo que reaccionamos, lo que nos rodea y las demás personas con las que entramos en contacto.

Tomemos como ejemplo a un vendedor que piensa en su trabajo en estos distintos niveles:

Entorno: este barrio es una buena zona para mi trabajo de ventas.

Comportamiento: hoy he hecho esta venta.

Capacidad: puedo vender este producto a la gente.

Convicción: si vendo mucho puedo ir ascendiendo.

Identidad: soy un buen vendedor.

Estamos ante un ejemplo de éxito. El modelo también puede aplicarse a problemas. Por ejemplo: puedo escribir mal una palabra. Podría atribuirlo al entorno: el ruido me distrajo. Puedo, también, dejarlo en el nivel de la conducta: he escrito mal sólo esta palabra; pero también podría generalizar y poner en duda mi capacidad con las palabras. Podría empezar a creer que necesito más práctica para mejorar, o podría poner en duda mi identidad llamándome estúpido.

El comportamiento se toma, a menudo, como evidencia de la identidad o capacidad, y así es como se destruye la competencia y la confianza en el aula. Hacer una suma mal no quiere decir que uno sea estúpido o que no sepa matemáticas. Pensar esto es confundir niveles psicológicos, es equivalente a pensar que la señal de «No fumar» en los cines se aplica también a los personajes de la película.

Cuando uno quiere cambiarse a sí mismo o a los demás, se necesita recoger información, las partes más importantes del problema, los síntomas con los que la persona se siente incómoda. Es lo que llamamos el estado presente. Menos evidentes que los síntomas son las causas subyacentes que sustentan el problema. ¿Qué es lo que la persona debe seguir haciendo para mantener el problema?

Habrá un estado deseado, un resultado que será la meta del cambio. Estarán, también, los recursos que ayudarán a alcanzar el resultado, y también los efectos secundarios de lograr el resultado, tanto para uno mismo como para los demás.

Con este modelo es fácil ver que uno puede verse metido en dos tipos de conflictos: por un lado, podrá tener dificultades al escoger entre dos opciones; quedarse en casa y ver la televisión, o ir al teatro. Es un choque directo de comportamientos.

Por otro lado, podrá haber un choque donde algo sea bueno en un nivel, pero malo en otro. Por ejemplo, un niño puede ser muy bueno en una obra de teatro en la escuela; pero cree que al hacerlo sería envidiado por sus compañeros, así que no lo hace. Los comportamientos y las capacidades pueden tener una gran recompensa, pero pueden entrar en conflicto con la propia identidad o creencias.

La forma como concebimos el tiempo es importante. Un problema puede tener que ver con un trauma del pasado que tiene repercusiones en el presente. Una fobia podría ser un ejemplo, aunque haya muchos más, menos dramáticos, donde tiempos pasados, difíciles e infelices, afectan a nuestra calidad de vida del presente. Muchas terapias piensan en los problemas presentes como en cuestiones determinadas por hechos pasados. Si bien estamos influidos por el pasado y vamos creando nuestra historia personal, este mismo pasado puede usarse más como un recurso que como una limitación. La técnica del cambio de historia personal ya ha sido descrita: reevalúa el pasado en virtud de los conocimientos presentes; no estamos condenados a repetir nuestros errores por siempre.

Por otro lado, esperanzas y miedos por el futuro pueden paralizarnos en el presente. Esto puede ir desde hablar en público un miércoles por la noche hasta importantes cuestiones de seguridad personal y financiera en el futuro. Y está el momento presente donde toda nuestra historia personal y futuros posibles convergen. Se puede usted imaginar su vida como una línea a través del tiempo, que se extiende desde un pasado distante hasta un futuro distante, y ver cómo el estado presente y deseado de identidad, creencias, capacidad, comportamiento y entorno se relacionan todos con su historia personal y futuro posible.

Nuestra personalidad completa es como un holograma, una imagen en tres dimensiones creada por haces de luz, y cualquier parte del holograma le dará la imagen completa. Se pueden cambiar pequeños elementos como las submodalidades y observar cómo el efecto va subiendo, o ver cómo va en dirección contraria al cambiar una importante creencia. La mejor manera se hará aparente a medida que vaya recogiendo información sobre los estados presentes y deseados.

El cambio en un nivel inferior no causará, necesariamente, un cambio en niveles superiores; un cambio en el entorno no tiene por qué cambiar mis creencias. Mi comportamiento podrá cambiar algunas creencias sobre mí mismo, pero un cambio en mis creencias sí producirá un cambio importante en mi comportamiento. Un cambio en un nivel superior siempre tendrá un efecto en los niveles inferiores; será más penetrante y duradero. Así que si usted desea cambiar su comportamiento, trabaje en la capacidad o en las creencias (convicciones). Si hay una carencia en la capacidad, trabaje con las creencias. Las creencias seleccionan las capacidades que, a su vez, seleccionan los comportamientos, las que, a su vez, construyen directamente el entorno. Un entorno que nos apoye es importante, uno hostil puede dificultar cualquier cambio.

Es difícil hacer un cambio en el nivel de la identidad o más allá sin que a uno le apoyen las creencias y capacidades. Ni es suficiente para un ejecutivo creer que puede llegar a ser un alto cargo: debe apoyar su creencia con el trabajo. Las creencias sin capacidades y comportamientos para apoyarlas son castillos en el aire.

El campo unificado es la forma de poner juntas las distintas partes de la PNL en un marco construido a partir de las ideas de los niveles neurológicos, tiempo y posición perceptiva. Puede usarse para entender el equilibrio y la relación de los distintos elementos de su interior y en el de los demás. La clave está en el equilibrio. Los problemas surgen de una falta de equilibrio, y el campo unificado le permite identificar qué elementos han adquirido demasiada importancia y cuáles están ausentes o son muy débiles.

Por ejemplo, una persona puede poner mucho énfasis en el pasado y prestar una atención indebida a hechos pasados, dejando que influyan en su vida y devalúen el presente y el futuro. Otra persona puede pasar demasiado tiempo en la primera posición sin tener en cuenta los puntos de vista de otras personas. Otros pueden prestar mucha atención a la conducta y el entorno, pero no el suficiente a su identidad y creencias. El marco del campo unificado le da una vía para identificar un desequilibrio, como un primer paso necesario para encontrar formas del alcanzar un equilibrio más sano. Para los terapeutas es una herramienta de diagnóstico inapreciable para mostrarle cuál de las diferentes técnicas es mejor emplear. Es un modelo rico, y le dejamos pensar en las distintas maneras que puede usarlo.

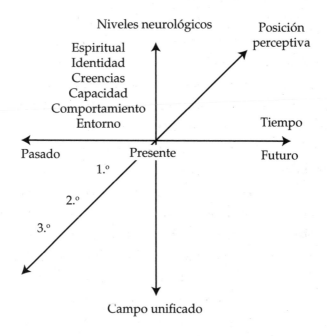

Creencias

—¡No puedo creerlo! —dijo Alicia.

—¿No puedes? —dijo la Reina en tono compasivo—. Inténtalo otra vez: respira hondo y cierra los ojos.

Alicia se rió.

—Es inútil intentarlo —dijo—. Uno no puede creerse cosas imposibles.

—Yo me atrevería a decir que no has practicado lo suficiente
—dijo la Reina—. Cuando tenía tu edad, siempre lo hacía
durante media hora cada día. ¡Caramba! A veces me he
creído hasta seis cosas imposibles antes de desayunar.

LEWIS CARROLL, *Alicia a través del espejo*

Nuestras creencias ejercen una gran influencia en nuestra conducta; nos motivan y dan forma a lo que hacemos. Es difícil aprender algo sin creer que será agradable y que redundará en nuestro provecho. ¿Qué son las creencias? ¿Cómo se forman y cómo las mantenemos?

Las creencias son nuestros principios rectores, los mapas internos que empleamos para dar sentido al mundo; nos dan estabilidad y continuidad. Compartir creencias da una sensación de intimidad y comunidad más profunda que el trabajo compartido.

Todos compartimos algunos principios básicos que el mundo físico confirma cada día. Creemos en las leyes de la naturaleza; no saltamos desde el techo de los edificios, ni probamos cada día que el fuego quema. También tenemos muchas creencias sobre nosotros mismos y la clase de mundo en que vivimos, pero no están tan claramente definidas. Las personas no son tan estables e inmutables como la fuerza de gravedad.

Las creencias vienen de muchas fuentes —educación, creación de modelos a partir de otros significantes, traumas del pasado, experiencias repetitivas...—. Construimos creencias generalizando a partir de nuestras experiencias en el mundo y con los demás. ¿Cómo sabemos a partir de qué experiencias debemos generalizar? Algunas creencias nos vienen ya hechas de nuestra cultura y del medio en que nacemos. Las expectativas de la gente que nos rodea durante la infancia nos infunden creencias, gota a gota. Grandes expectativas (siempre que sean realistas) producen competencia, aptitud; bajas expectativas producen incompetencia, ineptitud. Creemos lo que nos han dicho sobre nosotros mismos cuando somos jóvenes porque no tenemos recursos para comprobarlo, y estas creencias pueden seguir sin que nuestros logros posteriores las modifiquen.

Cuando creemos algo, actuamos como si fuera verdad; y esto lo hace difícil de reprobar porque las creencias actúan como filtros perceptivos singularmente potentes. Los hechos se interpretan en forma de creencias, y las excepciones confirman la regla. Lo que hacemos mantiene y refuerza nuestras creencias; las creencias no son simplemente mapas de lo que pasó, sino planes o estrategias para acciones futuras.

Se han hecho pruebas con grupos de niños, divididos en dos grupos, cada uno con el mismo coeficiente intelectual (CI); se dijo a los maestros que un grupo tenía un CI más alto y que, por tanto, se esperaba que lo hiciera mejor que el otro. Si bien la única diferencia entre los grupos eran las expectativas de los maestros (una creencia), el grupo etiquetado con un «alto CI» obtuvo resultados mucho mejores que el otro grupo, según se comprobó. Este tipo de profecía de necesario cumplimiento se conoce, a veces, como el efecto Pigmalión.

Una parecida profecía de necesario cumplimiento es la del efecto placebo, muy conocido en medicina, según el cual los pacientes mejoran si *creen* que les están dando un medicamento efectivo, aunque sólo les estén dando placebos, es decir, sustancias inertes sin efectos médicos probados. La creencia efectúa la curación. Los medicamentos no siempre son necesarios, pero la creencia en la curación siempre lo es. Hay estudios que demuestran de manera fehaciente que alrededor de un 30 por ciento de los pacientes responden a placebos.

En un estudio, un médico puso una inyección de agua destilada a cierto número de pacientes con úlceras pépticas sangrantes, diciéndoles que era un medicamento maravilloso que les curaría. El 70 por ciento de los pacientes mostró excelentes resultados, que duraron más de un año.

Las creencias positivas son permisos que estimulan nuestras capacidades. Las creencias crean resultados. Hay un dicho que reza: «Tanto si crees que puedes hacer algo como si no crees que puedes hacerlo, tienes razón».

Las creencias limitativas por lo general giran alrededor del «no puedo…». Vea esta frase como la simple enunciación de un hecho que es válida sólo para el momento presente. Por ejemplo, decir «no puedo hacer juegos de manos» significa que puedo (no hacer juegos de manos). Es muy fácil no hacer juegos de manos; todo el mundo puede no hacerlo. Creer que «no puedo» es una descripción de sus capacidades ahora y en el futuro, y en vez de ser una descripción de su comportamiento ahora, programará su cerebro hacia el fracaso y le impedirá encontrar sus verdaderas capacidades. Las creencias negativas no tienen base experimental.

Una buena metáfora para el efecto de las creencias limitativas es la forma cómo funciona el ojo de una rana: una rana verá casi todo lo que quede en su entorno inmediato, pero sólo interpretará como alimento las cosas que se muevan y tenga una forma y configuración determinada. Es ésta una manera muy eficaz de proveer a la rana de alimentos como pueden ser las moscas. Sin embargo, como sólo objetos negros en movimiento son reconocidos como alimentos, una rana se morirá de hambre encerrada en una caja llena de moscas muertas. Del mismo modo, filtros perceptivos muy estrechos y muy eficaces pueden privarnos de buenas experiencias, aunque estemos rodeados de posibilidades excitantes, por el simple hecho de que no son reconocidas como tales.

La mejor manera de saber de lo que uno es capaz es pretender que uno puede hacerlo; actúe «como si» pudiera. Lo que usted no pueda hacer, no lo *hará*. Si es realmente imposible, no se preocupe, ya se dará cuenta de ello. (Y asegúrese de que haya desplegado las medidas de seguridad apropiadas en caso necesario.) Siempre que usted crea que algo es imposible, *nunca* descubrirá si es o no posible.

No hemos nacido con creencias como si fuesen el color de los ojos; las creencias cambian y se desarrollan. Pensamos sobre nosotros mismos de forma distinta, nos casamos, nos divorciamos, cambiamos de amistades y actuamos de maneras distintas porque nuestras creencias cambian.

Las creencias pueden ser una cuestión de elección. Puede usted deshacerse de creencias que le limiten y construirse otras que le hagan la vida más divertida y afortunada. Las creencias positivas le permiten descubrir lo que puede ser verdad y de lo que es usted capaz. Son salvoconductos para explorar y jugar en el mundo de la posibilidad. ¿Qué creencias vale la pena tener de manera que le permitan alcanzar y le apoyen en sus objetivos? Piense en algunas de las creencias que usted tiene de sí mismo. ¿Son útiles? ¿Son salvoconductos o barreras? Todos tenemos creencias básicas sobre el amor y lo que es importante en la vida. Tenemos muchas otras sobre nuestras posibilidades y felicidad que nos hemos creado, y pueden variar. Una parte esencial para conseguir tener éxito es tener creencias que le permitan alcanzarlo. Creencias poderosas no le garantizarán tener éxito siempre, pero le mantendrán lleno de recursos y le harán capaz de obtener el éxito al final.

En la universidad de Stanford se han realizado diversos estudios sobre las «Expectativas de eficacia personal», o cómo cambia la conducta para adecuarse a una creencia. El estudio trataba de cómo la gente pensaba que estaba haciendo algo, comparándolo con lo que realmente sucedía. Se realizaron diversos tipos de tareas, desde matemáticas hasta manejo de serpientes.

Al principio, las creencias y las actuaciones concordaban, la gente actuaba como pensaba que debía. Luego, los investigadores comenzaron a cambiar las creencias que tenían estas personas en sí mismas fijando metas, explicando ejemplos y dándoles una formación experta. Las expectativas subieron, pero las actuaciones cayeron porque estaban probando técnicas nuevas. Se llegó a un punto de máxima diferencia entre lo que creían que podían hacer y lo que en realidad estaban consiguiendo. Si los sujetos se afanaban en la tarea, su actuación alcanzaba las expectativas que se había formado; si se desalentaban, caían a su nivel inicial.

Piense un momento en tres creencias que le han creado limitaciones. A continuación, escríbalas.

Ahora mírese mentalmente en un enorme y horrible espejo. Imagínese cómo será su vida dentro de cinco años si continúa actuando como si estas tres creencias limitadoras fuesen ciertas. ¿Cómo será su vida dentro de diez años? ¿Dentro de veinte?

Tómese un momento para despejar la mente. Levántese, camine unos pasos o haga algunas inspiraciones profundas. Después, piense en tres nuevas creencias que podrían darle más poder, que podrían realmente mejorar la calidad de su vida. Puede dedicar algunos segundos a ponerlas por escrito.

Ahora imagínese que se contempla en un espejo grande y simpático. Imagínese que usted actúa como si estas tres nuevas creencias fuesen ciertas. ¿Cómo será su vida dentro de cinco años? ¿Dentro de diez años? ¿Dentro de veinte?

Cambiar las creencias permite variar la conducta, y ésta cambia más rápidamente si a usted le dan las capacidades o estrategias para realizar una tarea. También se puede cambiar una creencia de otra persona cambiando su conducta, si bien esta técnica no es tan fiable. Algunas personas no se convencen nunca mediante la repetición de experiencias; simplemente ven una serie de coincidencias desconectadas.

Las creencias son una parte importante de nuestra personalidad, aunque están expresadas en términos extremadamente simples: si hiciera esto… entonces pasaría lo otro. Puedo… no puedo… Que se traducen en: Debo… debería… no debo… Las palabras se convierten en algo que obliga. ¿Cómo ganan estas palabras su fuerza sobre nosotros? El lenguaje es una parte esencial en el proceso que empleamos para entender el mundo y expresar nuestras creencias. En el capítulo siguiente vamos a ver con más detenimiento la parte *lingüística* de la Programación neurolingüística.

5

Palabras y significados

—Pero «gloria» no significa «una bonita argumentación definitiva» —objetó Alicia.

—Cuando yo uso una palabra —dijo Humpty Dumpty con cierto menosprecio—, significa justamente lo que yo quiero que signifique, nada más y nada menos.

—La cuestión es —dijo Alicia— si usted puede hacer que las palabras signifiquen cosas distintas.

—La cuestión es —dijo Humpty Dumpty—, quién es el que manda; eso es todo.

LEWIS CARROLL, *Alicia a través del espejo*

Es este un capítulo sobre el poder del lenguaje. Asegurarse de que lo que usted dice es lo que quiere decir, comprender de la forma más clara posible lo que quieren decir los demás, y permitir a los demás que comprendan lo que quieren decir. Es un capítulo sobre cómo reconectar el lenguaje con la experiencia.

Hablar no cuesta nada, según se dice; sin embargo, las palabras tienen el poder de evocar imágenes, sonidos y sentimientos en el oyente o el lector como sabe todo poeta, publicista o escritor. Las palabras pueden comenzar o romper relaciones, terminar con relaciones diplomáticas, provocar peleas y guerras…

Las palabras nos pueden poner de buen o mal humor, son anclas de una compleja serie de experiencias. Por esto, la única respuesta a la pregunta: «¿Qué significa *en realidad* una palabra?», es: «*¿Para* quién?». El lenguaje es una herramienta de comunicación y, como tal, las palabras significan lo que la gente acuerde que signifiquen; es una forma compartida de comunicar experiencias sensoriales. Sin él, la sociedad no podría estar organizada de la forma que conocemos.

Confiamos en las intuiciones de los hablantes nativos de la misma lengua, y en el hecho de que nuestra experiencia sensorial es lo bastante parecida como para que nuestros mapas tengan muchos puntos en común. Sin esto, todas las conversaciones serían desesperantes y todos seríamos unos comunicadores como Humpty Dumpty.

Pero... no todos compartimos exactamente el mismo mapa.

Cada uno de nosotros experimenta el mundo de una forma única. Las palabras están, en sí mismas, vacías de significado, como se hace evidente cuando se escucha una lengua desconocida de uno. Damos significado a las palabras mediante las asociaciones ancladas a objetos y experiencias de la vida. No todos vemos los mismos objetos o tenemos las mismas experiencias. El hecho de que otras personas tengan mapas y significados distintos añade riqueza y variedad a la vida. Podemos estar de acuerdo en el significado de palabras como «pastel» porque todos hemos compartido la misma visión, olor y sabor de uno; pero podríamos pasarnos horas discutiendo sobre el significado de palabras abstractas como «respeto», «amor» o «política». Las posibilidades de confusión son inmensas. Estas palabras, en particular, son como las manchas de tinta de Rorschach, que significan cosas distintas para cada persona; y ello sin tener en cuenta cosas como distracciones, falta de intimidad, claridad expositiva o mutua incapacidad para entender ciertas ideas. ¿Cómo sabemos que hemos entendido a alguien? Dando significado a sus palabras; nuestros significados, no los de la otra persona; y no hay garantía de que los dos significados sean los mismos. ¿Cómo damos sentido a las palabras que oímos? ¿Cómo elegimos las palabras para expresarnos? ¿Y cómo las palabras estructuran nuestras experiencias? Todo esto nos lleva al corazón mismo de la parte lingüística de la PNL.

Las palabras significan cosas distintas según el punto de vista de cada cual.

Dos personas que dicen que les gusta mucho escuchar música, pueden descubrir bien pronto que tienen muy pocas cosas en común cuando uno diga que le gustan las óperas de Wagner, mientras el otro escucha rock duro. Si le digo a un amigo que estuve todo el día relajándome, puede que me imagine sentado en una butaca viendo la televisión toda la tarde. Si supiera que estuve jugando a squash y luego di un largo paseo por el parque, podría pensar que estoy loco. También se preguntaría cómo es posible que la palabra relajación pueda usarse para significar cosas tan diferentes. En este ejemplo no están en juego grandes cosas. La mayor parte de las veces, los significados están lo bastante próximos para permitir una adecuada comprensión. También hay situaciones en que es muy importante comunicarse de forma extremadamente precisa; por ejemplo, en relaciones íntimas o en acuerdos de negocios. En estos casos querrá usted estar seguro de que la otra persona comparte su significado; querrá saber de la forma más exacta posible lo que para la otra persona significa algo en su mapa, y querrá también que sea clara sobre lo que quiere decir.

Pensar en voz alta

El lenguaje es un filtro poderoso para nuestras experiencias individuales; es parte de la cultura en que nacemos y no puede cambiar. Canaliza los pensamientos hacia unas direcciones, facilitando pensar de unas formas y dificultando pensar en otras. Los esquimales tienen muchas palabras distintas para la única palabra «nieve», en inglés o en español. Su vida puede depender de la correcta identificación de un tipo de nieve; les interesa distinguir entre una nieve que se puede comer y otra apta para la construcción, etc. ¿Puede imaginar lo distinto que sería el mundo si pudiese distinguir entre multitud de variedades de nieve?

El pueblo hanuoo de Nueva Guinea tiene un nombre distinto para 92 variedades de arroz; es extremadamente importante para su economía. Dudo que tenga siquiera una palabra para hamburguesa, cuando nosotros tenemos al menos una docena; también tenemos más de 50 palabras diferentes para otros tantos modelos de coches. El lenguaje realiza distinciones pertinentes en unas áreas u otras dependiendo de lo que sea importante para esa cultura. El mundo es tan rico y variado como queramos hacerlo, y el lenguaje que heredamos desempeña un papel esencial dirigiendo nuestra atención a unas partes u otras.

Las palabras son anclas de experiencias sensoriales, pero la experiencia no es la realidad, y la palabra no es la experiencia. El lenguaje está, por lo tanto, a dos movimientos de la realidad. Discutir sobre el significado real de una palabra es casi como discutir que un menú sabe mejor que otro porque usted prefiere la comida de ése. La gente que aprende una lengua casi siempre sufre un cambio radical en la forma que tiene de pensar sobre el mundo.

Darle sentido a las palabras – El metamodelo

Los buenos comunicadores explotan los puntos fuertes y débiles del lenguaje; la habilidad de emplear el lenguaje con precisión es esencial para cualquier comunicador profesional. Ser capaz de emplear las palabras precisas que tendrán significado en los mapas de los demás, y determinar de manera precisa lo que una persona quiere decir con las palabras que usa, son unas habilidades valiosísimas en la comunicación.

La PNL tiene un mapa muy útil de cómo funciona el lenguaje que le evitará comunicadores del tipo Humpty Dumpty, y le asegurará que no se convierta usted mismo en uno de ellos. Este mapa del lenguaje se conoce en los escritos de la PNL como el Metamodelo. La palabra «meta» viene del griego y significa más allá o en un nivel diferente. El metamodelo emplea el lenguaje para clarificarlo, le previene de engañarse a usted mismo, le permite comprender lo que significan las palabras; vuelve a conectar el lenguaje con la experiencia.

El metamodelo fue uno de los primeros modelos desarrollados por John Grinder y Richard Bandler. Observaron que dos de los mejores terapeutas, Fritz Perls y Virginia Satir, tendían a utilizar cierto tipo de preguntas cuando recogían información.

John y Richard intentaron desarrollar su visión del lenguaje, el cambio y la percepción, y vieron que también tenían que crear un vocabulario para describirlos. Pensaban que era un gran error que la enseñanza de terapeutas durante los años 70 consistiera en adquirir una formación académica, empezar a practicar y tener, finalmente, que reinventar la rueda porque no había un vocabulario para hacer llegar los conocimientos de los últimos investigadores a los nuevos psicoterapeutas.

Todo esto cambió en 1975 con la aparición de la obra *The Structure of Magic 1*, publicado por Science and Behaviour Books. El libro describe el metamodelo con todo detalle, y contiene mucho del material que John y Richard habían obtenido de sus observaciones de Fritz Perls y Virginia Satir. Desde entonces la gente puede aprovechar la experiencia de unos psicoterapeutas excepcionales que han pasado muchos años descubriendo lo que funcionaba y lo que no. El libro está dedicado a Virginia Satir.

Decirlo todo – La estructura profunda

Para entender el metamodelo, que es una herramienta para tener un mejor conocimiento de lo que la gente dice, necesitamos observar cómo se traducen los pensamientos en palabras. El lenguaje nunca puede equipararse a la velocidad, variedad y sensibilidad de nuestros pensamientos; sólo puede ser una aproximación. Un hablante puede tener una idea completa y total de lo que quiere decir; es lo que los lingüistas llaman la estructura profunda. La estructura profunda no es consciente; el lenguaje existe en un nivel neurológico muy profundo. Lo que hacemos es acortar esta estructura profunda para hablar con claridad, y lo que realmente decimos es lo que se llama estructura superficial. Si no acortáramos la estructura profunda, la conversación sería terriblemente larga y pedante. Una persona que le pregunte por el hospital más cercano, no le agradecerá si usted le da una contestación que incluya gramática transformacional.

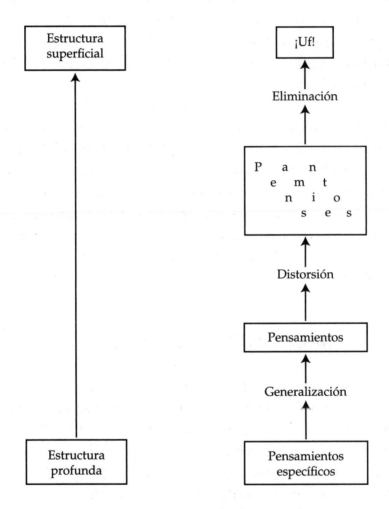

Para salir de la estructura profunda, generalizamos, cambiamos y abandonamos parte de nuestras ideas para hablar con los demás.

Para pasar de la estructura profunda a la superficial, hacemos, de manera inconsciente, tres cosas:

En primer lugar, seleccionamos sólo una parte de la información que haya en la estructura profunda. Gran cantidad quedará fuera.

En segundo lugar, damos una versión simplificada que, inevitablemente, distorsionará el significado.

En tercer lugar, generalizamos. Señalar todas y cada una de las posibles excepciones y condiciones haría la conversación terriblemente aburrida.

El metamodelo es una serie de preguntas que intentan trastocar y aclarar las eliminaciones, distorsiones y generalizaciones del lenguaje. Estas preguntas tienen la finalidad de llenar la información perdida, remodelar la estructura y sonsacar información específica para dar sentido a la comunicación. Es útil tener en cuenta que ninguno de los siguientes modelos son buenos o malos en sí mismos; todo depende del contexto en que se empleen y en las consecuencias de su empleo.

Sustantivos inespecificados

Considere las frases siguientes:

Lara, la niña de siete años, se cayó sobre un cojín en el salón y se golpeó la mano derecha contra una silla de madera.

y:

La niña tuvo un accidente.

Ambas frases significan lo mismo, si bien la primera tiene mucha más información específica. Podemos llegar a la segunda frase desde la primera fácilmente, por pasos, eliminando o generalizando los sustantivos específicos. También, las dos frases están bien construidas; una buena construcción gramatical no es garantía de claridad. Muchas personas son aficionadas a hablar sin parar, en buen español, sin que por eso le dejen a uno más sabio después.

El sujeto activo de una oración puede ser eliminado haciendo la frase impersonal, diciendo, por ejemplo: «Han construido la casa», en vez de decir: «Construyó la casa». Sólo porque no diga quién la construyó no quiere decir que la casa surgió por sí misma; los constructores todavía existen. Este tipo de eliminación puede implicar una visión del mundo en la que usted es un espectador pasivo y donde las cosas se suceden sin que nadie sea responsable de ellas.

Así que cuando oiga la frase: «Construyeron la casa» puede preguntar por la información que falta: «*¿Quién construyó la casa?*».

Otros ejemplos en los que no se especifican los sustantivos:

«Están afuera esperándome.» *¿Quién?*

«Es una cuestión de opinión.» *¿El qué?*

«Han arruinado el barrio.» *¿Quién?*

«Los animales domésticos son una molestia.» *¿Qué animales domésticos?*

La perla siguiente pertenece a un niño de dos años cuando le preguntaron qué le había sucedido a una barrita de chocolate que había en la mesa.

«Si alguien se deja el chocolate por ahí, alguien se lo come.» *¿Qué alguien?*

Los sustantivos inespecificados se aclaran preguntando:
«¿Qué o quién específicamente...?».

Verbos inespecificados

Alicia estaba demasiado perpleja como para decir nada, así que después de un momento Humpty Dumpty comenzó de nuevo.

—Tienen carácter, algunos, especialmente los verbos, son los más orgullosos; con los adjetivos puedes hacer lo que quieras, pero con los verbos no. ¡No hay manera de manejarlos! ¡Impenetrabilidad! ¡Eso es lo que yo digo!

LEWIS CARROLL, *Alicia a través del espejo*

A veces un verbo no está especificado, por ejemplo:
«Viajó a París.»
«Se cortó.»
«Me ayudó.»
«Estoy intentando acordarme.»
«Márchate y aprende esto para la próxima semana.»
Podría ser importante saber *cómo* se realizaron estas acciones; queremos el adverbio. Así tenemos: ¿Cómo viajó? ¿Cómo se cortó? ¿Cómo le ayudó? ¿Cómo está intentando recordarlo? (O de otra manera: ¿Qué está intentando recordar específicamente?) ¿Cómo voy a aprender eso?

Los verbos inespecificados se aclaran preguntando:
«¿Cómo específicamente...?».

Comparaciones

Los ejemplos siguientes sobre falta de información son similares y, a menudo, se dan a la vez: juicios y comparaciones. La publicidad es una fuente excelente para ambos modelos.

El nuevo jabón en polvo mejorado
Fluffo es mejor

Aquí hay una comparación, pero no está hecha claramente; una cosa no puede ser mejor aisladamente. ¿Mejor que qué? ¿Mejor que antes? ¿Mejor que los productos de la competencia? ¿Mejor que usar jabón líquido?

Toda frase que emplee palabras como «mejor», «peor», «el mejor», «el peor», establece una comparación. Sólo se puede establecer una comparación si hay algo con qué comparar; si no aparece en la oración, tendrá que preguntar qué es.

Otro ejemplo podría ser:

Llevé mal la reunión

Mal: ¿comparado con qué? ¿Cómo habría debido llevarla? ¿Cómo la hubiera manejado Pedro Pérez? ¿O Superman?

Muy a menudo la parte eliminada de la comparación es irreal. Si usted se compara con Superman, observe lo mal que queda en la comparación, y luego elimine el criterio de comparación. Todo lo que le queda es un sentimiento de inadecuación e impotencia.

Las comparaciones se aclaran preguntando:
«¿Comparado con qué…?».

Juicios

Los juicios están muy cercanos a las comparaciones. Si Fluffo es «simplemente el mejor jabón en polvo que puede comprar», sería interesante saber de quién es esta opinión. ¿Del director gerente de Fluffo?, ¿de una encuesta de opinión?, ¿de Pedro Pérez?

Los juicios no tienen por qué incluir comparaciones, aunque a menudo lo hagan. Si alguien dice: «Soy un egoísta», usted podría preguntar: *«¿Quién lo dice?».* Si la respuesta es: «¡Lo digo yo!», entonces usted podría preguntar: «*¿En virtud de qué criterio se considera usted una persona egoísta?*».

Por ello vemos que es útil saber quién está haciendo el juicio. Puede provenir de un recuerdo infantil. También es útil saber cuáles son las razones para realizar ese juicio; si son buenas, saber si son razones suyas o impuestas, o si han caducado ya ahora que es un adulto.

A menudo los juicios aparecen camuflados entre los adverbios. Veamos este ejemplo:

«Evidentemente, este hombre es el candidato ideal.»
¿Para quién es evidente?

Muchas veces los adverbios acabados en mente eliminan a la persona que está haciendo el juicio. Claramente, si transforma la frase en «Es evidente que…», vemos cómo hay una eliminación. Deberá ser evidente para alguien. (¿Y para quién estaba claro?)

Los juicios se aclaran preguntando: «¿Quién hace
este juicio, y con qué base lo está haciendo?».

Nominalizaciones

El siguiente modelo trata de cuando un verbo que describe un proceso se convierte en sustantivo. Es lo que los lingüistas llaman nominalización. Lea la siguiente oración y piense en lo que quiere decir:

La *enseñanza* y *la disciplina*, aplicadas con respeto
y firmeza, son *esenciales* en el *proceso* de *educación*.

Una oración perfectamente correcta desde el punto de vista gramatical con una serie de nominalizaciones (en cursiva) que aparecen constantemente. Si un sustantivo no se puede ver, oír, tocar, oler o probar, en otras palabras, si no se puede poner en una carretilla, es una nominalización.

No hay nada malo en las nominalizaciones —pueden ser muy útiles—, pero esconden las mayores diferencias entre los mapas que la gente tiene del mundo.

Tomemos, por ejemplo, «educación». ¿Quién educa a quién?, ¿y qué conocimientos pasan de uno a otro?

O «respeto»: ¿quién respeta a quién?, ¿y cómo lo hacen?

«Memoria» es un ejemplo interesante. ¿Qué quiere decir que usted tiene mala memoria? Para saberlo, puede preguntarse sobre qué información específica tiene dificultades para memorizar y lo que hace para memorizarla. En el interior de toda nominalización encontrará uno o más de un sustantivo perdido (por así decir) y un verbo indeterminado.

Un verbo incluye una acción o un proceso en desarrollo. Esto se pierde si se nominaliza y se transforma en un sustantivo estático. Alguien que crea tener mala memoria se quedará encallado si piensa sobre ello de la misma manera que sobre tener mal la espalda: se quedaría impotente. Como dijo George Orwell: «Si los pensamientos corrompen el lenguaje, el lenguaje también puede corromper los pensamientos». Llegar a pensar que el mundo exterior está modelado por la forma como hablamos de él, es todavía peor que comerse el menú: es comerse la tinta con la que está escrito el menú. Las palabras pueden combinarse y manipularse de formas que nada tienen que ver con las experiencias sensoriales; puedo decir que los cerdos pueden volar, pero esto no quiere decir que sea verdad. Pensarlo es creer en la magia.

Las nominalizaciones son los dragones del metamodelo. No causan problemas mientras no se crea que existen. Eliminan tanta información que apenas queda nada. Las condiciones médicas y las enfermedades son ejemplos interesantes de nominalizaciones y podrían explicar por qué los pacientes se sienten tan a menudo impotentes y faltos de opciones. Convertir procesos en cosas, hacer nominalizaciones, puede que sea el modelo de lenguaje más equívoco.

> *Una nominalización se aclara convirtiéndola en verbo*
> *y preguntando por la información perdida:*
> *«¿Quién nominaliza qué y cómo lo hace?».*

Operadores modales de posibilidad

Hay reglas de conducta más allá de las cuales creemos que no podemos o debemos ir. Palabras como «no se puede» o «no se debe» se conocen, en lingüística, como operadores modales (ponen límites gobernados por reglas no dichas).

Hay dos tipos principales de operadores modales: operadores modales de necesidad y operadores modales de posibilidad.

Los operadores modales de posibilidad son los más fuertes; son «poder y «no poder», «posible» e «imposible». Definen (en el mapa de los hablantes) lo que se considera posible. Evidentemente (espero que hayan podido reconocer un juicio aquí: *¿evidente para quién?*) están las leyes de la naturaleza: los cerdos no pueden volar, los hombres no pueden vivir sin oxígeno. Sin embargo, los límites puesto por las creencias de una persona son muy diferentes. «No lo podría rechazar», o «Soy así; no puedo cambiar», o «Es imposible decirles la verdad».

No hay ningún problema si una persona piensa que tiene ciertas capacidades (a menos que sea obviamente mentira o desafíe las leyes de la naturaleza), es el «no se puede» el que limita. «No puedo…» se toma, a menudo, como un estado de incompetencia absoluta sin posibilidad de cambio.

Fritz Perls, el iniciador de la terapia gestalt, solía responder a los pacientes que decían «No puedo...», diciéndoles: «No diga que no puede, diga que no lo hará». Esta reubicación bastante radical hace cambiar al paciente de forma inmediata de su estado de estancamiento a ver que, por lo menos, existe la posibilidad de elección.

Un reto más claro (y menos propicio a romper la intimidad) es: *«¿Qué pasaría si usted ....»*, o: *«¿Qué se lo impide?»*, o: *«¿Cómo se lo está impidiendo a usted mismo?»*. Cuando alguien dice que no puede hacer algo, ha señalado previamente un objetivo y lo ha colocado fuera de su alcance. La pregunta: «¿Qué se lo impide?», hace hincapié en la meta y le hace pensar en los impedimentos que tiene para alcanzarla como un primer paso para superarlos.

Los maestros y los terapeutas trabajan por cambiar estas limitaciones, y el primer paso es cuestionar al operador modal. Los maestros se enfrentan con esto cada día cuando los alumnos les dicen que no son capaces de entender, o que siempre hacen mal el trabajo. Los terapeutas ayudan a sus pacientes a descubrir y romper sus limitaciones.

Si una persona dice: «No puedo relajarme», deberá tener una idea de lo que es estar relajado, si no, ¿cómo sabría que no lo está haciendo? Tomemos la meta positiva (lo que puede hacer) y vea lo que le impide alcanzarla, o examine cuidadosamente las consecuencias (qué pasaría si usted..). Son estas consecuencias y estas barreras lo que ha sido eliminado, y en un examen concienzudo probablemente se convertirán en algo mucho menos difícil de lo que se imaginaba.

> *Los operadores modales de posibilidad —«no puedo»—*
> *se aclaran preguntando: «¿Qué pasaría si usted...?»*
> *O: «¿Qué le impide...?».*

Operadores modales de necesidad

Los operadores modales de necesidad incluyen una necesidad y se indican con palabras como «debería» y «no debería», «debo» y «no debo». Hay algunas reglas de conducta para emplearlos, pero no están explícitas. ¿Cuáles son las consecuencias, reales o imaginarias, de ignorar las reglas? Las reglas pueden hacerse salir a la superficie preguntando: «¿*Qué* habría pasado si usted hubiera o no hubiera hecho tal cosa?».

«Siempre debo poner a las otras personas delante.»
¿Qué pasaría si no lo hiciera?

«No debo hablar en clase.»
¿Qué pasaría si lo hiciera?

«Debo aprender estas categorías del metamodelo.»
¿Qué pasaría si no lo hiciera?

«No debería hablar con esas personas.»
¿Qué pasaría si lo hiciera?

«Debe lavarse las manos antes de las comidas.»
¿Qué pasaría si no lo hiciera?

Una vez que estas razones y consecuencias se han hecho explícitas, se puede reflexionar sobre ellas y evaluarlas críticamente; de otra forma, limitan sobremanera las opciones y el comportamiento.

Las reglas de conducta son importantes por razones obvias, y la sociedad sobrevive por un código moral; de todas maneras, hay una diferencia abismal entre decir: «Usted debe (debería) ser honrado en sus negocios» O: «Usted debe (debería) ir al cine más a menudo». «Debe» (debería) y «no debe» (no debería) atraen, muchas veces, juicios morales que no tienen por qué aparecer.

Los descubrimientos sólo se hacen preguntado: «*¿Qué pasaría si...*» ...sigo navegando hacia el oeste?, ...pudiera viajar a la velocidad de la luz?, ...dejo que crezca la penicilina?, ...la Tierra girara alrededor del Sol? Esta pregunta es la base del método científico.

La educación puede muy fácilmente convertirse en un campo baldío de operadores modales, comparaciones y juicios. El concepto de criterios y pruebas, y lo que los niños deberían o no deberían ser capaces de hacer, es tan vago que se vuelve inútil, o lo que peor, tan restrictivo que ahoga.

Si le dijera a un niño: «Debes ser capaz de hacer esto», sólo estoy enunciando una creencia mía. No voy a poder dar una respuesta adecuada a la pregunta: «¿Qué pasaría si yo no lo hiciera?».

En cuestiones de capacidad, es mucho más fácil pensar en lo que una persona puede o no puede hacer que en lo que esa persona debería o no debería ser capaz de hacer.

Utilizar «debería» en el nivel de las capacidades se toma, por regla general, como un reproche o censura; usted debería ser capaz de hacer algo, pero no puede; por lo que se introduce un sentimiento de fracaso innecesario. Emplear «debería» en esta forma, tanto consigo mismo como con los demás, es la mejor forma de atraer la culpabilidad (porque se ha quebrantado una regla), se crea un vacío artificial entre las expectativas y la realidad. ¿Es realista la expectativa? ¿Es útil o apropiada la regla? «Debería» es, a menudo, una respuesta culpabilizadora de alguien que no admite de forma directa su enfado ni sus expectativas, y que tampoco tiene ninguna responsabilidad sobre ellas.

Los operadores modales de necesidad —«No debo/
Tengo que»— se aclaran preguntando:
«¿Qué habría pasado si usted hubiera o no hubiera...?».

Cuantificadores universales

Una generalización se produce cuando un ejemplo se toma como representativo de cierto número de diferentes posibilidades. Si no generalizáramos, deberíamos hacer las cosas una y otra vez, y pensar en todas las excepciones y alternativas posibles nos tomaría un tiempo enorme. Ordenamos nuestros conocimientos en categorías generales, pero adquirimos conocimientos, en primer lugar, comparando y evaluando las diferencias; es importante seguir clasificando según diferencias, de forma que las generalizaciones se pueden cambiar en caso necesario. Hay momentos en que debemos ser específicos, y pensar en generalizaciones es confuso e inadecuado; cada caso necesita ser sopesado según sus méritos. Hay peligro de no ver los árboles por culpa del bosque si toda una experiencia se amontona bajo un solo título.

Estar abierto a aceptar excepciones nos permite ser más realistas; las decisiones no tienen por qué ser a todo o nada. La persona que piensa que siempre lo hace todo bien es una amenaza mayor que la que piensa que siempre lo hace todo mal. En el peor de los casos, puede significar prejuicios, estrechez de miras y discriminación. Las generalizaciones son un polvillo lingüístico que obstruye la comunicación clara.

Las generalizaciones se expresan, normalmente, con palabras del tipo «todo», «cada», «siempre», «nunca» y «ninguno». Estas palabras no admiten excepción y se conocen como cuantificadores universales. En algunos casos no están presentes de forma explícita; por ejemplo: «Creo que los ordenadores son una pérdida de tiempo», o «La música pop es basura».

Otros ejemplos serían:

«La comida india tiene un sabor terrible.»
«Todas las generalizaciones son erróneas.»
«Las casas son muy caras.»
«Los actores son personas interesantes.»

Los cuantificadores universales son paradójicamente limitativos. Hacer extensiva una declaración a todas sus posibilidades o negar todas las posibilidades hace muy difícil localizar una excepción. Se crea un filtro perceptivo o una profecía de necesario cumplimiento: usted verá y oirá lo que quiera ver y oír.

Los cuantificadores universales no siempre se equivocan; pueden referirse a hechos: la noche siempre sucede al día o las manzanas nunca caen hacia arriba. Hay una gran diferencia entre este tipo de declaraciones y una del tipo: «Nunca hago nada bien». Para que alguien crea esto, deberá tener en cuenta sólo las cosas que ha hecho mal y olvidar o no tener en cuenta todo lo que ha hecho bien. Nadie puede hacerlo todo siempre mal, no existe tal perfección. Esta persona ha limitado su mundo con el uso que hace del lenguaje.

Las personas de éxito y seguras de sí mismas tienden a realizar generalizaciones de signo opuesto: creen hacer bien las cosas, por regla general, excepto en casos aislados. En otras palabras, creen tener la capacidad.

Por ejemplo, para cuestionar el cuantificador universal de «¡*NUN-CA hago nada bien!*», busquemos la excepción: «¿*NUNCA hace usted bien nada?*» «¿*Puede pensar en algún momento en que hiciera alguna cosa bien?*».

Richard Bandler cuenta la historia de una paciente que fue a su consulta por un problema de falta de seguridad en sí misma (una nominalización). Él empezó preguntándole:

—¿Ha habido algún instante en su vida en que se haya sentido segura de sí misma?

—No.

—¿Quiere decir que nunca en su vida se ha sentido segura de sí misma?

—Exactamente.

—¿Ni tan siquiera una vez?

—No.

—¿Está segura?

—¡Absolutamente!

Otra forma de cuestionar este tipo de generalizaciones es exagerándolas y reduciéndolas al absurdo; de manera que en respuesta a: «Nunca voy a ser capaz de comprender la PNL», usted puede decir: «Es verdad. Evidentemente es demasiado difícil para que usted pueda entenderla. ¿Por qué no lo deja ya? Es inútil, el resto de su vida no sería suficiente para entenderla».

Esto provocará, normalmente, respuestas como: «Bueno, bueno, no soy tan tonto».

Si uno cuestiona la generalización exagerándola lo suficiente, la persona que la hizo acabará, en muchos casos, defendiendo el punto de vista contrario. Usted hace que se ponga de manifiesto su lado absurdo, y la otra persona se modera cuando usted ocupa su posición extrema y la defiende de manera más radical que ella.

Los cuantificadores universales se cuestionan preguntando mediante un contraejemplo: «¿Ha habido algún momento en que...?».

Equivalencia compleja

Una *equivalencia compleja* se produce cuando dos afirmaciones se relacionan de tal forma que se entienden como iguales; por ejemplo: «No está usted sonriendo..., no se está usted divirtiendo».

Otro ejemplo sería: «Si no me mira cuando le hablo, quiere decir que no está prestando atención». Esta acusación es empleada con frecuencia por pensadores predominantemente visuales, que necesitan mirar al hablante para entender lo que está diciendo. Una persona que sea más cinestésica preferiría mirar hacia abajo para procesar lo que escucha. Esto, para una persona visual, es no prestar atención, porque si él mirara hacia abajo, él no podría prestar atención. Ha generalizado a partir de su propia experiencia, incluyendo a todo el mundo y olvidando que las personas piensan de maneras distintas.

*Las equivalencias complejas pueden cuestionarse
preguntando: «¿Cómo es que esto significa lo otro?».*

Presuposiciones

Todos tenemos creencias y expectativas sacadas de nuestra experiencia personal; es imposible vivir sin ellas. Desde el instante en que tenemos que suponer *algunas* cosas, será mejor que sean las que nos permitan ser libres, tener opciones y disfrutar del mundo, y no aquellas que nos limiten. Casi siempre obtenemos lo que esperamos obtener.

Es posible que sea necesario sacar a la luz los supuestos básicos que nos limitan las opciones. Suelen estar ocultos tras preguntas del tipo «¿Por qué?». «¿Por qué no puedes cuidarme bien?».

«¿Te vas a poner el pijama verde o el rojo para ir a la cama?», es un ejemplo del truco de ofrecer opciones en un área, sólo si la presuposición más importante se acepta, en este caso, irse a la cama. Puede impugnarse preguntando: «*¿Qué te hace pensar que me voy a la cama?*».

Oraciones que contengan las palabras «dado que», «cuando» y «si» contienen, normalmente, una presuposición al igual que lo que venga después de verbos como «darse cuenta», «saber» o «ignorar»; por ejemplo: «Dése cuenta de por qué damos tanta importancia al individuo».

Otros ejemplos de presuposiciones son:

«Lo entenderás cuando seas listo.» *(No eres listo.)*

«¿No me irás a contar otra mentira?» *(Ya me has contado alguna antes.)*

«¿Por qué no sonríes más?» *(No sonríes lo suficiente.)*

«Eres tan estúpido como tu padre.» *(Tu padre es estúpido.)*

«Voy a intentar hacer este trabajo con todas mis fuerzas.» *(El trabajo es difícil.)*

«Mi perro tiene acento andaluz.» *(Mi perro puede hablar.)*

Una presuposición puede contener otras violaciones del metamodelo que necesitan ser clasificadas. (De modo que piensa usted que yo no sonrío lo suficiente... ¿Cuánto es suficiente?, ¿en qué circunstancias espera usted que sonría?)

Las presuposiciones pueden sacarse a la luz preguntando: «¿Qué te hace creer que...?, y completando la presuposición.

Causa y efecto

«Haces que me sienta mal; no puedo evitarlo.» El lenguaje ayuda, muchas veces, a que pensemos en términos de causa y efecto. Los sujetos activos actúan sobre los sujetos pasivos, pero esto es una burda simplificación. Hay peligro de creer que las personas son bolas de billar sujetas a las relaciones de causa y efecto. «El Sol hace crecer las flores» es una forma rápida de expresar una relación extremadamente compleja. Pensar en causas no explica nada, sólo invita a realizar la pregunta: «¿Cómo?».

Así y todo, hay una diferencia enorme entre decir: «El viento hizo que el árbol se doblara» y «Me hiciste enfadar».

Creer que alguien más es responsable del estado emocional de uno es darle una especie de poder psíquico sobre uno que el otro no tiene.

Ejemplos de este tipo de distorsión son:

«Me aburres.» *(Me haces sentirme aburrido.)*
«Me alegro de que te vayas.» *(Tu partida me hace sentirme bien.)*
«El tiempo me deprime.» *(El tiempo hace que me sienta deprimido.)*

Una persona no tiene control directo sobre los estados emocionales de otra. Pensar que usted puede obligar a otras personas a que experimenten diferentes estados mentales, o que otras personas puedan forzarle a estar en distintos estados de ánimo, es muy limitivo y angustiante. Ser responsable de los sentimientos de otros es una carga muy pesada que le obliga a tener un cuidado exagerado e innecesario en lo que haga o diga. Con los modelos de causa y efecto se convierte usted en la víctima o en la niñera de los demás.

La palabra «pero» muchas veces implica causa y efecto al introducir una razón por la que una persona se siente obligada a no hacer algo:

«Te ayudaría, pero estoy cansado.»
«Habría vacaciones, pero la empresa se iría a pique sin mí.»

Hay dos formas de cuestionar las implicaciones de causa y efecto contenidas en la frase. Una muy sencilla es preguntar de qué manera exactamente una cosa es causa de otra. Una explicación de cómo sucede esto suele abrir nuevas posibilidades de respuesta. Sin embargo, esto sigue dejando intacta la creencia básica en causa y efecto, creencia que está muy fuertemente arraigada en nuestra cultura, vale decir, que otras personas tienen poder sobre nuestros estados emocionales internos, y son responsables de ellos. Sin embargo, cada uno es quien realmente genera sus propios sentimientos. Ninguna otra persona puede hacerlo en su lugar. Cada uno reacciona y cada uno es responsable. Pensar que otras personas son responsables de nuestros sentimientos es vivir en un universo tan inanimado como una bola de billar. Los sentimientos que generamos como respuesta a las actuaciones de otras personas son, con frecuencia, resultados de una sinestesia. Escuchamos o vemos algo, y reaccionamos con un sentimiento. Da la impresión de que el nexo fuese automático.

La pregunta de Metamodelo que transforma la suposición básica de causa/efecto en una afirmación como «Me hace enfadar», es: «¿De qué manera exactamente te hiciste enfadar por lo que él dijo?». Esto introduce en la otra persona la idea de que tiene una opción en su reacción emocional.

No es fácil responsabilizarse de los propios sentimientos, de modo que use este tipo de preguntas sólo cuando tiene muy buena sintonía con la otra persona. Esta podría sentirse amenazada.

Causa y efecto pueden cuestionarse preguntando:
«¿De qué manera exactamente esto causa lo otro?»,
o: «¿Qué debería ocurrir para que esto
no estuviera causado por lo otro?»
Para cuestionar la creencia de Causa y Efecto, pregunte:
«¿De qué manera exactamente te haces sentir o reaccionar así
ante lo que viste u oíste?».

Leer la mente

La mente de una persona lee cuando presume saber, sin evidencia directa, lo que otra persona está pensando o sintiendo; lo hacemos a menudo. Muchas veces es una respuesta intuitiva a ciertas claves no verbales de las que nos hemos dado cuenta inconscientemente. A menudo son puras alucinaciones, o lo que nosotros mismos pensaríamos o sentiríamos en esa situación: proyectamos nuestros pensamientos y sentimientos inconscientes, y los experimentamos como si vinieran de la otra persona. «El ladrón cree a todos de su condición.» La gente que lee la mente cree, por regla general, que siempre tienen razón, pero ello no garantiza que la tengan. ¿Por qué adivinar cuando se puede preguntar?

Hay dos grandes maneras de leer la mente. En la primera, una persona supone saber lo que piensa otra. Ejemplos:

«Jorge es infeliz.»

«Sabía que no le iba a gustar el regalo que le hice.»

«Sé qué es lo que le motiva.»

«Estaba enfadado, pero no lo iba a admitir.»

Tiene que haber una buena evidencia de base sensorial para atribuir pensamientos, sentimientos y opiniones a los demás. Usted puede decir: «Jorge está deprimido», pero puede que sea más útil decir: «Jorge está mirando abajo a la derecha, los músculos de su cara están flojos y su respiración es superficial. Las comisuras de su boca están caídas y tiene los hombres caídos».

El segundo tipo de lectura de pensamiento es un espejo del primero y da a las otras personas el poder de leer nuestra mente, lo que podrá, entonces, ser usado para culparles de que no nos entiendan cuando creemos que deberían hacerlo. Por ejemplo:

«Si me apreciaras, deberías haber sabido lo que yo quería.»

«¿No puedes ver cómo me siento?»

«Estoy triste porque no tuviste en consideración mis sentimientos.»

«Ya deberías saber que esto me gusta.»

Una persona que use estos modelos no comunicará claramente a los demás lo que quiere; son los otros quienes se supone han de saberlo, lo que puede llevar a disputas muy serias.

La forma de cuestionar la lectura de la mente es preguntar cómo saben específicamente lo que está pensando; o, si se tratara de una lectura proyectada de la mente, cómo se suponía específicamente que usted iba a saber cómo se sentían los otros.

Cuando intente aclarar la lectura de la mente preguntando: «*¿Cómo lo sabes?*», la respuesta será, por regla general, alguna creencia o generalización. Por ejemplo:

—Jorge ya no se preocupa de mí en lo más mínimo.

—¿Cómo sabes que Jorge ya no se preocupa de ti en lo más mínimo?

—Porque no hace nunca lo que digo.

De forma que en el modelo del mundo del hablante, «hacer lo que digo» equivale a «preocuparse por mí». Es ésta, como mínimo, una presuposición cuestionable; es una equivalencia compleja que invita a las preguntas:. «¿Cómo exactamente preocuparse de uno significa hacer lo que ese uno diga? Si a usted le preocupa alguien, ¿usted hace siempre lo que le diga esa persona?».

La lectura de la mente se cuestiona preguntando:
«¿Cómo sabes exactamente que...?».

El metamodelo reconecta el lenguaje con las experiencias y puede usarse para:

1. Recoger información
2. Aclarar significados
3. Identificar limitaciones
4. Abrir nuevas opciones

El metamodelo es una herramienta extremadamente poderosa en los negocios, la terapia y la educación. La presuposición básica detrás de él es que la gente construye distintos modelos del mundo, y uno no puede suponer lo que significan las palabras.

El primer lugar, nos permite reunir información de alta calidad cuando es importante entender exactamente lo que los demás quieren decir. Si un paciente va al psiquiatra quejándose de depresión, el médico necesita descubrir, *según el modelo del paciente*, lo que quiere decir, más que suponer (de forma errónea) que sabe exactamente lo que el paciente quiere decir.

En los negocios se puede tirar el dinero si un administrador no entiende bien las instrucciones. ¿Cuántas veces habrá usted escuchado el triste lamento de «pero si yo creí que querían...»?

Cuando un estudiante dice que siempre hace mal los problemas de geometría, usted puede buscar si hubo algún momento en que hiciera alguno bien, y también la razón precisa por la que resuelve mal los problemas de geometría tan a menudo.

No hay preguntas del tipo «¿por qué?» en el metamodelo. Este tipo de preguntas tienen poco valor, y como mucho dan justificaciones o largas explicaciones que no sirven para cambiar la situación.

En segundo lugar, el metamodelo aclara significados. Proporciona un marco sistemático preguntando: «¿Qué quieres decir exactamente?».

En tercer lugar, el metamodelo da opciones. Las creencias, los universales, las nominalizaciones y las reglas, todos ponen límites. Y los límites existen en las palabras, no en el mundo. Hacer preguntas y encontrar las consecuencias o excepciones puede abrir grandes áreas de la vida al identificar y cambiar creencias limitativas.

Qué aspectos del metamodelo debe usted cuestionar dependerá del contexto de la comunicación y de su propio objetivo. Veamos la frase siguiente:

«¿Por qué no dejan todos estos pesados de intentar ayudarme constantemente? Hace que todavía me enfade más; sé que debería contenerme, pero no puedo.»

Este ejemplo contiene lectura de pensamiento y presuposiciones (están intentando molestarme), causa y efecto (hace), cuantificadores universales (constantemente), juicios (pesados), comparaciones (más), operadores modales de posibilidad y necesidad (debería, no puedo), verbos inespecificados (intentar y ayudar) y sustantivos inespecificados (gente, eso).

En este pequeño ejemplo, la lectura de pensamiento, las presuposiciones y la causalidad dan pie a los demás. Ordenar todo esto será el primer paso para el cambio. La nominalización, los verbos y sustantivos inespecificados son lo menos importante. Lo demás, generalizaciones, cuantificadores universales, juicios, comparaciones y operadores modales ocupan un lugar intermedio. Una estrategia más general sería la de especificar los sustantivos clave, después los verbos clave, luego ordenar las distorsiones dando mayor prioridad a los operadores modales que puedan aparecer. Recuerde que nunca se pueden especificar todas las eliminaciones. Practique con el metamodelo y comenzará a captar cuáles son los cuetionamientos importantes.

El metamodelo es un potente medio de reunir información, aclarar significados e identificar límites en la forma de pensar de una persona. Es particularmente útil para conocer el estado deseado de una persona insatisfecha. ¿Qué preferiría tener? ¿Dónde preferiría estar? ¿Cómo preferiría sentirse? Las preguntas son también intervenciones. Una buena pregunta puede hacer que la mente de una persona tome una dirección completamente nueva y cambie su vida. Por ejemplo, pregúntese con frecuencia: «¿Cuál es la pregunta más útil que puedo hacer ahora?».

También existe el peligro de reunir demasiada información al emplear el metamodelo. Deberá preguntarse: «¿Realmente necesito saber esto?, ¿cuál es mi objetivo?». Es importante usar sólo las impugnaciones del metamodelo dentro de un contexto de sintonía y de un objetivo mutuamente acordado. La repetición de preguntas puede percibirse como algo agresivo, y las impugnaciones no tienen por qué ser tan directas. Mejor que preguntar: «¿Cómo sabes esto específicamente?», es decir: «Tengo curiosidad por saber exactamente cómo lo sabes», o: «No comprendo exactamente cómo lo sabes». Las conversaciones no tienen que ser duros exámenes; se pueden usar tonos de voz amables y educados para suavizar las preguntas.

Patrón del metamodelo	Cuestionamiento

Eliminaciones

Sustantivos inespecificados	«¿Qué o quién específicamente...?»
Verbos inespecificados	«¿Cómo sucede esto específicamente?»
Comparación	«¿Comparado con qué?»
Juicio	«¿Quién dice...?»
Nominalización	«¿Cómo se hace esto?»

Generalizaciones

Operador modal de posibilidad	«¿Qué le impide?»
Operador modal de necesidad	«¿Qué pasaría si usted hiciera/no hiciera?»
Cuantificador universal	«¿Siempre? ¿Nunca? ¿Todos?»

Distorsiones

Equivalencia compleja	«¿Cómo es que esto significa eso?»
Presuposición	«¿Qué le hace creer que...?»
Causa y efecto	«¿Exactamente, cómo *haces* que ocurra esto...?»
Leer la mente	«¿Cómo sabe usted...?»

Robert Dilts cuenta cuando estaba en una clase de lingüística en la Universidad de Santa Cruz a principios de los años 70, donde John Grinder enseñaba el metamodelo en una clase de dos horas. Fue un jueves cuando dejó que los estudiantes salieran para practicar el metamodelo. El martes siguiente, la mitad de la clase volvió extremadamente abatida: se habían peleado con sus amigos, maestros y amantes, destrozándolos con el metamodelo. La sintonía es el primer paso en cualquier acción de la PNL; usado sin sensibilidad ni sintonía, el metamodelo se convierte en un meta-mutilado, en un metalío y un metamísero.

Siempre se puede preguntar algo de manera elegante y precisa. Por ejemplo, una persona puede decir (*mirando* hacia arriba): «Esto que hago simplemente no funciona». Usted puede replicar: «Me pregunto cómo *vería* usted esta tarea si funcionara».

Una forma muy útil de emplear el metamodelo es usándolo en el propio diálogo interno; esto es mejor que estar años asistiendo a seminarios sobre cómo pensar con claridad.

Una buena táctica para aprender a usar el metamodelo es escoger una o dos categorías, y pasarse una semana simplemente observando los ejemplos que se dan en la vida diaria. La semana siguiente se escogen categorías distintas. A medida que la práctica le vaya haciendo más familiares los modelos, se irá construyendo un cuestionamiento mental y silencioso. Finalmente, cuando tenga una idea de los aspectos y cuestionamientos, podrá emplearlos en las situaciones apropiadas.

El metamodelo también se refiere a los niveles lógicos. Piense en la frase siguiente:

«Yo no puedo hacer eso aquí».

«Yo» es la identidad de la persona
«no puedo» nos remite a sus creencias
«hacer» expresa sus capacidades
«eso» indica un comportamiento
«aquí» es el entorno

Se puede impugnar esta oración en diferentes campos. Una manera de empezar sería pensar en qué nivel lógico se quiere trabajar. También, la persona puede dar alguna clave sobre cuál es la parte más importante de la oración por el tono con que haga hincapié en una de las palabras; lo que se conoce por indicación tonal.

Si esa persona dice: «Yo *no puedo* hacer eso aquí», entonces se puede aplicar el operador modal preguntando: «¿Qué se lo impide?».

Si dice: «Yo no puedo hacer *eso* aquí», podría usted preguntarle: «¿Qué específicamente?».

Observar qué palabras subraya una persona, ya sea con su tono de voz o con su lenguaje corporal, es una buena manera de saber qué aspecto del metamodelo hay que cuestionar. Otra táctica sería escucharla durante unos minutos y observar qué categoría emplea más. Ello nos indicará dónde está limitado su pensamiento, y que un cuestionamiento allí podría ser la mejor forma de empezar.

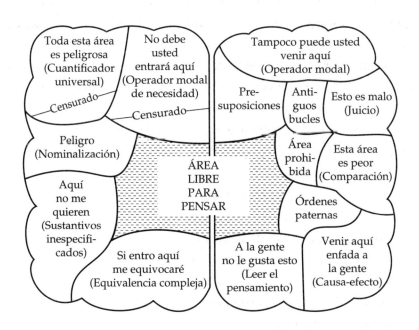

El lenguaje puede limitar nuestro mundo.

En el contexto de la vida diaria, el metamodelo le da una forma sistemática de recoger información cuando necesita saber de manera más precisa lo que alguien quiere decir. Es una habilidad que vale la pena aprender.

—¿Podría decirme, por favor —dijo Alicia—, qué quiere decir?
—Ahora hablas como una niña razonable —dijo Humpty Dumpty, mostrándose muy contento—. Lo que quería decir con «impenetrabilidad» es que ya hemos hablado bastante de este tema, y que sería igual si hubieras mencionado lo que ibas a hacer después, porque supongo que no tienes intención de quedarte aquí por el resto de tu vida.

LEWIS CARROLL, *Alicia a través del espejo*

6

Exteriorización e interiorización

Hasta el instante nos hemos centrado en la importancia de la agudeza sensorial, en tener los sentidos alerta y observar las respuestas de la gente a nuestro alrededor. Este estado de mantener los sentidos orientados hacia el mundo exterior se llama, según el vocabulario de la PNL, *exteriorización*. Sin embargo, también hay estados que nos sumergen en las profundidades de nuestra mente, de nuestra realidad.

Deje un instante la lectura de este libro y piense en un momento en que estuviera profundamente concentrado en sus pensamientos...

Es muy probable que haya tenido que sumergirse profundamente en sus pensamientos para recordar. Se habrá concentrado en su interior, habrá sentido, visto y escuchado interiormente. Es un estado con el que todos estamos familiarizados. Cuanto más se ahonda, menos cuenta nos damos de los estímulos externos; estar pensando profundamente es una buena expresión para describir este estado, que en PNL se conoce como *interiorización*. Los signos de acceso conducen a la interiorización. Siempre que le pida a alguien que vaya a su interior para que visualice, escuche o tenga sentimientos, le está pidiendo que interiorice. Interiorizar es cuando se sueña despierto, se hacen planes, se fantasea y se crean posibilidades.

En la práctica, apenas estamos exteriorizados o interiorizados de forma completa. Nuestra conciencia diaria es una mezcla de conciencia interna y externa, y volcamos nuestros sentidos hacia dentro o hacia fuera dependiendo de las circunstancias en que nos encontramos.

Es útil pensar en los estados mentales como en herramientas para realizar cosas distintas. Echar una partida de ajedrez requiere un estado mental completamente distinto del que se precisa para comer. No existe un estado mental que pueda calificarse de erróneo, pero sí existen las consecuencias, que pueden ser catastróficas si, por ejemplo, usted intenta cruzar una calle de mucho tráfico en el estado mental con que acostumbra a irse a la cama —la exteriorización es, ciertamente, el mejor estado para cruzar una calle—, o mover a la risa si intenta decir un trabalenguas cuando su mente se encuentra inundada de alcohol. Muchas veces, usted no hace algo bien porque no se encuentra en el estado apropiado. No hará un buen partido de tenis si está en el estado mental que emplea para jugar al ajedrez.

Se puede acceder a recursos inconscientes de manera directa induciendo y utilizando un tipo de interiorización conocida como trance. En un trance, usted se encuentra profundamente sumergido en un foco de atención limitado. Es un estado alterado de su estado habitual de conciencia. Cada experiencia individual de un trance será diferente, porque cada uno comenzará en un estado normal diferente, dominado por su sistema representativo preferido.

La mayor parte de estudios sobre los trances y otros estados alterados se ha hecho en un marco terapéutico, puesto que todas las terapias emplean, en alguna manera, el trance. Todas acceden a recursos del inconsciente de distintas maneras. Cualquiera que esté realizando asociaciones libres en el diván de un psicoanalista está realizando una interiorización, al igual que alguien que esté desempeñando un papel en un ejercicio de la terapia gestalt. La hipnoterapia emplea el trance de manera explícita.

Una persona acude a la terapia porque se le han agotado los recursos conscientes; está encallada. No sabe lo que necesita o dónde encontrarlo. El trance ofrece una oportunidad para resolver el problema porque soslaya la parte consciente y pone al alcance los recursos inconscientes. La mayoría de los cambios se producen en el plano inconsciente y se abren camino hacia fuera. La parte consciente no es necesaria para iniciar los cambios, y a menudo tampoco se da cuenta de ellos. El objetivo final de una terapia es que el paciente recupere sus propios recursos. Todos tenemos una rica historia personal, con experiencias y recursos que podemos aprovechar. Allí están todos los materiales necesarios para realizar los cambios, siempre que podamos acceder a ellos.

VAKOG	VAKOG
Interior	Exterior
Atención adentro	Atención afuera
Interiorización	Exteriorización
Soñar despierto	Deporte
Trance	Conducir un coche

Uno de los motivos de que empleemos una parte tan pequeña de nuestra capacidad mental podría ser que el sistema educativo da demasiada importancia a las pruebas externas, a objetivos estandarizados y a alcanzar las metas de otras personas. Recibimos muy poca formación para usar nuestras propias habilidades internas. La mayor parte de nuestra individualidad es inconsciente; el trance es el estado mental ideal para explorar y recuperar nuestros recursos internos propios y únicos.

El modelo de Milton

—Es una ardua tarea dar significado a una palabra —dijo Alicia pensativa.
—Cuando hago que una palabra tenga tanto trabajo extra —dijo Humpty Dumpty—, siempre acabo pagándolo.

LEWIS CARROLL, *Alicia a través del espejo*

Gregory Bateson estaba entusiasmado con *The Structure of Magic 1*, que contenía el metamodelo; veía en sus ideas un gran potencial, y le dijo a Richard y John: «Hay un tipo extraño en Phoenix, Arizona. Un terapeuta brillante, pero nadie sabe lo que está haciendo o cómo lo hace. ¿Por qué no vais a descubrirlo?». Bateson conocía a este «tipo extraño», Milton Erickson, desde hacía 15 años, y concertó una cita para que le conocieran.

John y Richard trabajaron con Erickson en 1974 cuando éste era reconocido como el más importante hipnoterapeuta. Era presidente fundador de la Sociedad Estadounidense de Hipnosis, y había viajado mucho dando conferencias y seminarios, así como trabajado en su consulta. Tenía reputación mundial como analista de gran sensibilidad y de éxito, y era famoso por sus agudas observaciones sobre el comportamiento no verbal. El estudio de John y Richard dio lugar a dos libros: *Patterns of Hypnotic Techniques of Milton H. Erickson, Volume 1*, que publicaron en 1975, y el *Volume 2*, escrito en colaboración con Judith DeLozier, en 1977. Los libros tratan tanto de los filtros perceptivos como de los métodos de Erickson, si bien Erickson reconoció que los libros daban una explicación mucho más clara de su trabajo de la que él mismo hubiera podido hacer. Lo que es un reconocimiento muy elegante.

John Grinder había dicho que Erickson era el modelo individual más importante que había construido, porque Erickson había abierto la puerta no sólo a una forma distinta de realidad, sino a toda una serie de realidades diferentes. Su trabajo con el trance y los estados alterados era asombroso, y el pensamiento de John experimentó un profundo reequilibrio.

La PNL también sufrió una reestructuración. El metamodelo habla de significados precisos; Erickson usaba el lenguaje de forma vaga e imprecisa, por lo que los pacientes podían darle el significado que más les conviniera. Inducía y utilizaba estados de trance, permitiendo a los pacientes que superaran problemas y descubrieran sus recursos. Esta forma de emplear el lenguaje se conoce como el modelo de Milton, como contraste y complemento a la precisión del metamodelo.

El modelo de Milton es una forma de usar el lenguaje para inducir y mantener el trance, con el fin de poder contactar con recursos escondidos de nuestra personalidad. Adopta la forma en que funciona la mente de manera natural. El trance es un estado en que la persona está altamente motivada para aprender de su parte inconsciente de manera interior y directa; no es un estado pasivo, ni se está bajo la influencia de nadie. Hay una cooperación entre el paciente y el terapeuta: las respuestas del paciente permiten al terapeuta saber cuál es el siguiente paso a dar.

El trabajo de Erickson se basaba en unas cuantas ideas compartidas por muchos famosos terapeutas de gran sensibilidad; ahora son presuposiciones de la PNL. Respetaba la parte inconsciente de la mente de sus pacientes; suponía que había una intención positiva detrás incluso de la conducta más extraña, y que los individuos tomaban, en cada momento, las mejores opciones que podían. Concentró su trabajo en darles más opciones. También supuso que, en algún momento, las personas disponen de todos los recursos necesarios para hacer cambios.

El modelo de Milton es una manera de usar el lenguaje para:
1. Marcar y guiar la realidad de la persona.
2. Distraer y emplear la parte consciente.
3. Acceder a los recursos del inconsciente.

Compartir y guiar

Erickson era un maestro para lograr sintonía; respetaba y admitía la realidad de sus pacientes, y suponía que la resistencia se debía a la falta de sintonía. Para él, todas las respuestas eran válidas y podían ser empleadas. Para Erickson no había pacientes resistentes, sólo terapeutas faltos de flexibilidad.

Para compartir la realidad de alguien, para sintonizar con su mundo, todo lo que hay que hacer es describir sus experiencias sensoriales que se vayan produciendo: lo que debe estar sintiendo, escuchando y viendo. Será fácil y natural para ellos seguir lo que usted les diga; es importante la forma en que usted hable. Logrará un mejor estado interior de paz si habla lentamente, con tono suave y acompasando su charla con la respiración de su paciente.

Se van introduciendo de manera gradual sugerencias para ayudarles suavemente a que se centren, haciendo que presten atención a su interior. Todo es descrito en términos generales para que refleje fielmente la experiencia de la otra persona. No hay que decir «Ahora cierre los ojos, siéntase cómodo y entre en trance». Hay que ir diciendo: «Es fácil cerrar los ojos cuando usted lo desee... sentirse cómodo... mucha gente encuentra sencillo y cómodo entrar en trance». Este tipo de comentarios generales cubre cualquier tipo de respuesta, al tiempo que lo va introduciendo en la situación de trance.

Se ha creado un bucle. A medida que la atención del paciente está centrada constantemente y fijada en unos pocos estímulos, va profundizando en la interiorización. Sus experiencias son más subjetivas, lo que permite al terapeuta ir profundizando en el trance. No se le dice a la persona lo que debe hacer, sino que se guía su atención a lo que hay allí. ¿Cómo puede saber lo que una persona está pensando? No se puede. Hay un arte para usar el lenguaje de forma tan vaga que el paciente le da el significado apropiado; no es cuestión de ir diciéndole qué es lo que debe pensar, sino de no distraerle de su estado de trance.

Este tipo de sugerencias serán más efectivas si las transiciones entre las oraciones son suaves. Por ejemplo, puede decir cosas como «Mientras ve el color de la pared enfrente de usted... los distintos matices de la luz en la pared… al hacerse consciente de su respiración… el ascenso y descenso de su pecho… la comodidad de la silla… el peso de sus pies en el suelo… y puede oír el sonido de los niños afuera… mientras escucha el sonido de mi voz y empieza a preguntarse por… la profundidad del trance… en que se ha sumergido ya».

Observe cómo las palabras «y», «mientras» y «al» en el ejemplo van enlazando suavemente las sugerencias, mientras menciona algo que está pasando (el sonido de su voz) y lo relaciona con algo que quiere usted que ocurra (el trance).

Si no emplea transiciones se ve obligado a ir saltando de una cosa a otra; son frases desconectadas y, por ello, menos efectivas. Espero que esto quede claro. Escribir es como hablar: ligado o separado: ¿qué prefiere?

Una persona en trance está, por regla general, quieta, con los ojos cerrados, el pulso lento y la cara relajada. Los reflejos de pestañear o tragar son más lentos o inexistentes, y la respiración es mucho más lenta. Hay una sensación de comodidad y relajación. Para sacar al cliente del trance el terapeuta usará o bien señales preacordadas, o bien se guiará por lo que dice, o bien la persona volverá, de manera espontánea, a la conciencia normal si su inconsciente lo considera apropiado.

La búsqueda de significado

El metamodelo le mantiene a usted en la exteriorización; no hay que adentrarse en la mente para buscar el significado de lo que oye, usted le pide a quien le está hablando que vocalice con claridad. El metamodelo recupera información que había sido eliminada, distorsionada o generalizada. El modelo de Milton es el reflejo en un espejo del metamodelo; es una forma de construir oraciones frecuentes con eliminaciones, distorsiones y generalizaciones. El oyente debe llenar los detalles y buscar activamente el significado de lo que oye a partir de su propia experiencia. En otras palabras, usted le pone un contexto con el mínimo contenido; le da un marco y deja que elija el cuadro a poner. Cuando el oyente pone el contenido, se asegura usted de que le dará el significado más adecuado e inmediato a lo que usted dice.

Imagínese que le dicen que ha tenido usted una experiencia importante en el pasado; no le dicen cuál, así que usted busca en el pasado y escoge la experiencia que, en ese momento, le parece más pertinente. Esto se hace de forma inconsciente, la mente consciente es demasiado lenta para realizarlo.

De este modo, frases como «la gente puede aprender» evocarán ideas de los aprendizajes específicos que puedo realizar; y si estoy trabajando en un problema específico, estos aprendizajes tenderán a relacionarse con las cuestiones que estoy examinando. Constantemente realizamos este tipo de búsqueda para dar sentido a lo que nos dicen los demás, y se emplea en su totalidad durante el trance. Todo lo que importa es el significado que da el paciente; el terapeuta no lo necesita saber.

Es fácil dar instrucciones artificialmente vagas para que una persona pueda escoger una experiencia apropiada para aprender. Pídale que elija una experiencia importante del pasado y hágasela revivir en su totalidad con sus sentidos internos para aprender algo nuevo gracias a ella. Pídale luego a su inconsciente que use lo que ha aprendido en los contextos futuros en que ello pueda serle de utilidad.

Distracción y utilización de la parte consciente de la mente

Una parte importante del modelo de Milton es dejar de lado información, y de esta forma mantener ocupada la parte consciente que irá llenando los vacíos de su memoria. ¿Ha experimentado alguna vez leer una pregunta muy vaga y esforzarse por entender lo que quería decir?

Las nominalizaciones eliminan gran cantidad de información. Mientras está sentado con un *sentimiento* de *tranquilidad* y *comodidad*, su *comprensión* del *potencial* de este tipo de lenguaje aumenta, ya que cada *nominalización* de la oración está en cursiva. Cuantas menos referencias específicas se hagan, menos riesgo hay de colisionar con la experiencia de los otros.

Los verbos se dejan indeterminados. Mientras *piensa* en la última vez que oyó a alguien *comunicarse* empleando verbos indeterminados, puede *recordar* el sentimiento de confusión que *experimentó*, y cómo tuvo que *buscar* su propio significado para dar sentido a esta oración.

De la misma forma, las oraciones sustantivas pueden generalizarse o eliminarse por completo. Es evidente que la *gente* lee *libros* y *cambia*. (Evidente, ¿para quién? ¿Qué gente, qué libros y cómo hacen estos cambios? ¿Y cambian desde dónde y hacia dónde?)

Se pueden emplear juicios: «Es estupendo ver qué relajado está usted».

Las comparaciones también eliminan información: «Sería mejor alcanzar un trance más profundo».

Tanto los juicios como las comparaciones son buenas maneras de enunciar presuposiciones. Son maneras poderosas de inducir y utilizar el trance; usted presupone lo que no quiere preguntarse. Por ejemplo:

«Puede que esté preguntándose cuándo va a entrar en trance.» O: «¿Le gustaría entrar en trance ahora o más tarde?» (Entrará igualmente en trance, la única duda es cuándo.)

«Me pregunto si se da cuenta usted de lo relajado que está.» (Usted está relajado.)

«Cuando usted levante la mano, esa será la señal que estaba esperando.» (Su mano se levantará y usted está en espera de la señal.)

«Puede relajarse mientras su inconsciente aprende.» (Su inconsciente aprende.)

«¿Puede disfrutar de estar relajado y no tener que recordar?» (Está relajado y no recordará.)

Las transiciones (y, como, cuando, en tanto, mientras, durante...) para enlazar oraciones son una forma suave de causa-efecto. Una forma más fuerte es emplear la palabra «hacer»; por ejemplo: «Mirar ese cuadro le hará entrar en trance».

Seguramente estará intrigado por saber cómo el hecho de leer la mente puede encajarse en esta forma de emplear el lenguaje. No debe ser demasiado específico, de otra manera podría no encajar; las afirmaciones generales sobre lo que la persona pueda estar pensando actúan para compartir, y luego guiar, su experiencia. Por ejemplo: «Se estará preguntando cómo debe ser el trance», o: «Está empezando a preguntarse por algunas de las cosas que le estoy diciendo».

También se usan los cuantificadores universales. Ejemplos: «Se puede aprender de *cualquier* situación», o: «¿No se da cuenta de que el inconsciente *siempre* tiene un propósito?».

Los operadores modales de posibilidad son también útiles. «No puede entender cómo el hecho de mirar esa luz le sume en un profundo trance». Lo que también presupone que mirando la luz se profundiza en el trance.

«No puede abrir los ojos», sería una sugerencia demasiado directa e invita a la persona a demostrar lo contrario.

«Puede relajarse fácilmente en esa silla», es un ejemplo distinto. Decir que usted *puede* hacer algo le da permiso sin forzar la acción. Normalmente, la gente responderá a la sugerencia haciendo lo que les permiten. Como mínimo, tendrán que pensar en ello.

Hemisferios cerebrales izquierdo y derecho

¿Cómo procesa el lenguaje el cerebro y cómo maneja estas formas artificialmente vagas del lenguaje? La parte frontal del cerebro se divide en dos mitades o hemisferios. La información pasa entre ellos por el tejido conector, el cuerpo calloso.

Experimentos realizados para medir la actividad de ambos hemisferios han mostrado que realizan tareas distintas pero complementarias. El hemisferio izquierdo es conocido como el hemisferio dominante y es quien procesa el lenguaje; procesa la información de manera analítica y racional. El lado derecho, conocido como el hemisferio no dominante, trata la información de forma más globalizante e intuitiva; también parece estar más relacionado con melodías, visualización y tareas que impliquen comparación y cambio gradual.

Esta especialización de los hemisferios es verdadera para más del 90 por ciento de la población. Para una pequeña minoría (normalmente zurdos) esta relación se invierte, y el hemisferio derecho se ocupa del lenguaje. Algunas personas tienen estas funciones repartidas entre los dos hemisferios. Hay evidencias de que el hemisferio no dominante también tiene capacidades de lenguaje, en su mayoría significados sencillos y gramática infantil. El hemisferio dominante se ha identificado con el consciente, y el no dominante con el inconsciente, aunque esto es demasiado simplificador. Es útil pensar que la parte izquierda del cerebro tiene que ver con la comprensión consciente del lenguaje, y la parte derecha con significados sencillos, inocentemente por debajo de nuestro nivel de conciencia.

El sistema del modelo de Milton distrae la parte consciente manteniendo al hemisferio dominante sobrecargado. Milton Erickson podía hablar de forma tan compleja y múltiple que las siete (± 2) piezas de atención consciente quedaban ocupadas buscando posibles significados y aclarando ambigüedades. Hay muchas maneras de usar el lenguaje para confundir y distraer al hemisferio izquierdo.

La ambigüedad es uno de estos métodos; lo que usted diga puede ser bien ambiguo. Como esta última frase. ¿«Bien» quiere decir «mucho» o «correcto»?... Hay muchas palabras que tienen diferentes significados pero suenan igual: sobre todo/sobretodo, cazo (f. verbal)/cazo (subst.). Nos sabemos/no sabemos... Es difícil discernir una ambigüedad fonológica.

Hay también ambigüedades sintácticas; por ejemplo: «El burro de Pedro...». ¿Pedro es burro o tiene un burro?

Tenemos un tercer tipo de ambigüedad que se llama ambigüedad de puntuación; dos oraciones enlazadas por una palabra que puede ser el final de una o el comienzo de la otra: «Irás y volverás nunca en la guerra perecerás». Todas estas formas de lenguaje necesitan tiempo para ordenarse y mantienen totalmente ocupado al hemisferio izquierdo.

Acceso al inconsciente y a sus recursos

El hemisferio derecho es sensible al tono de voz, volumen y dirección del sonido: todos esos aspectos que pueden ir cambiando gradualmente, a diferencia de las palabras, que van separadas unas de otras. Es sensible al contexto del mensaje, más que al contenido verbal. Como el hemisferio derecho es capaz de comprender formas de lenguaje simples, mensajes sencillos en los que se haga especial hincapié irán al hemisferio derecho. Estos mensajes se saltarán el hemisferio izquierdo y apenas serán reconocidos de manera consciente.

Hay muchas maneras de hacer este tipo de hincapié: marcando porciones de lo que diga con tonos de voz diferentes, con gestos... Esto puede emplearse para dar instrucciones o hacer preguntas al inconsciente. En los libros se hace *subrayando*. Cuando un autor intenta *ganársele* y quiere que usted *lea* algo de *esta* página, una *frase* en especial, con particular *atención*, lo subrayará.

¿Ha *captado* el mensaje que encierra esto?

De la misma forma, las palabras pueden señalarse con un tono de voz en especial para llamar la atención cuando se requiere dar una orden implícita en el discurso. Erickson, que estaba confinado a estar en una silla de ruedas, gustaba de mover su cabeza para hacer que su mensaje viniera de distintas direcciones. Por ejemplo: «Recuerde que usted no tiene que *cerrar los ojos* para entrar en trance». Haría hincapié en la orden implícita moviendo la cabeza al decir las palabras que están en cursiva. Señalar las palabras importantes con gestos y voz es una extensión de lo que hacemos de manera natural en la conversación normal.

Hay una buena analogía con la música; los músicos marcan las notas importantes en el desarrollo de la música de distintas maneras para formar una melodía. El oyente no suele advertirlo de forma consciente si las notas están muy separadas y el material sonoro es agradable, pero todo influye en su apreciación y gusto final. No tiene que ser consciente de las herramientas del músico.

De la misma forma, se pueden añadir preguntas en oraciones largas: «Me pregunto si sabrías decir *cuál de las dos manos tienes más caliente*». Esto contiene también una presuposición; no es una interrogación directa, pero obtendrá el mismo resultado y hará que la otra persona compruebe la temperatura de sus manos. Me pregunto si aprecia usted de qué forma tan elegante y suave recoge información al usar este método.

Hay un modelo interesante conocido como el uso de *comillas* (o *citas*), según el cual usted puede decir lo que quiera si en un primer paso establece un contexto donde no es usted quien dice algo. La forma más sencilla de hacerlo es contando una historia en donde otra persona dice el mensaje que quiere usted transmitir, y resaltarlo de alguna manera del resto de la historia.

Recuerdo una anécdota de cuando di un seminario sobre este modelo; uno de los participantes se acercó a nosotros al final y le preguntamos si había oído hablar del modelo de citas. Nos respondió: «Sí. Fue muy divertido cómo ocurrió. Iba caminando por la calle hace un par de semanas y una persona absolutamente desconocida para mí se acercó y me dijo: *"¿No encuentra interesante el modelo de citas?"*».

Las negativas encajan en este modelo; las negaciones existen sólo en el lenguaje, no en la experiencia. Las órdenes negativas funcionan exactamente igual que las afirmativas. La parte inconsciente no procesa la negación lingüística; simplemente no le hace caso. Un padre o maestro que le dice a un chico que no haga algo, está asegurándose de que lo volverá a hacer. A un funambulista hay que decirle: «¡Tenga cuidado!», y no «¡No *resbale*!».

A lo que uno se resiste, persiste, porque todavía llama nuestra atención. Siendo esto así, no querríamos que considerara lo buena y efectiva que sería su comunicación si la enunciara afirmativamente...

El último modelo del que trataremos aquí son los postulados de conversación. Los *postulados de conversación* son aquellas preguntas que, en su sentido literal, sólo requieren una respuesta oral tipo sí/no, aunque en realidad implican una respuesta en forma de acción. Por ejemplo: «¿Puedes sacar la basura?», no es una petición literal sobre nuestra capacidad física para realizar la tarea, sino una petición para que la realicemos. Otros ejemplos son:

«¿Todavía está abierta la puerta?» (Ciérrela.)
«¿Está puesta la mesa?» (Póngala.)

Estos modelos se emplean constantemente en la conversación normal y todos respondemos a ellos. Si los conoce, podrá ser más selectivo a la hora de utilizarlos, y tener más opciones en el momento de responder. Como estos modelos son tan comunes, John Grinder y Richard Bandler se llegan a contradecir en las conferencias. Uno dirá: «La hipnosis no existe», y el otro: «¡Qué va! Todo es hipnosis». Si hipnosis es simplemente una palabra más para una comunicación multiple e inductora, podría ser que todos somos hipnotizadores y que estuviéramos constantemente entrando y saliendo de un trance... ahora mismo...

Metáfora

La palabra metáfora se usa en la PNL, de forma general, para cubrir cualquier historia o recurso de la lengua que implique una comparación. Incluye comparaciones sencillas o símiles, así como alegorías, historias y parábolas. Las metáforas comunican de forma indirecta. Metáforas sencillas hacen comparaciones sencillas: blanco como una sábana, bonito como un cuadro, liso como una tabla. Muchas de estas oraciones están estereotipadas, pero una buena metáfora puede iluminar rincones desconocidos al relacionar una cosa con algo que ya conoce.

Las metáforas complejas son historias con muchos niveles de significado. Explicar una historia de forma elegante distrae la parte consciente y activa una búsqueda inconsciente de recursos y significado. Como tal, es una forma excelente de comunicarse con alguien en trance. Erickson usaba mucho las metáforas con sus pacientes.

El inconsciente aprecia *relaciones*. Los sueños emplean la metáfora y la imaginería; una cosa lleva a la otra porque tienen rasgos comunes. Para crear una metáfora efectiva, una que lleve a la resolución de un problema, la relación entre los elementos de la historia deberá ser la misma que hay entre los elementos del problema; así la metáfora actuará en el inconsciente y movilizará los recursos de allí. El inconsciente capta el mensaje y empieza a realizar los cambios necesarios.

Crear una metáfora es como componer música, y las metáforas nos afectan de la misma forma en que nos afecta la música. Una melodía consiste en notas relacionadas; puede transportarse a una altura mayor o menor, y seguirá siendo la misma melodía, siempre que las notas sigan teniendo la misma relación, mantengan la misma distancia que en la melodía original. En un nivel más profundo, estas notas se combinan para hacer acordes, y una secuencia de acordes establecerá unas relaciones con los demás. El ritmo musical es el tiempo que dura cada nota en relación con las demás. La música tiene un significado, pero de una forma diferente al del lenguaje: va directamente al inconsciente, la parte izquierda no tiene nada en qué fijarse.

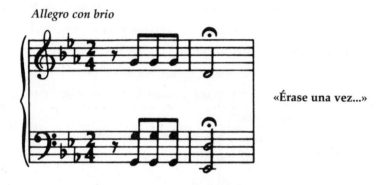

Allegro con brio

«Érase una vez...»

Crear una metáfora es como componer música.

Como la buena música, las buenas historias deben crear expectación y satisfacerla de alguna manera con el estilo de la composición. Las soluciones del tipo «se liberó dando un salto» no están permitidas.

Los cuentos de hadas son metáforas. «Érase una vez...» las sitúa en un tiempo interior; la información que sigue no es información útil sobre el mundo real, pero el mundo interior procesa la información. Contar historias es un arte antiquísimo: las historias entretienen, transmiten conocimientos, expresan verdades, señalan posibilidades y potencialidades más allá de las formas normales de actuar.

Crear una metáfora

Para contar historias se necesitan las habilidades del modelo de Milton y otras más. Compartir y guiar, sinestesias, anclajes, trance y transiciones suaves son necesarias para componer una buena historia. El argumento debe ser (psico)lógico y adecuarse a la experiencia del oyente.

Para crear una historia útil, hay que examinar primero el estado presente del oyente y su estado deseado. Una metáfora será un viaje entre un estado y otro.

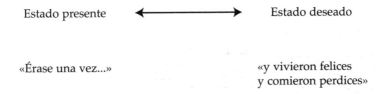

Estado presente   ⟷   Estado deseado

«Érase una vez...»   «y vivieron felices y comieron perdices»

Hay que conjugar elementos de ambos estados: la gente, los lugares, los objetos, actividades, tiempo, sin olvidar los sistemas representativos y las submodalidades de los diversos elementos.

Luego, hay que escoger un contexto apropiado para la historia, uno que interese a la otra persona, y cambie todos los elementos del problema por otros elementos, pero mantenga la misma relación. Trame la historia de forma que tenga la misma forma del estado presente y llévela mediante una estrategia de conexión hacia una solución (el estado deseado). La línea argumental mantiene ocupado el hemisferio izquierdo, mientras el mensaje va al inconsciente.

Podría ilustrar esto con un ejemplo, si bien la palabra escrita pierde tonalidad, congruencia y la estructura del modelo de Milton que usa el que relata. No intentaré, por supuesto, contar una metáfora que tenga relación con usted, lector. Es un ejemplo del proceso de construcción de una metáfora.

Una vez estaba trabajando con una persona que mostraba su preocupación por la falta de equilibrio en su vida. Encontraba difícil tomar decisiones sobre cuestiones difíciles del presente, y estaba preocupada porque gastaba demasiadas energías en unos proyectos y muy poca en otros. Unas cuestiones le parecía que estaban muy mal preparadas y otras demasiado.

Esto me recordaba a mí cuando era un chico; estaba aprendiendo a tocar la guitarra, y a veces me dejaban estar despierto hasta tarde para entretener a los invitados después de la cena. Mi padre era actor de cine, y mucha gente de renombre se quedaba comiendo y charlando hasta tarde en casa. Me gustaban mucho esas veladas y conocí a mucha gente interesante en ellas.

Una noche, uno de los invitados era un gran actor conocido por su enorme talento en el cine como en los escenarios. Era, en particular, uno de mis héroes y disfruté escuchándole hablar.

Mucho más tarde uno de los invitados le preguntó cuál era el secreto de su arte.

—Bueno —dijo el actor—, es curioso, pero aprendí mucho haciendo siempre la misma pregunta cuando era joven. De niño, me encantaba el circo: todo colorido, ruidoso, extravagante y excitante. Me imaginaba que yo estaba allí en la pista bajo las luces, sintiendo los rugidos de la gente. Me sentía estupendamente. Uno de mis héroes era un funambulista de una compañía circense famosa; tenía un equilibrio y una gracia en la cuerda extraordinarios. Entablamos amistad un verano; yo estaba fascinado por su habilidad y por el aura de peligro que le rodeaba, pues muy rara vez usaba la red. Una tarde, a finales de verano, estaba yo triste porque el circo se marchaba al día siguiente. Busqué a mi amigo y charlamos en la oscuridad. En ese instante, lo único que quería era ser como él; quería meterme en un circo. Le pregunté cuál era el secreto de su habilidad.

»Primero —me dijo—, veo cada paso en la cuerda como el más importante de mi vida, el último que voy a hacer, y quiero que sea el mejor. Planeo cada paso con mucho cuidado; muchas cosas de mi vida las hago por hábito, pero esto no. Me cuido de todo: de la ropa que llevo, de lo que como, de mi imagen. Repaso mentalmente cada paso y lo veo como un gran éxito antes de hacerlo; me imagino lo que veré, oiré y cómo me sentiré. Así no tendré sorpresas desagradables. También me pongo en lugar de la audiencia, y me imagino lo que verán, oirán y sentirán. Hago todo esto antes de actuar. Cuando estoy arriba, en la cuerda, aclaro la mente y me concentro profundamente en lo que hago.

No es esto exactamente lo que yo quería oír en aquel momento, aunque por alguna extraña razón, *siempre recuerdo* sus palabras.

—¿Tú crees que no pierdo el *equilibrio*? —me preguntó.

—Nunca he visto que lo perdieras —contesté.

—No es cierto —me dijo—. Siempre estoy perdiéndolo. Lo que pasa es que siempre lo controlo con los límites que me pongo. No podría pasar por la cuerda a menos que perdiera el equilibrio constantemente, primero hacia un lado y luego hacia el otro. El equilibrio no es algo que se tiene como los payasos tienen una nariz falsa, es un estado controlado de movimiento de un lado a otro. Cuando termino de pasar, repaso todo para ver si hay algo de lo que pueda aprender, y luego me olvido de todo.

—Yo aplico estos mismos principios a mi forma de actuar —dijo el actor.

Para terminar nos gustaría dejarle con una historia de *El Mago*, de John Fowles. Esta bella historia dice mucho sobre la PNL, pero recuerde que es sólo una forma de verlo. La dejamos para que resuene en su inconsciente.

El príncipe, y el mago

Érase una vez un joven príncipe que creía en todo, excepto en tres cosas: no creía en princesas, no creía en islas y no creía en Dios. Su padre, el rey, le había dicho que esas cosas no existían. Como no había ni princesas ni islas en los dominios de su padre, y ni un solo signo de Dios, el joven príncipe creía en su padre.

Pero un día el príncipe salió de su palacio y llegó al territorio vecino. Allí, para asombro suyo, desde cada lugar de la costa veía una isla; y en esas islas había criaturas extrañas y turbadoras que no se atrevía a nombrar. Mientras buscaba una barca, un hombre con un traje de noche se le acercó por la orilla.

—¿Eso de allí son islas de verdad? —preguntó el joven príncipe.

—Claro que son islas de verdad —dijo el hombre con el traje de noche.

—¿Y esas criaturas extrañas y turbadoras?

—Son todas princesas auténticas y genuinas.

—¡Entonces Dios debe existir! —gritó el príncipe.

—Yo soy Dios —contestó, inclinando la cabeza, el hombre del traje de noche.

El joven príncipe volvió a casa lo más rápidamente que pudo.

—Así que has vuelto —dijo el padre.

—He visto islas, he visto princesas y he visto a Dios —dijo el príncipe en tono de reproche

El rey no se inmutó.

—No existen ni islas reales, ni princesas reales, ni un Dios real.

—¡Yo los he visto!

—Dime cómo iba vestido Dios.

—Llevaba un traje de noche.

—Se había arremangado las mangas del abrigo?

El príncipe recordaba que sí. El rey sonrió.

—Ese es el uniforme de un mago. Te han engañado.

Viendo esto, el príncipe volvió a la tierra vecina, y volvió a la misma costa donde, de nuevo, se encontró con el hombre del traje.

—Mi padre, el rey, me ha dicho quién eres —dijo el joven príncipe indignado—. Me engañaste una vez, pero no lo volverás a hacer. Ahora sé que esas no son islas reales ni princesas reales, porque eres un mago.

El hombre sonrió.

—Eres tú el que te engañas, hijo. En el reino de tu padre hay muchas islas y muchas princesas; pero estás bajo el hechizo de tu padre y no las puedes ver.

El príncipe volvió a casa pensativo. Cuando vio a su padre le miró a los ojos.

—Padre, ¿es verdad que no eres un rey de verdad sino solamente un mago?

El rey sonrió y se arremangó las mangas.

—Sí, hijo mío; sólo soy un mago.

—Entonces el hombre de la costa era Dios.

—El hombre de la costa era otro mago.

—Tengo que saber cuál es la verdad, la verdad más allá de la magia.

—No hay verdad más allá de la magia —dijo el rey.

El príncipe se entristeció y exclamó:

—Me voy a matar.

El rey, con su magia, hizo aparecer a la muerte. La muerte se puso en la puerta e hizo señales al príncipe. El príncipe se estremeció; recordó las hermosas islas irreales y las hermosas princesas irreales.

—Muy bien —dijo—. Creo que lo podré soportar.

—¿Ves, hijo? —dijo el rey—, ahora también tú empiezas a ser un mago.

(De la novela *The Magus*, de John Fowles, publicado por Jonathan Cape, 1977. Hay traducción castellana: *El Mago*, Anagrama, varias reediciones.)

Reencuadre y transformación del significado

No hay nada bueno o malo, es el pensamiento el que lo hace así.

WILLIAM SHAKESPEARE

La humanidad ha buscado siempre el significado. Las cosas pasan, pero hasta que no les damos significado, las relacionamos con el resto de nuestra vida y evaluamos las posibles consecuencias, no son importantes. Aprendemos lo que significan las cosas a partir de nuestra cultura y educación individual. Para los pueblos antiguos, los fenómenos astronómicos tenían un significado enorme, los cometas eran portadores de grandes cambios, las relaciones entre las estrellas y los planetas influían en los destinos individuales. Ahora, los científicos no se toman a los cometas y los eclipses de forma personal; son hermosos de observar y confirman que el universo todavía obedece a las leyes que inventamos.

¿Qué significa una tormenta? Nada bueno si usted está a la intemperie sin impermeable. Algo bueno si usted es un campesino y ha habido sequía. Malo si ha organizado usted una fiesta al aire libre. Bueno si estaba jugando un partido, su equipo perdía y han suspendido el encuentro... El significado de cualquier evento depende del marco en que lo sitúe: cuando cambio el marco, también cambio el significado. Cuando cambia el significado, también lo hacen sus respuestas y su comportamiento. La habilidad para reubicar actos da una mayor libertad y mayores opciones.

Una persona que conocemos bien cae y se lesiona la rodilla seriamente. Es muy doloroso y significa que no puede jugar a squash, un deporte que le encanta. Pero esta persona reencuadra el accidente y lo ve como una oportunidad más que como una limitación, consulta a varios médicos y terapeutas y aprende cómo funcionan los músculos y ligamentos de la rodilla. Por suerte, no necesita operarse; él mismo idea un ejercicio de recuperación y en seis meses la rodilla vuelve a ser igual de fuerte que lo que había sido antes, y él sigue igual de fuerte y sano. En primer lugar corrigió los hábitos de postura que permitieron que la rodilla se debilitara; hasta mejoró en el squash. La lesión de su rodilla fue muy útil. La mala suerte es un punto de vista.

Las metáforas son dispositivos de reencuadre. De hecho dicen: «Esto *podría* significar que...». Los cuentos de hadas son bellos ejemplos de encuadre; lo que parece ser mala suerte, se convierte en buena. Un patito feo se convierte en un hermoso cisne. Una maldición es, en realidad, una bendición disfrazada. Un sapo puede ser un príncipe. Y si todo lo que toca alguien se transforma en oro quiere decir que tiene un problema muy grave.

Los inventores encuadran. Tenemos el conocido ejemplo del hombre que se despierta una noche por el pinchazo de un muelle viejo del colchón en su espalda. ¿Qué uso podía tener un muelle viejo? (Además de no dejarle dormir.) Lo encuadró como una huevera de diseño e inició un próspero negocio a partir de esa idea.

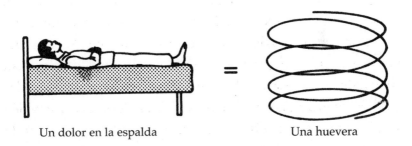

Un dolor en la espalda   Una huevera

Los chistes son reencuadres. Casi todos los chistes comienzan ubicando los hechos en un marco determinado y luego, de pronto, lo cambian drásticamente. Los chistes toman un objeto o situación y, de repente, lo ponen en un contexto diferente o le cambian el significado.

¿Sabes por qué en mi pueblo plantan cebollas en la carretera? *(La respuesta al final del capítulo, pág. 221.)*

Aplique su ingenio mediante modelos orales

Tenemos aquí varios ejemplos de distintos puntos de vista de la misma oración:

«Mi trabajo va mal y me siento deprimido».

Generalice: Puede que se sienta deprimido con todo y que el trabajo vaya bien.

Aplíqueselo a usted mismo: Puede que se sienta deprimido por pensar eso.

Induzca valores o criterios: ¿Qué aspecto importante cree que va mal en su trabajo?

Meta positiva: Puede que superar el problema le haga trabajar mejor.

Cambie de meta: Tal vez necesite un cambio de trabajo.

Póngase una meta más distante: ¿Puede aprender algo útil de la forma en que va su trabajo ahora?

Invente una metáfora: Es un poco como aprender a caminar...

Vuelva a definir: Su depresión puede que quiera decir que se siente mal porque su trabajo le exige cosas irracionales.

Analice («descienda»): ¿Qué partes de su trabajo, en particular, van mal?

Sintetice («ascienda»): ¿Cómo van las cosas en general?

Contraejemplos: ¿Ha ido mal su trabajo en algún momento sin que usted se sintiera deprimido?

Intención positiva: Esto significa que usted se preocupa por su trabajo.

Encuadre temporal: Es una fase, pasará.

El reencuadre no es una forma de ver el mundo a través de cristales de color rosa, de manera que «realmente» todo sea bueno. Los problemas no desaparecen por sí mismos, tienen que ser afrontados, pero cuantas más formas de verlos tenga, más fáciles le serán de resolver.

Reencuadre para ver una ganancia posible, y represente una experiencia de forma que apoyen sus objetivos personales y las que comparte con otros. Usted no es libre de elegir cuando se ve empujado por distintas fuerzas que quedan fuera de su control. Busque el reencuadre para tener espacio por el que maniobrar.

Hay dos tipos principales de reencuadre: del *contexto* y del *contenido*.

Reencuadre del contexto

Casi todos los comportamientos son útiles en *algún lugar*. Hay muy pocos que carezcan de valor o propósito en algún contexto. Sacarse la ropa en medio de la calle hará que le arresten, pero en un campo nudista podrán arrestarle si no lo hace. No es recomendable aburrir a la audiencia en un seminario, pero es útil para deshacerse de ciertas visitas molestas. No será muy popular si cuenta mentiras a su familia y amigos, pero puede que sí si emplea su imaginación para escribir novelas. ¿Y la indecisión? Puede ser de utilidad si no puede decidir si perder los nervios... o no... y luego olvidarlo.

El reencuadre del contexto funciona mejor en oraciones como: «Estoy muy...», o: «Me gustaría dejar de...». Pregúntese:

«¿Cuándo podría ser útil este comportamiento?»

«¿Dónde podría serme de utilidad este comportamiento?»

Cuando encuentre un contexto en donde el comportamiento sea el apropiado, puede probarlo mentalmente en ese contexto concreto y hacer que el comportamiento se ajuste al contexto original. El Generador de Nuevo Comportamiento puede ser útil aquí.

Si uno se ve extraño desde fuera, probablemente será porque la persona está en fase de interiorización en el tiempo y ha creado un contexto interno que no se corresponde con el mundo exterior. La transferencia en la psicoterapia es un ejemplo: el paciente responde al terapeuta de la misma manera que respondía a sus padres hace mucho tiempo. Lo que era apropiado para un niño, deja de ser útil para un adulto. El terapeuta debe encuadrar la conducta y ayudar al paciente a desarrollar otras formas de actuar.

Reencuadre del contenido

El contenido de una experiencia es cualquier cosa por la que usted opte centrarse. El significado puede ser el que usted quiera. Cuando la hija de dos años de uno de los autores le preguntó lo que significaba decir una mentira, el padre explicó en un tono grave y paternal (teniendo en cuenta su edad y entendimiento) que significaba decir a propósito algo que no era verdad, para hacer creer a alguien que algo es verdad cuando, en realidad, no lo es. La niña se quedó un momento pensativa y su cara se encendió.

—¡Eso es *divertido*! —dijo la niña—. ¡Hagámoslo!

El rato siguiente lo pasaron contándose mentiras desaforadas.

El reencuadre del contenido es útil para oraciones del tipo «me enfado cuando la gente me presiona», o «me pongo enfermo cuando se acerca la fecha de entrega de algo».

Observe que este tipo de oraciones emplea violaciones del metamodelo del tipo causa-efecto. Pregúntese:

«¿Qué otra cosa quiere decir esto?»

«¿Cuál es el valor positivo de este comportamiento?»

«¿Cómo podría describir de otra forma este comportamiento?»

La política es el arte de reencuadre de contenidos por excelencia. Buenas cifras económicas pueden tomarse como ejemplo aislado para demostrar una tendencia general a la baja, o como indicación de prosperidad, dependiendo de qué lado del Parlamento sea usted. Altas tasas de interés son malas para los que piden créditos, pero buenas para los que ahorran. Los atascos pueden ser una pesadilla si está atrapado en uno, pero un ministro los ha descrito como un signo de prosperidad. Si se eliminaran las congestiones de tráfico en Londres, según ese ministro, *significaría* la muerte de esa ciudad como centro de trabajo.

—No nos retiramos —dijo un general—. Avanzamos hacia atrás.

La publicidad y las ventas son dos campos donde el encuadre es importantísimo. Los productos se ponen bajo la mejor luz posible. Los anuncios son marcos instantáneos de un producto. Beber café *significa* que usted es sexy, usar un detergente *significa* que le importa su familia, consumir pan *significa* que es inteligente... El reencuadre está tan extendido que encontrará ejemplos allá donde mire.

Pequeños reencuadres no comportarán cambios drásticos, pero si se desarrollan congruentemente, con una metáfora por ejemplo, y realzan cuestiones importantes para esa persona, pueden ser muy efectivos.

Intención y comportamiento

En el corazón del reencuadre se halla la distinción entre comportamiento (o conducta) e intención: lo que usted hace, y lo que está intentando realmente alcanzar al hacerlo. Es ésta una distinción crucial en cualquier comportamiento. A menudo lo que usted hace no le reporta lo que quería; por ejemplo: una mujer puede estar preocupándose constantemente por su familia. Es su forma de demostrar que los quiere; la familia lo ve como una intromisión y está resentida. Un hombre puede demostrar su amor a la familia trabajando muchas horas al día. La familia querría que estuviera más tiempo con ellos, aunque tuvieran que pasar con menos dinero.

A veces el comportamiento reporta aquello que queremos, pero no encaja bien con el resto de nuestra personalidad. Por ejemplo, un oficinista podrá adular al jefe y reírse con sus gracias, para conseguir un aumento, pero puede estarse odiando por hacerlo. Otras veces puede usted no saber lo que se intenta conseguir con un comportamiento, parece solamente una molestia. Siempre hay una intención positiva escondida detrás de todo comportamiento, si no, ¿por qué lo iba a hacer? Todo lo que uno realiza está encaminado hacia una meta, sólo que puede que esté caducada; y algunos comportamientos (fumar es un buen ejemplo) alcanzan objetivos muy diferentes.

La forma de deshacerse de comportamientos no deseados no es intentar detenerlos con fuerza de voluntad; esto garantiza que persistirán, porque les presta atención y energía. Encuentre una manera distinta y mejor para satisfacer su intención, una que esté más a tono con el resto de su personalidad. No se desmontan las luces de gas a menos que haya instalado la electricidad, salvo que quiera quedarse a oscuras.

Tenemos múltiples personalidades conviviendo en una alianza inestable en nuestro interior. Cada una está intentando alcanzar sus objetivos; cuanto mejor las armonicemos y hagamos trabajar juntas, más felices seremos. Somos una mezcla de muchas partes, que a menudo entran en conflicto. El equilibrio varía constantemente y hace la vida interesante.

Es difícil ser del todo congruente, estar completamente dedicado a una sola acción; y cuanto más importante sea esta acción, más partes de nuestra personalidad estarán involucradas.

Es difícil acabar con los hábitos. Fumar es malo para el cuerpo, pero te relaja, te ocupa las manos con algo y mantiene la amistad con otros. Dejar de fumar sin atender a estas necesidades deja un vacío. Citando a Mark Twain: «Dejar de fumar es fácil, yo lo hago cada día».

Reencuadre en seis pasos

Somos tan diferentes a nosotros mismos como lo somos a los demás.

MONTAIGNE

La PNL emplea un proceso de reencuadre más formal para terminar con conductas no deseadas mediante alternativas mejores. De esta forma, se mantienen los beneficios del comportamiento; es un poco como ir de viaje. Un carro y un caballo parecen ser las únicas formas para llegar a donde usted desea, por incómodo y lento que sea; pero un amigo le dice que hay un servicio de tren y vuelos regulares, formas diferentes y mejores de llegar a su destino.

El reencuentro en seis pasos funciona bien cuando hay una parte de usted que le hace comportarse de una manera que no le gusta. Puede utilizarse también cuando hay síntomas psicosomáticos.

1. Primero: identifique el comportamiento o respuesta que hay que cambiar

Normalmente está en la forma: «Quiero hacer... pero algo me lo impide». O: «No quiero hacer esto, pero me parece que voy a terminar haciéndolo igualmente». Si está usted trabajando con alguien, no necesita saber el verdadero problema de comportamiento. No influye en el proceso de reencuadre saber cuál es el comportamiento. Puede ser una terapia secreta.

Tómese el tiempo necesario para expresar aprecio por lo que la otra parte ha hecho por usted y deje claro que no va a deshacerse de ello. A lo mejor esto le resulta difícil si la conducta (llamémosla X) es muy poco aceptable, pero usted puede apreciar la intención, aunque no la forma en que se haya realizado.

2. Establezca comunicación con la parte responsable del comportamiento

Interiorice y pregúntese: «¿La parte responsable de X se comunicará conmigo de forma consciente?». Observe la respuesta que obtiene. Mantenga todos los sentidos abiertos a señales internas, sonidos, sentimientos. No adivine, espere una señal definida, que a menudo es un débil sentimiento corporal. ¿Puede usted reproducir esa señal exacta y conscientemente? Si pierde, vuelva a hacerse la pregunta hasta que obtenga una señal que no pueda controlar a voluntad.

Esto puede parecer extraño, pero la parte responsable es inconsciente; si estuviera bajo control consciente, no estaría reencuadrándola sino que simplemente la detendría. Cuando hay partes en conflicto, siempre hay alguna señal de que saldrán a la conciencia. ¿Ha estado de acuerdo alguna vez con los planes de alguien aunque abrigara alguna duda? ¿Qué consecuencias tiene en su tono de voz? ¿Puede controlar esa sensación en el estómago cuando acepta realizar una tarea con alguien cuando preferiría estar descansando en su jardín? Movimientos de la cabeza, cambios en el tono y en los gestos son ejemplos evidentes de cómo se expresan las partes en conflicto. Cuando hay un conflicto de interés, siempre hay alguna señal involuntaria, que seguramente será muy sutil; deberá estar muy alerta. La señal es el *pero* en el «sí, *pero...*».

Ahora debe convertir esa respuesta en una señal de sí/no. Pida a la parte que aumente la fuerza de la señal para el «sí» y la disminuya para el «no». Pida ambas señales una detrás de otra, hasta que queden claras.

3. Separe la intención positiva de lo que es el comportamiento

Dé gracias a la parte por su cooperación. Pregunte: «¿La parte responsable de este comportamiento me dejará saber lo que está intentando hacer?». Si la respuesta es la señal del «sí», obtendrá la intención, y puede que esto sorprenda a su parte consciente. Agradezca a la parte su información y su cooperación. Recapacite sobre si realmente quiere que la parte lo haga.

De todas maneras, usted no necesita saber la intención; si la respuesta a su pregunta es «no», usted puede explorar circunstancias en las que la parte podría dejarle saber lo que está intentando conseguir. Si no, suponga una buena intención. Esto *no* significa que le guste el comportamiento, sólo que usted supone que la parte abriga un propósito que le beneficia de alguna forma.

Vaya a su interior y pregunte a la parte: «Si te dieran otras vías que te permitieran alcanzar esa intención, por lo menos tan bien como lo estás haciendo ahora, si no mejor, ¿podrías intentarlas?». Un «no» en esta cuestión significaría que sus señales están mal; ninguna parte en su sano juicio podría despreciar una oferta así.

4. Pida a su parte creativa que genere nuevas maneras para lograr el mismo propósito

Habrá momentos en su vida en que haya estado creativo y lleno de recursos. Pídale a la parte con la que está trabajando que comunique su intención positiva a su parte creativa y con recursos. La parte creativa podrá entonces crear otras maneras de alcanzar el mismo propósito. Unas serán buenas, otras no tanto. De algunas será consciente, pero no importa si no lo es. Pida a la parte que escoja solamente aquellas que considera tan buenas como, o mejores que, el comportamiento original. Deberán ser inmediatas y accesibles. Pida que le dé la señal de «sí» cada vez que tenga otra opción; continúe hasta que al menos obtenga tres señales de «sí». Puede estar en este proceso todo el tiempo que crea necesario. Agradezca a su parte creativa cuando haya terminado.

5. Pregunte a la parte X si está de acuerdo en usar las nuevas opciones en vez de la conducta anterior en las próximas semanas

Esto es representarse el futuro, ensayar en la mente una nueva conducta en una situación futura.

Si todo va bien hasta el momento, no hay razón por la que no deba obtener un «sí»; si obtiene una señal de «no», asegúrele a la parte que aún podrá usar el antiguo comportamiento, pero que le gustaría que empleara primero las nuevas opciones. Si sigue obteniendo un «no», puede reencuadrar la parte que le objeta llevándola por este proceso de reencuadre de seis pasos.

6. Revisión ecológica

Necesitará saber si hay otras partes que pondrían objeciones a las nuevas opciones. Pregunte: «¿Hay alguna otra parte de mí que pondría objeciones a las nuevas opciones?». Esté atento a cualquier señal, sitúese aquí con todo su ser. Si hay alguna señal, pida a la parte que la intensifique si es que realmente es alguna objeción. Asegúrese de que todas las partes interesadas aprueban las nuevas opciones, porque, de lo contrario, alguna podrá sabotear su labor.

Si hay alguna objeción, puede elegir una de estas dos cosas: volver al paso 2 y reencuadrar la parte que ponga objeciones, o pedir a la parte creativa, de acuerdo con la parte que objeta, que cree nuevas opciones. Asegúrese de que estas nuevas opciones son revisadas por todas las partes para que no haya objeciones.

El reencuadre en seis pasos es una técnica de terapia y desarrollo personal. Tiene que ver de forma directa con varios temas psicológicos.

Uno es el de la *ganancia secundaria:* la idea de que, por muy extraño o destructivo que pueda parecer un comportamiento, siempre obedece a un propósito útil en algún nivel, y este propósito puede ser inconsciente. No tiene sentido hacer algo que sea totalmente contrario a nuestros intereses. Siempre hay algún beneficio; la mezcla de motivos y emociones rara vez es armónica.

El otro es el *trance.* Cualquiera que realice el proceso de reencuadre en seis pasos, estará en un trance suave, con su centro de atención en su interior.

En tercer lugar, el reencuadre en seis pasos también emplea habilidades negociadoras entre las partes de una persona. En el capítulo siguiente veremos las habilidades negociadoras entre las personas en un contexto de negocios.

Líneas del tiempo

Nunca podemos estar en ningún otro momento que no sea el «ahora», y todos tenemos en nuestro cerebro una máquina de tiempo. Cuando dormimos, el tiempo se detiene, y cuando soñamos, despiertos o dormidos, podemos pasar del presente al pasado o futuro sin ninguna dificultad. El tiempo parece volar o no pasar nunca dependiendo de lo que hagamos. Con independencia del tiempo que sea, nuestra experiencia lo cambia continuamente.

Medimos el tiempo del mundo exterior en forma de distancia y movimiento —unas manecillas en un objeto con apariencia de reloj—, pero ¿cómo trata el cerebro el tiempo? Tiene que hacerlo de alguna manera, si no nunca sabríamos si habíamos hecho algo o si íbamos a hacerlo, si pertenece al pasado o al futuro. Sería difícil convivir con una sensación de *déjà vu* (eso ya lo he visto) sobre el futuro. ¿Cuál es la diferencia en la forma en que pensamos sobre un hecho pasado y otro futuro?

Tal vez podamos sacar algo de las frases hechas que tenemos sobre el tiempo: «No le veo ningún futuro», «vive en el pasado», «repasando los hechos», «esperando tener la ocasión de verle». Es posible que la visión y la dirección tengan algo que ver.

Ahora, elija un comportamiento sencillo y repetitivo que haga casi todos los días, como cepillarse los dientes, peinarse, lavarse, desayunar o mirar la tele.

Piense en un momento de hace unos cinco años en que usted hacía eso; no tiene por qué ser un momento determinado: sabe que hace cinco años también lo hacía, puede hacer como que lo recuerda.

Ahora piense en eso mismo, pero hace una semana.

Ahora piense en cómo lo haría en este mismo instante.

Ahora, en cómo lo hará dentro de una semana.

Ahora piense en cómo lo hará dentro de cinco años. No importa que no sepa dónde estará, solamente piénsese realizando esa tarea.

Ahora coja estos cinco ejemplos; probablemente tenga una imagen de cada uno, en forma de película o de una instantánea. Si un geniecillo las mezclara en un descuido suyo, ¿cómo podría decir cuál es cuál?

Puede que esté interesado en saber cómo lo hace; más adelante le daremos algunas generalizaciones.

Mire las imágenes de nuevo. ¿Qué *diferencias* hay entre cada una respecto a las siguientes submodalidades?:

¿Dónde están en el espacio?

¿Cuánto miden?

¿Qué brillo tienen?

¿Cómo están enfocadas?

¿Están coloreadas de la misma forma?

¿Tienen movimiento o están quietas?

¿A qué distancia están?

Es difícil generalizar sobre las líneas del tiempo, pero una manera normal de organizar las imágenes del pasado, presente y futuro es por ubicación. El pasado estará probablemente a su izquierda; cuanto más atrás en el tiempo, más lejos estarán las imágenes. El pasado «distante y neblinoso» será el más lejano. El futuro se despliega a su derecha, con el futuro más lejano lejos, al final de la línea. Las imágenes de cada línea deben estar apiladas de forma que puedan verse y ordenarse con facilidad. Muchas personas emplean el sistema visual para representar una secuencia de memorias en el tiempo, si bien podrá haber diferencias en las submodalidades de otros sistemas también. Los sonidos pueden ser más altos cuanto más cercanos en el tiempo, y los sentimientos pueden ser más intensos.

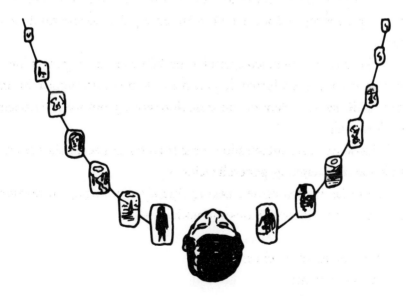

Por suerte, esta manera de organizar el tiempo se alía con los signos de acceso visuales normales (y de lectura), lo que explicaría por qué es un modelo normal. Hay muchas maneras de organizar la línea del tiempo, y aunque no haya líneas temporales «equivocadas», todas tienen consecuencias. Dónde y cómo almacene sus líneas temporales afectará a su forma de pensar...

Por ejemplo, suponga que su pasado está desplegado ante usted; siempre lo tendrá a la vista y siempre atraerá su atención. Su pasado será una parte importante e influyente de su experiencia.

Imágenes grandes y brillantes del futuro pueden hacerlo muy atractivo y atraerle. Estará entonces orientado hacia el futuro. El futuro inmediato será difícil de planificar; si las imágenes del futuro próximo fueran grandes y brillantes, los planes a largo plazo podrían ser difíciles. En general, todo aquello que sea grande, brillante y lleno de colorido (si éstas son submodalidades críticas para usted) tendrán un mayor atractivo para usted y les prestará mayor atención. Usted puede realmente saber si una persona tiene un pasado sombrío o un futuro brillante.

Las submodalidades pueden ir cambiando gradualmente. Por ejemplo, cuanto más brillante sea la imagen, o más exacto el enfoque, más cercanas estarán en el tiempo. Estas dos submodalidades son buenas para representar el cambio gradual. A veces una persona puede ordenar sus imágenes de forma más discreta utilizando ubicaciones definidas, separando una imagen de otra; esta persona, a la hora de hablar de sus recuerdos, empleará gestos entrecortados en vez de gestos fluidos y amplios.

El futuro puede estar ubicado frente a usted en un gran espacio, ocasionándole problemas para reconocer puntos que parecerán muy lejanos hasta que los tenga encima. Por otro lado, si el futuro está muy comprimido, sin espacio suficiente entre imágenes, podrá sentirse presionado por el tiempo; todo parece que debe hacerse a la vez. A veces es útil comprimir el tiempo, otras veces dilatarlo; depende de lo que usted quiera. Es de sentido común que las personas orientadas hacia el futuro se recuperan con mayor facilidad de enfermedades, y estudios médicos así lo confirman. Una terapia basada en la línea del tiempo puede ayudar a sanar de graves enfermedades.

Las líneas temporales son importantes para el sentido de realidad de la persona, y por ello son difíciles de cambiar, a menos que el cambio sea ecológico. El pasado es real de una forma diferente a como lo es el futuro; el futuro existe más como potencial o posibilidad, es incierto. Las submodalidades del futuro lo reflejan de alguna manera. La línea del tiempo se puede dividir en varias ramas, o las imágenes pueden estar borrosas.

Las líneas del tiempo son importantes en terapias; si un paciente no puede ver un futuro para sí mismo, muchas técnicas no van a funcionar. Muchas técnicas terapéuticas de la PNL presuponen una capacidad para moverse por el tiempo, acceder a recursos del pasado o construir futuros atractivos.

A veces la línea del tiempo tiene que ser ordenada antes de poder hacer nada.

Dentro del tiempo y a través del tiempo

Tad James, en su libro *The Basis of Personality*, describe dos tipos principales de líneas temporales. Llama a la primera «a través del tiempo», o el tipo angloeuropeo de tiempo donde la línea va de lado a lado. El pasado está en un lado y el futuro en otro, y ambos son visibles para el individuo. El segundo tipo es la que llama «dentro del tiempo», o tiempo árabe, donde la línea va de adelante hacia atrás, de manera que una parte (normalmente el pasado) queda atrás de uno, invisible; la persona tiene que volverse para verlo.

A través del tiempo, la gente tiene una idea secuencial, lineal del tiempo; puede señalar momentos con toda precisión. Es la línea de tiempo que prevalece en el mundo de los negocios. «El tiempo es oro.» Además, una persona de este tipo tiende a almacenar su pasado como imágenes disociadas.

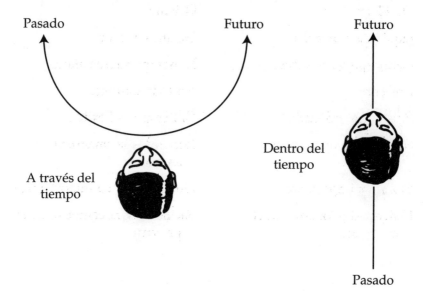

Dentro del tiempo, la gente no tiene la ventaja de tener el pasado y el futuro desplegados frente a ellos. Están siempre en el presente, por lo que fechas límite, citas de negocios o ahorro de tiempo son menos importantes que para las otras personas. Están asociados a su línea temporal, y sus recuerdos tenderán a ir asociados. Esta concepción del tiempo es común en los países de Oriente, especialmente árabes, donde las fechas de negocios son más flexibles que en Occidente, lo cual puede ser exasperante para un ejecutivo occidental. El futuro se concibe más como una sucesión de «ahoras», por lo que no hay urgencia en actuar en este preciso instante. Hay muchos más «ahoras» para hacerlo.

Resumen de algunas generalizaciones
sobre las diferencias entre dentro del tiempo
y a través del tiempo:

A través del tiempo	*Dentro del tiempo*
Occidente	Oriente
Izquierda a derecha	De atrás adelante
Pasado/presente/futuro	El tiempo sucede ahora
Enfrente	No todo enfrente
Existencia ordenada	El tiempo es flexible
Recuerdos normalmente disociados	Recuerdos normalmente asociados
Horarios importantes	Horarios no tan importantes
Dificultad para estar en el momento	Facilidad para centrarse en el presente

Hablar con el tiempo

El lenguaje afecta al cerebro. Respondemos al lenguaje en un nivel inconsciente. Las distintas maneras de referirnos a los hechos programará la forma en que los representemos en nuestra mente y, por tanto, cómo responderemos a ellos. Ya hemos investigado algunas de las consecuencias de pensar en nominalizaciones, cuantificadores universales, operadores modales y otros modelos parecidos. Ni tan siquiera los tiempos verbales están excluidos.

Ahora piense en un instante en el que *usted estuviera caminando.*

La forma de esta oración tiende a hacerle pensar en una imagen asociada al movimiento. Pero si yo dijese: «Piense en el último paseo que *dio*», tenderá a pensar una imagen disociada y quieta. La forma de las palabras ha sacado el movimiento de la imagen, aunque ambas oraciones signifiquen lo mismo.

Ahora, piense en un momento en que *dará* un paseo; todavía está disociado. Y ahora, un momento en que *vaya a estar caminando:* en este caso tenderá a tener una imagen asociada con movimiento.

Ahora, le invito a que vaya a un futuro lejano y piense en un recuerdo pasado, que en el momento actual todavía no ha sucedido. ¿Difícil?; ni mucho menos, lea la oración siguiente:

Piense en un momento en que *habrá dado un paseo.*

Ahora, recuerde dónde está; usted puede influir en otros y orientarles por el tiempo con lo que diga. Sabiendo esto, tiene la opción de cómo desea influir en ellos; no puede evitar realizarlo. Toda comunicación hace algo; ¿hace lo que usted quiere que haga? ¿Sirve a su propósito?

Imagínese a una persona ansiosa visitando a dos psiquiatras; el primero le dice: «¿Así que se ha sentido ansioso? ¿Es así como se viene sintiendo?».

El segundo le dice: «¿Así que se ha sentido ansioso? ¿Qué cosas le harán sentir ansiedad?»

El primero disocia a la persona de la experiencia que le hace sentir ansiedad y la coloca en el pasado. El segundo asocia a la persona con los sentimientos de ansiedad y la programa para sentir ansiedad en el futuro.

Yo sé a qué psiquiatra visitaría.

Es ésta una pequeña muestra de cómo nos influimos unos a otros mediante el lenguaje sin que por lo general seamos conscientes de ello.

Ahora, mientras piensa en lo elegante y efectiva que puede ser su comunicación... y mira con todos estos recursos lo que hacía antes de estos cambios... ¿cómo se ve de esta manera... y qué pasos dio para cambiar... mientras está sentado... con este libro en sus manos?

(Véase pág. 203).

—¿Sabes por qué en mi pueblo plantan cebollas en la carretera?

—No, ¿por qué?

—Porque dicen que van bien para la circulación.

7

Conflicto y congruencia

Todos vivimos en el mismo mundo, y como hacemos modelos distintos de él, entramos en conflicto. Dos personas pueden mirar el mismo hecho, escuchar las mismas palabras y darle una interpretación completamente diferente. De estos modelos e interpretaciones obtenemos la rica pluralidad de valores humanos, políticos, religiosos, intereses y motivaciones. Este capítulo examina las negociaciones y los encuentros para reconciliar intereses en conflicto, y algunas de las formas en que éstos se usan con éxito en el mundo de los negocios.

Algunas de las partes más importantes de nuestro mapa son las creencias y los valores que configuran nuestras vidas y le dan sentido; gobiernan lo que hacemos y pueden hacernos entrar en conflicto con otros. Los valores definen lo que es importante para nosotros; el conflicto empieza cuando insistimos en que lo que es importante para nosotros debe ser importante para otros. A veces, nuestros propios valores coexisten con dificultad y tenemos que tomar decisiones difíciles. ¿Debo mentir por un amigo? ¿Debo coger un trabajo aburrido porque está mejor pagado, u otro que me iría mejor pero peor pagado?

Diferentes partes de nosotros encierran valores distintos, siguen intereses diferentes, tienen intenciones distintas y, por ello, entran en conflicto. Nuestra capacidad para alcanzar un objetivo se ve radicalmente afectada por cómo reconciliamos y manejamos con imaginación las distintas partes de nuestra identidad. Es raro poder ir de todo corazón o de manera totalmente congruente hacia un objetivo, y cuanto mayor sea éste, más partes de nosotros entrarán en juego y más posibilidad habrá de tener intereses encontrados. Acabamos de referirnos a la técnica de reencuadre en seis pasos, y en el capítulo siguiente ahondaremos en cómo resolver algunos de estos conflictos internos.

La congruencia interna da fuerza y poder personal. Somos congruentes cuanto todas nuestras conductas verbales y no verbales apoyan nuestro objetivo. Todas las partes están en armonía y tenemos libre acceso a nuestros recursos. Los niños pequeños son, casi siempre, congruentes: cuando quieren algo, lo quieren con todo su ser. Estar en armonía no quiere decir que todas las partes están tocando la *misma* melodía. En una orquesta, los diferentes instrumentos se combinan, y la melodía resultante es más que la melodía que cualquiera de los instrumentos puede producir por sí solo, y es la diferencia entre ellos lo que da a la música su color, interés y armonía. Por ello, somos congruentes cuando nuestras creencias, valores e intereses actúan conjuntamente para darnos la energía necesaria para alcanzar nuestras metas.

Cuando usted toma una decisión y es congruente con ella, sabe entonces que puede proceder a su consecución con toda garantía de éxito. El problema es cómo saber cuando se está actuando de forma congruente. A continuación le damos un pequeño ejercicio para que identifique su señal de congruencia interna.

Identificación de la señal de congruencia

Piense en un momento en que realmente quería algo: aquel negocio en particular, regalo o experiencia que deseaba con todas sus fuerzas. Mientras lo recuerda y se asocia a aquel momento, usted puede *empezar a reconocer lo que es sentirse congruente*. Empiece a familiarizarse con este sentimiento, de forma que pueda usarlo en el futuro para saber si es totalmente congruente sobre un objetivo. Observe cómo se siente, observe las submodalidades de la experiencia a medida que piensa en ella. ¿Puede encontrar alguna sensación interna, visión o sonido que defina sin ninguna duda su congruencia?

La incongruencia son señales mezcladas: un instrumento que desafina en una orquesta, una zona de color que no queda bien en un cuadro. Mensajes internos mezclados darán un mensaje ambiguo a la otra persona y tendrán como resultado acciones embotadas y autosabotaje. Cuando usted se enfrenta a una situación y no es congruente con ella, nos da información valiosísima de su parte inconsciente; le dice que no es inteligente actuar y que es tiempo de pensar, de recoger más información, de crear más opciones o explorar otras metas. La cuestión aquí es saber cuándo se es incongruente. Haga el siguiente ejercicio para aumentar su capacidad para identificar su señal de incongruencia.

Identificación de la señal de incongruencia

Piense en un momento pasado en que tuviera dudas sobre un plan; puede que pensara que era una buena idea, pero algo le decía que podía meterle en problemas. O podía verse a sí mismo haciéndolo, pero aun así tenía una extraña sensación. Mientras está pensando en las reservas que tenía, habrá cierta sensación en una parte de su cuerpo —una imagen en particular o un sonido— que le haga saber que no está usted plenamente convencido. Esta es su señal de incongruencia. Familiarícese con esta señal, es una buena amiga y puede ahorrarle mucho dinero. Puede que quiera corroborarla con otras experiencias en las que usted sabía que tenía dudas o reservas. Ser capaz de detectar la incongruencia en su interior le evitará cometer muchos errores.

Los vendedores de coches usados tienen una pobre reputación de congruencia. La incongruencia también aparece en ciertos lapsus freudianos; alguien que ensalce el «estado de la tecnología *mecánica*» es alguien que claramente no está muy impresionado por la ciencia electrónica. Detectar la incongruencia en los demás es esencial si tiene que tratarlos de forma sensible y efectiva. Por ejemplo, un maestro al explicar una idea preguntará a los estudiantes si la entienden. El estudiante puede decir: «Sí», pero su tono de voz o expresión pueden contradecirle. Al vender, un vendedor que no detecte la incongruencia en el comprador y luche contra ella será difícil que haga una venta, y si la hace, generará remordimientos en el comprador y, por tanto, no habrá más negocios entre ellos.

Valores y criterios

Nuestros valores afectan poderosamente a la congruencia de un objetivo. Los valores dan forma a lo que es importante para nosotros y están apoyados en las creencias. Los adquirimos, al igual que las creencias, de nuestras experiencias y del contacto con la familia y con amigos. Los valores se relacionan con nuestra identidad, y nos importan realmente; son los principios fundamentales según los que vivimos. Actuar en contra de nuestros valores nos hace incongruentes. Los valores nos motivan y dirigen, son los lugares importantes, las capitales de nuestro mapa del mundo. Los valores más duraderos e influyentes son elegidos libremente, no son impuestos; los elegimos siendo conscientes de sus consecuencias, y conllevan muchos sentimientos positivos.

A pesar de ello, los valores son, normalmente, inconscientes y apenas los exploramos de forma clara. Para ir subiendo en una compañía, tendrá que aceptar los valores de esa compañía; si son diferentes de sus valores, le llevará a incongruencias. Una compañía puede que esté utilizando sólo medias personas si sus trabajadores clave tienen valores que chocan con los de ella.

La PNL emplea la palabra *criterios* para describir aquellos valores que son importantes en un contexto en particular. Los criterios son menos generales y de menor amplitud que los valores; son las razones por las que usted hace algo, y lo que obtiene por ello. Por regla general, son nominalizaciones como salud, éxito, diversión, riqueza, éxtasis, amor, aprendizaje, etc. Nuestros criterios son los que deciden por qué trabajamos, para quién trabajamos, con quién nos casamos (si nos casamos), cómo entablamos relaciones y dónde vivimos. Determinan el coche que conducimos, la ropa que nos compramos y adónde vamos a comer.

Compartir los valores o criterios de otra persona creará una buena sintonía. Si simpatizas con su cuerpo pero no con sus valores, difícilmente conseguirás una buena sintonía. Compartir los valores de otro no significa que tengas que estar de acuerdo con ellos, sino que así muestras tu respeto hacia ellos.

Inducción de criterios

Haga una lista de los aproximadamente diez valores importantes de su vida. Puede hacerlo solo o con un amigo. Induzca las respuestas realizando preguntas del tipo:

¿Qué es importante para mí?
¿Qué me motiva de verdad?
¿Qué tiene que ser verdad para mí?

Los criterios y valores tienen que estar expresados en forma positiva. Evitar la mala salud podría ser un valor, pero sería mejor enunciarlo como mantenerse sano. Es bastante fácil hallar los valores que nos motivan.

Los criterios posiblemente serán nominalizaciones, y necesitará del metamodelo para desentrañarlos. ¿Qué significan en términos prácticos y reales? La forma de saberlo es preguntar por la evidencia que le hace saber que ha encontrado un criterio. Puede que no siempre sea sencillo encontrar la respuesta, pero la pregunta que debe hacer es:

¿Cómo sabré que lo he encontrado?

Si uno de sus criterios es aprender, ¿qué es lo que va a aprender y cómo va a realizarlo? ¿Cuáles son sus posibilidades? (¿Y cómo sabrá que ha aprendido algo? ¿Por una sensación?, ¿por la posibilidad de hacer algo que hasta entonces era incapaz de hacer?) Estas preguntas específicas son muy valiosas. Los criterios tienden a desaparecer tras una cortina de humo en cuanto entran en contacto con el mundo real.

Cuando haya descubierto lo que estos criterios significan en verdad para usted, puede preguntarse si son realistas. Si por éxito concibe un salario de siete cifras, un Ferrari, una mansión, casa de campo y un trabajo de altos vuelos en una multinacional, y todo a conseguir antes de su próximo cumpleaños, probablemente tendrá un gran desengaño. El desengaño, como señala Robert Dilts, requiere una planificación adecuada; para estar verdaderamente desengañado, tiene que haber fantaseado con gran detalle sobre lo que hubiera deseado que ocurriese.

Los criterios son vagos y pueden ser interpretados de forma muy diferente según las personas. Recuerdo un buen ejemplo de una pareja a la que conozco bien; para ella, competencia significaba que había realizado una tarea bien. Era algo meramente descriptivo y no un criterio de gran valor. Para él, ser competente quería decir que sentía que podía realizar una tarea *si se ponía con su cinco sentidos.* Sentirse competente de esta manera le daba autoestima y era de gran valor para él. Cuando ella le llamaba incompetente, él se contrariaba mucho, hasta que comprendió lo que ella quería decir. La diferente forma de ver el atractivo de hombres y mujeres es lo que hace girar el mundo.

Jerarquía en los criterios

Muchas cosas son importantes para nosotros, y un paso útil a dar es tener en mente la relativa importancia del propio criterio. Desde el momento en que los criterios están en relación con el contexto, los que usted aplique en su trabajo serán distintos de los que aplique en sus relaciones personales. Podemos usar los criterios para explorar un objetivo como el compromiso con el trabajo o con un grupo de personas. El siguiente es un ejercicio para explorar los criterios en este objetivo:

1. Suponga que se ha comprometido con un grupo, ¿qué debería ser verdad para que lo abandonara? Encuentre el valor o criterio que le motivaría a abandonarlo. No empiece por cuestiones de vida o muerte, piense en algo que sería suficiente para hacer rebasar el vaso.
2. A continuación, pregúntese lo que debería cumplirse para seguir en el grupo aunque el caso 1 sucediera. Encuentre el criterio por el que anularía lo que descubrió en 1.
3. Ahora, pregúntese qué debería cumplirse para que los abandonara en caso de que 1 y 2 se cumplieran. Encuentre un criterio más importante.
4. Siga hasta que ya no pueda continuar, de forma que *nada* le induzca a seguir en ese grupo si su último criterio *(n)* sucede. Esté seguro de que encontrará ideas interesantes en su camino de 1 a *n*.

Se puede usar el criterio de muchas maneras. En primer lugar, hacemos cosas, a menudo, por razones no del todo claras; razones que no expresan bien nuestros valores. Del mismo modo, podemos querer hacer algo de una forma vaga, pero no acaba de realizarse porque otro criterio más importante se cruza por el camino; lo que nos lleva a los objetivos del primer capítulo. Un objetivo debe estar conectado a otro mayor que sea lo suficientemente motivador por el hecho de estar respaldado por criterios importantes. Los criterios dan la energía para los objetivos; si usted puede hacer algo importante conectándolo con otro criterio mayor, los obstáculos se desvanecerán.

Supongamos que piensa que sería una buena idea hacer ejercicio de forma regular para mantenerse en forma. Por las razones que sean, el tiempo pasa y no empieza nunca porque es difícil encontrar tiempo durante la semana. Conectar el ejercicio regular con el hecho de parecer más atractivo y tener más vitalidad para mejorar en un deporte es mucho más motivador y puede superar el factor tiempo, de forma que usted cree el tiempo. Normalmente siempre hay tiempo para aquello que de verdad queremos hacer; no tenemos tiempo para aquellas cosas que no nos motivan lo suficiente.

La manera de pensar sobre sus criterios tendrá estructura de submodalidad; los importantes pueden estar representados por una imagen mayor, más cercana o más brillante, o por un sonido más fuerte, o por un sentimiento más intenso, a lo mejor localizado en una parte específica de su cuerpo. ¿Cuáles son las submodalidades de su criterio y cómo saber qué criterios son importantes para usted? No hay reglas que valgan para todos los casos; es útil que sea usted el que analice estas ideas.

El juego de la oca – Ascender y descender

Cuando conecta sus acciones con criterios, es casi como el juego de la oca: puede empezar con un objetivo pequeño, pero si lo conecta con un criterio importante, alcanzará muy pronto la parte alta del tablero. Estará motivado para hacerlo, y pensará en ello con submodalidades que lo hacen obligatorio.

La forma en que conectamos hechos e ideas forma la sustancia de nuestros mapas, las carreteras entre ciudades; comprender un objetivo significa no solamente tener la información, sino también conectarlo con otras partes del mapa. Cuando tuvimos que preocuparnos del tamaño de los objetivos, conectamos un objetivo menor con otro mayor para darle energía, y dividimos un gran objetivo en una serie de objetivos menores para poder manejarlo mejor. Es esto un ejemplo de una idea general que en la PNL se conoce como *trocear* o *moverse*. «Trocear» viene del mundo de la informática, y significa ir cortando las cosas hasta la mínima expresión *(bit)*; «moverse» puede ser hacia arriba: ascender de lo específico hacia lo general, o de una parte hacia el todo; o hacia abajo: descender de lo general a lo específico, o del todo a una parte.

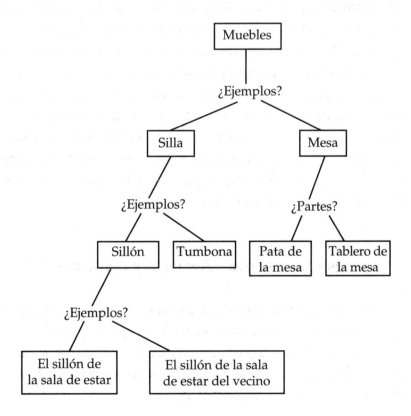

La idea es sencilla; tomemos por ejemplo un objeto de la vida diaria, una silla. Para ascender al nivel (lógico) superior debemos preguntar: «¿De qué es ejemplo esto?». Una respuesta podría ser: «De un mueble». También se puede preguntar: «¿De qué forma parte?». Una respuesta sería: «De un comedor». Para descender se hace la pregunta contraria: «¿Cuál es un ejemplo específico de la clase de objetos conocidos como sillas?». Una respuesta sería: «Un sillón». El nivel superior siempre contiene lo que hay en el inferior.

También se puede mover hacia un lado y preguntar: «¿Qué otro ejemplo hay de esta clase de cosas?». Para ir hacia un lado de la silla, podríamos responder: «Mesa». Para ir a un lado del sillón podríamos decir: «Tumbona». El ejemplo que está al lado, o al mismo nivel, viene siempre determinado por lo que hay en el nivel superior; no se puede pedir otro ejemplo, a menos que usted sepa de qué debe ser un ejemplo.

El metamodelo emplea esta idea: explora la dirección hacia abajo, haciendo la idea cada vez más específica. El modelo de Milton asciende hasta el nivel general de forma que recoge todos los ejemplos que quedan debajo.

Si alguien le pide una bebida y le da usted café, tal vez la otra persona hubiera preferido una limonada; dado que tanto el café como la limonada son bebidas, usted necesita información más específica.

Descender es ir a hechos específicos, sensoriales y del mundo real. (Quiero 25 centilitros de limonada Fizzo en un vaso alto, a una temperatura de 5 grados centígrados, con tres cubitos de hielo, y bien batida.) Ascender puede llevar a objetivos y criterios (quiero beber porque tengo sed), si empieza por preguntar por qué a un nivel alto.

Los chistes, por supuesto, hacen gran uso de estos cambios de nivel, y luego, de repente, cambian las reglas del nivel superior. La gente relaciona cosas de formas extrañas y divertidas (aunque siempre según sus mapas). No hay que suponer que ellos emplean las mismas reglas que usted para asociar ideas; no debe suponer que conoce sus reglas en lo más mínimo. Como en el juego chino del cuchicheo,[2] cuanto más lejos vaya con las reglas cambiándolas un poco cada vez, más se alejará de donde creía estar.

El siguiente es un ejercicio de ascender en distintas direcciones: el café puede asociarse con cada uno de los siguientes de forma diferente. En el primer ejemplo, té y café son miembros de una clase más general conocida como infusiones. Vea si puede encontrar una clase superior diferente para el café y cada uno de sus acompañantes:

1. ¿Té y café? Infusiones.
2. ¿Trigo y café?
3. ¿Casa y café?
4. ¿Anfetaminas y café?
5. ¿Tomillo y café?

(Respuestas al final del capítulo, pág. 260.)

De modo que es posible moverse hacia los lados, hacia cosas muy diferentes, y llegar a un lugar muy diferente. Es como esa idea tantas veces citada de que en esta aldea global en que vivimos, seis relaciones sociales le ponen en contacto con cualquier persona en el mundo. (Conozco a Fred (1), que conoce a Joan (2), que conoce a Susy (3), que conoce a Jim (4), etc.)

---

2. Consiste en decir una frase rápidamente y en voz baja al vecino, quien repite lo que entendió a su vecino del otro lado, y así hasta terminar el círculo de los que están jugando. Lo que entendió el último puede ser completamente diferente de lo que se dijo al inicio del juego. *(N. del E.)*

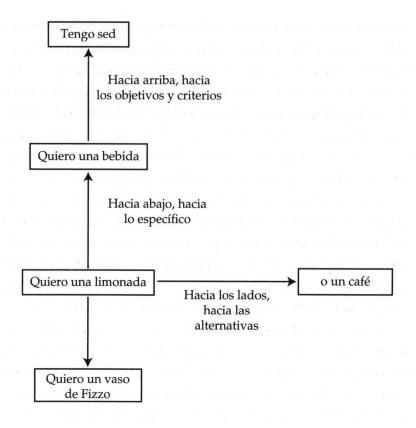

Vemos, pues, que el significado vuelve a depender del contexto. Las relaciones que nosotros establezcamos son importantes. Las paredes se sostienen no tanto por los ladrillos como por el cemento que los relaciona. Lo que para nosotros sea importante, y cómo relacionemos las ideas, será importante en reuniones, negociaciones y ventas.

Metaprogramas

Los metaprogramas son filtros que normalmente usamos en nuestra percepción. Es mucha la información que nos llega, y la mayor parte permanece ignorada dado que, como máximo, sólo podemos atender conscientemente a nueve «trozos» de esa realidad. Los metaprogramas son modelos que usamos para determinar qué información dejamos entrar. Tomemos, por ejemplo, un vaso lleno de agua. Imagínese ahora que se bebe la mitad. ¿Está el vaso medio lleno o medio vacío? Por supuesto que ambas afirmaciones son verdaderas, según el punto de vista que se adopte. Algunas personas se fijan en los aspectos positivos de una situación, lo que realmente hay ahí, mientras que otras se fijan en lo que falta. Ambas formas de visión son útiles, y cada persona dará su preferencia a uno u otro punto de vista.

Los metaprogramas son sistemáticos y habituales, y no solemos cuestionarlos si nos sirven razonablemente bien. Los modelos pueden ser los mismos en diferentes contextos, pero pocas personas son habituales de forma *constante*, de modo que los metaprogramas suelen cambiar cuando cambia el contexto. Lo que atrae nuestra atención en el marco del trabajo puede ser diferente de lo que la atrae cuando estamos en casa.

Así pues, los metaprogramas filtran el mundo para ayudarnos a crear nuestros propios mapas. Uno puede enterarse de los metaprogramas de los demás tanto por lo que dicen como por su comportamiento. Dado que los metaprogramas filtran la experiencia y que comunicamos nuestra experiencia con palabras, ciertas pautas de lenguaje son típicas de algunos metaprogramas.

Los metaprogramas son importantes en las áreas clave de la motivación y de la toma de decisiones. Los buenos comunicadores adaptan sus palabras al modelo del mundo que tiene la persona receptora. De este modo, utilizando un lenguaje que está en sintonía con los metaprogramas del receptor, premoldean la información y consiguen así que éste la entienda con facilidad, con lo cual queda más energía para tomar decisiones y motivarse.

A medida que lea estos metaprogramas, tal vez advierta que simpatiza con una determinada visión de cada categoría. Es posible incluso que se pregunte cómo puede alguien pensar de otra manera. Esto le dará la clave para descubrir qué modelo usa usted. De los dos extremos de un modelo de metaprograma, es muy posible que haya uno que no logra aprobar o entender. El otro es el suyo.

Hay muchos modelos que pueden servir de metaprogramas, y diferentes libros sobre la PNL darán más importancia a modelos diferentes. Expondremos aquí algunos de los más útiles. No hacemos ningún juicio de valor sobre estos modelos. Ninguno es «mejor» ni «correcto» en sí mismo. Todo depende del contexto y del objetivo propuesto. Algunos modelos funcionan mejor para un determinado tipo de trabajo. La cuestión es: ¿cómo actuar de la mejor forma posible en la tarea que se tiene entre manos?

Proactivo – Reactivo

El primer metaprograma se refiere a la acción. La persona *proactiva* inicia, se lanza a la acción y continúa en ella. No espera a que otros la inicien.

La persona *reactiva* espera a que otros inicien una acción o espera un momento propicio para actuar. Es posible que tarde mucho en decidirse, o de hecho que no llegue nunca a la acción.

Una persona *reactiva* tenderá a utilizar frases completas, con sujeto personal (sustantivo o pronombre), verbo activo y un objeto tangible, como, por ejemplo: «[Yo] voy a ir a hablar con el gerente».

Una persona reactiva tenderá a usar verbos en pasiva y frases incompletas. También es posible que use propuestas condicionantes a requisitos, como, por ejemplo: «¿Hay alguna posibilidad de encontrar una ocasión para concertar una entrevista con el gerente?».

Incluso en ejemplos tan breves como éstos, hay muchas posibilidades de utilizar este modelo. Una persona proactiva se siente motivada por frases como «Adelante», «Hazlo» y «Es hora de actuar». En asuntos de compras, la persona proactiva posiblemente irá a comprar y se decidirá rápidamente. Una persona reactiva reaccionará mejor a frases del estilo de «Espere», «Analicémoslo», «Piénsalo» y «Ve qué piensan los demás».

Pocas personas utilizan estos modelos de forma tan extrema. La mayoría presenta una mezcla de ambos rasgos.

Afrontar – Eludir

El segundo modelo se refiere a la motivación y explica dónde centran su atención las personas. Las personas con un metaprograma *afrontador* centran la atención en su objetivo. Van hacia aquello que desean. Las personas *eludidoras* descubren fácilmente los problemas y saben lo que hay que evitar, porque tienen claro lo que no quieren. Esto puede crearles problemas para fijarse objetivos bien definidos. Recuerde el antiguo problema en negocios, educación y vida familiar: ¿hay que usar la zanahoria o el palo? En otras palabras, ¿es mejor ofrecer incentivos o castigos? Lógicamente la respuesta es: todo depende de la persona a la que se desea motivar. A las personas *afrontadoras* los objetivos y los premios les producen más energía. A las personas *eludidoras* las motiva más evitar problemas y castigos. Discutir cuál modelo es mejor en general es una pérdida de tiempo.

Es fácil reconocer este modelo por el modo de expresarse de la persona. ¿Habla sobre lo que quiere, consigue o gana? ¿O habla sobre la situación que desea evitar y los problemas de los que desea mantenerse lejos? Las personas *afrontadoras* trabajan mejor en la obtención de objetivos. Las personas eludidoras son excelentes para detectar errores y trabajar bien en objetivos como el control de calidad. Los críticos de arte suelen tener una marcada orientación *eludidora*, de lo que pueden dar testimonio muchos artistas…

Interno – Externo

Este modelo se refiere a dónde encuentran las personas sus criterios o normas. Una persona *interna* tiene interiorizados sus criterios, y los utiliza para comparar distintas posibilidades y decidir qué hacer. Usará sus propios criterios para comparar y tomar decisiones. En respuesta a la pregunta: «¿Cómo sabes que has hecho un buen trabajo?», es muy posible que diga algo semejante a «Simplemente lo sé». La persona interna se informa, pero insistirá en decidir por sí misma de acuerdo a sus propios criterios. Una persona fuertemente interna se resistirá a la decisión que tome por ella otra persona, aun cuando se trate de una buena decisión.

La persona *externa* necesita que otras personas le indiquen criterios y el rumbo a seguir. Sabe que ha hecho un buen trabajo cuando alguien se lo dice. Necesita un criterio externo. Le pedirán a usted su criterio u opinión. Es como si tuviese dificultad para decidir.

La persona interna difícilmente acepta que la controlen o dirijan. Es probable que sean buenos empresarios y les gusta el trabajo por cuenta propia. Tienen poca necesidad de supervisión.

Las personas externas necesitan ser dirigidas y supervisadas. Necesitan que los criterios para el éxito vengan de fuera, o de lo contrario temen no haber hecho las cosas correctamente. Una manera de identificar este metaprograma es preguntar: «¿Cómo sabes que has hecho un buen trabajo?». La persona interna le dirá que es ella quien decide eso. La persona externa le dirá que lo sabe porque otra persona se lo ha confirmado.

Opciones – Procedimientos

Este modelo es importante para los negocios. Una persona *opciones* quiere disponer de opciones y crearse alternativas. Dudará en seguir procedimientos trillados, por buenos que sean. La persona *procedimientos* es buena para seguir esquemas bien trabados, para acciones ya proyectadas, pero no demasiado buena para crearlas; le interesa más la manera de hacer algo que para qué le conviene hacerlo. Probablemente cree que hay una manera «correcta» de hacer las cosas. Por supuesto, no es conveniente emplear a una persona procedimientos para generar alternativas al sistema actual. Como tampoco sería útil destinar a una persona opciones para que siga un procedimiento fijado donde el éxito depende de que éste se siga al pie de la letra. No son muy partidarias de seguir una rutina. Podrían verse obligadas a introducir creatividad.

Usted puede identificar este metaprograma preguntando: «¿Por qué elegiste tu actual trabajo?». La persona opciones le expondrá sus razones. La persona procedimientos más bien le dirá cómo fue que llegó a ese trabajo actual, o simplemente le expondrá los hechos. Contesta a esta pregunta como si se tratara de una pregunta «¿Cómo...?».

A la persona opciones la motivan ideas retadoras que amplían sus posibilidades de elección. A la persona procedimientos la motivan ideas que les faciliten un camino allanado, ya probado.

Genérico – Específico

Este modelo se refiere al ascenso o descenso lógicos (véase Glosario). Las personas *genéricas* gustan de contemplar el cuadro entero. Se sienten más a gusto cuando tratan con grandes segmentos de información. Piensan de forma global. Las personas *específicas* se sienten más cómodas con pequeñas parcelas de información, construyen desde lo pequeño a lo grande, y por eso se sienten cómodas con procesos secuenciales; en casos extremos sólo son capaces de trabajar con el siguiente paso de la secuencia en que están trabajando. Las personas específicas hablarán de «pasos» y «secuencias», y harán descripciones muy precisas. Tienden a concretar y a usar nombres propios.

Las personas genéricas, como se puede esperar, generalizan. Pueden saltarse un paso en una secuencia, dificultando su seguimiento. Ven toda una secuencia más como un segmento que como una serie de pasos progresivos. La persona genérica elimina mucha información. Hace algún tiempo compré unos bolos para jugar; las instrucciones estaban ciertamente redactadas por una persona muy genérica. Decían así: «De pie, reparta el peso sobre ambos pies, separados a una distancia equivalente a la anchura de los hombros. Respire apaciblemente. Comience a jugar».

Las personas genéricas son buenas para planificar y desarrollar estrategias. Las personas específicas son buenas para tareas secuenciales que avancen a pequeños pasos y que impliquen atender a los detalles. Por la forma de hablar de una persona podrá saber si piensa de forma genérica o específica. ¿Le da detalles, o sólo los grandes rasgos?

Igualador – Diferenciador

Este modelo se refiere al hecho de hacer comparaciones. Algunas personas perciben lo que hay de común en las cosas. Son los *igualadores*. (No se refiere al modelo de sintonía.) Los *diferenciadores* perciben las diferencias cuando hacen comparaciones. Señalan las diferencias, y a menudo se ven envueltos en discusiones. Una persona que analiza y ve las diferencias irá en busca de información registrando todo minuciosamente en busca de diferencias. Si usted ve lo similar y piensa de forma global, se volverá loco con una persona diferenciadora. Observe los tres triángulos que hay más abajo. Tómese un tiempo para contestar a esta pregunta en silencio: ¿Qué relación hay entre ellos?

▲ ▲ ▼

Por supuesto que no hay una sola respuesta correcta, ya que la relación entre ellos implica puntos de semejanza y de diferencia.

El problema permite delinear cuatro posibles modelos de respuesta. Hay personas que *igualan, emparejan,* que observan que los objetos sin idénticos. Dirán que los tres triángulos son iguales (como lo son realmente). Estas personas suelen estar contentas en un mismo puesto o un mismo tipo de trabajo durante muchos años, y sirven para tareas que permanecen fundamentalmente iguales.

Hay personas que perciben la *igualdad con excepción*. Primero observan la semejanza, luego las diferencias. Observando el diagrama, contestarán posiblemente que dos triángulos son iguales y uno diferente, el que apunta hacia abajo (correcto). Estas personas prefieren que los cambios sucedan de forma gradual y lenta, y les gustaría que su situación laboral evolucionara a lo largo de los años. Cuando saben cómo hacer un trabajo, están dispuestas a hacerlo durante un largo tiempo, y se desenvuelven bien en la mayoría de las tareas. Usan muchos comparativos, como «mejor», «peor», «más», «menos». Responden al material de promoción que utiliza palabras como «mejor», «mejorado» o «avanzado».

Las personas que perciben las diferencias son los *diferenciadores*. Dirán que los tres triángulos son diferentes. (También es verdadero.) Estas personas buscan el cambio y disfrutan con él, y suelen cambiar rápidamente de trabajo. Se sienten atraídas por productos innovadores, anunciados como «nuevo» o «diferente».

Las personas que captan las *diferencias con excepciones* primero observarán las diferencias, luego las semejanzas. Dirán que los triángulos son diferentes, y que dos de ellos apuntan hacia arriba. Buscan el cambio y la variedad, pero no tanto como las personas *diferencia*. De modo que para reconocer este metaprograma pregunte: «¿Qué relación hay entre estas dos cosas?».

Modelos de convencimiento

Hay dos aspectos que tienen que ver con el modo como una persona se convence de algo. Primero, a través de qué *canal* llega la información, y segundo, cómo maneja la información una vez que la tiene (el *modo*).

Primero el canal. En una situación de ventas, por ejemplo, ¿qué necesita un cliente para convencerse de la utilidad de un producto? ¿O qué pruebas necesita un directivo para convencerse de que alguien está en el puesto adecuado? La respuesta a esta pregunta suele estar relacionada con el sistema primario de representación de una persona. Algunas personas necesitan *ver* la evidencia (visuales). Otras necesitan *escuchar* lo que le dicen. Otras necesitan *leer* un informe; por ejemplo, los informes de la Asociación de Consumidores comparan y proporcionan información sobre muchos productos. Otras necesitan *hacer* algo. Si pueden, usarán el producto para evaluarlo, o trabajarán junto a una nueva empleada antes de decidir que sirve para ese puesto. La pregunta que hay que hacer para reconocer este metaprograma es: «¿Cómo sabe que alguien sirve para el trabajo que tiene?».

Una persona *visual* necesita ver ejemplos. Una persona *auditiva* necesita hablar con alguien y recoger información. Una persona de *lectura* necesita leer informes o referencias sobre alguien. Una persona de *hacer* tiene que hacer efectivamente el trabajo con una persona para convencerse de que esa persona sirve para ese trabajo.

El otro aspecto de ese metaprograma es cómo aprende la gente un trabajo nuevo más fácilmente. Una persona visual aprende más fácilmente un nuevo trabajo si se le muestra como hacerlo. Una persona auditiva aprenderá mejor si se le dice cómo hacerlo. Una persona de lectura aprenderá mejor leyendo las instrucciones. Una persona de hacer aprende mejor haciendo el trabajo, con sus propias manos.

La segunda parte de este metaprograma se refiere a cómo maneja la información una persona y cómo conviene presentársela. Algunas personas necesitan que la evidencia se les presente un determinado número de veces —pueden ser dos, tres o más— antes de convencerse. Son personas que se convencen mediante *muchos ejemplos*. Otras personas no necesitan mucha información. Observan algunos datos, se imaginan el resto y deciden rápidamente. A menudo llegan a las conclusiones en muy poco tiempo. A esto se le llama *modelo automático*. En cambio, otras personas nunca se convencen realmente. Sólo se convencerán en algún caso particular y en un determinado contexto. Esto se conoce como *modelo constante*. Es posible que mañana tenga usted que demostrárselo por entero otra vez, porque mañana es otro día. Necesitan convencerse cada vez. Y, por último, algunas personas necesitan que la evidencia les sea ofrecida durante un *período de tiempo* —un día, una semana— antes de quedar convencidas.

Es esta una exposición muy breve de los principales metaprogramas. Fueron desarrollados originalmente por Richard Bandler y Leslie Cameron, y tuvieron un mayor desarrollo para su utilización en el campo de las empresas por Roger Bailey bajo el título de «Language and Behaviour Profile» [Perfil de lenguaje y comportamiento]. A menudo los criterios son tratados como si fuesen metaprogramas, pero no son modelos sino aquellos valores y objetos que realmente le interesan a uno, y por eso los hemos tratado separadamente.

A menudo la orientación en el tiempo es tratada como si fuese un metaprograma. Algunas personas pueden estar *en* el momento, es decir, asociadas con su línea del tiempo. Otras están a *través* del tiempo, es decir, fundamentalmente disociadas en su línea del tiempo. Otro modelo que a menudo se trata como si fuese un metaprograma es la posición perceptiva preferida. Algunas personas pasan la mayor parte de su tiempo en la primera posición, en su propia realidad. Otras prefieren la segunda posición, y se pasan la mayor parte del tiempo en ella. Otras prefieren la tercera posición.

Distintos libros podrán tener listas de modelos de metaprogramas diferentes, para lo cual no hay más respuesta correcta que la de que cada cual debe usar los que le sean útiles e ignorar los demás. Recuerde que cualquier cosa puede cambiar según el contexto. Un hombre de 90 kg será pesado en una clase de aeróbic; estará allí en el extremo superior de la escala. Para si lo situamos en un gimnasio lleno de luchadores de sumo, estará en la zona baja de la escala. Una persona que aparezca como muy proactiva en un contexto puede ser reactiva en otro. De modo semejante, una persona puede ser muy específica en un contexto de trabajo, pero muy genérica en la búsqueda de tiempo libre.

Los metaprogramas también pueden cambiar según los estados emocionales. Una persona puede ser más proactiva cuando está bajo la tensión del estrés, y más reactiva cuando se siente relajada y cómoda. Como sucede con todos los modelos que aparecen en este libro, la respuesta siempre es la persona que tiene delante. El modelo sólo es un mapa. Los metaprogramas no constituyen otra forma de encasillar a la gente. Lo realmente importante es: ¿Puede usted ser consciente de sus propios modelos? ¿Qué posibilidades de elección puede darle a los demás? Se trata de modelos que sirvan de guías útiles. Aprenda a identificar sólo un modelo cada vez. Aprenda a utilizar las habilidades una a una. Úselas si son útiles.

Resumen del metaprograma

1. Proactivo-Reactivo

   Las personas proactivas inician la acción. Las personas reactivas esperan a que otras inicien la acción y a que las cosas sucedan. Les toma tiempo analizar y comprender de forma rápida.

2. Afrontar-Eludir

   Las personas afrontadoras se centran en sus propios objetivos y las motiva acabar algo. Las personas eludidoras se concentran más en los problemas que hay que evitar que en las metas que deben alcanzarse.

3. Interno-Externo

   Las personas internas tienen patrones interiores y deciden por sí mismas. Las personas externas toman sus patrones del exterior y precisan que las orientaciones e instrucciones provengan de los demás.

4. Opciones-Procedimientos

   A las personas opciones les gusta elegir, y sirven cuando se trata de alternativas de desarrollo. Las personas procedimientos sirven cuando se trata de seguir un conjunto de procesos. La acción no las motiva, y sirven para seguir una serie de pasos prefijada.

5. Genérico-Específico

   Las personas genéricas se sienten más cómodas cuando se enfrentan a grandes parcelas de información. No ponen atención a los detalles. Las personas específicas se fijan en los detalles y necesitan pequeñas parcelas para encontrarle sentido a un cuadro grande.

6. Igualador-Diferenciador

Las personas que primero igualan, observan los puntos de semejanza en una comparación. Las personas que primero desigualan observarán las diferencias cuando hacen una comparación.

7. Modelos de convencimiento

Canal:

Visual: Necesitan ver la evidencia.

Auditivo: Necesitan que se lo digan.

De lectura: Necesitan actuar.

Modo:

Cantidad de ejemplos: Para tener la información necesitan varios ejemplos antes de quedar convencidos.

Automáticos: Sólo necesitan información parcial.

Constantes: Necesitan la información cada vez para quedar convencidos, y entonces sólo para ese caso.

Período de tiempo: Necesitan información continuada durante un determinado período de tiempo.

Ventas

La psicología de ventas ya llena montones de estanterías en las librerías; nosotros solamente la tocaremos de pasada, para ver las posibilidades de usar las ideas de la PNL.

Las ventas, al igual que la publicidad, a menudo se malinterpretan. Una definición popular describe la publicidad como el arte de captar la inteligencia humana el tiempo suficiente para sacarle dinero. De hecho, el propósito de las ventas, como el libro *The One Minute Sales Person*, de Spencer Johnson y Larry Wilson, lo dice muy elocuentemente, es ayudar a que las personas consigan lo que desean. Cuanto más ayude a las personas a obtener lo que desean, más éxito tendrá usted como vendedor.

Muchas de las ideas de la PNL se encaminan en esta dirección; la sintonía inicial es importante, y el anclaje de recursos le permitirá afrontar retos en un estado de plenitud de recursos. Sentirse bien en el trabajo nos permite hacer un buen trabajo.

Representarse el futuro puede ayudar a crear las situaciones y sensaciones que usted desea imaginándoselas mentalmente primero. Una habilidad muy valiosa en las ventas es la de tener unos objetivos bien definidos; en el capítulo 1 se aplicaba el criterio de buena definición a sus propios objetivos. Las mismas preguntas que usted empleaba allí pueden usarse para ayudar a que otros se aclaren sobre lo que quieren. Esta habilidad es crucial en las ventas porque sólo se puede satisfacer al comprador si se sabe exactamente lo que quiere.

La idea de ir ascendiendo y descendiendo puede ayudarle a descubrir lo que quiere la gente, cuáles son sus criterios y lo que les importa de un producto.

¿Tienen un objetivo en mente sobre lo que quieren comprar y puede usted ayudarles a conseguirlo?

Recuerdo un ejemplo personal: hay una calle cerca de donde vivo que tiene muchas más ferreterías de las que son razonables. La que va mejor es una pequeña, un poco alejada; el propietario siempre hace un gran esfuerzo para saber lo que está usted haciendo y para qué quiere la herramienta o el equipo. Aunque no siempre consiga una buena sintonía, porque a veces sus preguntas rondan el tercer grado, se asegura de no venderle algo que no pueda ayudarle a alcanzar lo que quiere realizar. Si él no tiene la herramienta correcta, le indicará dónde puede encontrarla. Sobrevive muy bien entre la maraña de competidores de grandes cadenas con precios sensiblemente menores.

En nuestro modelo, el vendedor asciende hasta encontrar el criterio y objetivo de sus clientes, y luego desciende exactamente hasta la herramienta específica que necesitan. Esto puede requerir un desplazamiento hacia un lado respecto a lo que el cliente pidió en un primer momento. (De hecho, conmigo siempre lo hace.)

Moverse hacia los lados es muy útil para saber lo que alguien quiere de un producto; cuáles son sus puntos fuertes, las características diferenciales que hacen que una persona elija un producto frente a otro. Explorar lo que una persona quiere en esas tres direcciones es un patrón común entre los mejores vendedores, y la congruencia es esencial. ¿Usaría el vendedor los productos que vende? ¿Cree de verdad en las ventajas que enumera? La incongruencia puede traicionar por el tono y los gestos, desazonando al cliente.

Enmarcar

Enmarcar, en la PNL, se refiere a la forma en que ponemos las cosas en diferentes contextos para darles significados distintos; lo que nos parece importante en ese momento. A continuación veremos cinco maneras útiles de enmarcar hechos. Algunas estaban implícitas en otros aspectos de la PNL, y es útil que las explicitemos aquí.

Marco objetivos

Se evalúa en forma de metas, de objetivos. Primero debe saber su objetivo y asegurarse de que está bien definido. ¿Es positivo? ¿Está bajo su control? ¿Es lo bastante específico y tiene el tamaño adecuado? ¿Cuál es la evidencia? ¿Tiene los recursos necesarios para llevarlo a cabo? ¿Cómo encaja entre sus otros objetivos?

En segundo lugar, puede necesitar inducir objetivos de otras personas involucradas, para ayudarlas a aclarar lo que quieren, de forma que todos puedan ir avanzando. En tercer lugar tenemos que encajar los objetivos: una vez tenemos nuestro objetivo y el de otra persona, hay que ver cómo pueden encajar juntos. Puede que haya que negociar respecto a algunas diferencias.

Finalmente, manteniendo siempre en mente los objetivos, puede darse cuenta si usted se mueve hacia ellos; si no, habrá que hacer algo distinto.

El marco objetivos es un par de gafas especialmente útiles, mediante las cuales puede visualizar sus acciones. En el mundo de los negocios, si los ejecutivos no tienen una visión clara de sus objetivos, no tienen una base firme sobre la que tomar decisiones ni manera de juzgar si una acción es útil o no.

Marco ecológico

De nuevo, se ha relacionado esto de forma explícita con objetivos e implícitamente ha aparecido por todo el libro. ¿Cómo encajan mis acciones en los sistemas más amplios de la familia, amigos e intereses profesionales? ¿Denota mi integridad general como ser humano? ¿Respeta la integridad personal de los demás? La congruencia es la forma en que el inconsciente nos habla de la ecología, y es un prerrequisito para actuar con sabiduría.

Marco de evidencia

Se concentra en detalles claros y específicos; de forma específica en cómo saber que se ha logrado el objetivo; en lo que verá, oirá y sentirá. Forma parte del marco meta y, a veces, es útil aplicarlo por sí mismo, especialmente a los criterios.

Marco como si

Este marco es una forma creativa de solucionar problemas a través de la ilusión de que algo ha sucedido para poder explorar las posibilidades. Se empieza con las palabras: «Si esto sucediera...», o «supongamos que...». Hay muchas maneras de que esto sea útil. Por ejemplo, si una persona clave falta en una reunión, puede preguntarse: «Si X *estuviera* aquí, ¿qué haría?». Si alguien conoce bien a X, las respuestas a que se puede llegar podrían ser muy útiles. (Siempre habrá que revisar las respuestas con X después, si se deben tomar decisiones importantes.)

Otra manera de emplear la idea es proyectarse a sí mismo seis meses o un año después, habiendo conseguido el objetivo y, mirando atrás, preguntarse: «¿Qué pasos de los que seguimos entonces nos han llevado al estado actual?». Desde esta perspectiva puede descubrir a menudo información importante que no puede verse fácilmente en el presente porque se está muy cerca de él.

Otra manera es tomar la peor opción que pudiera ocurrir. ¿Qué haría si pasara lo peor? ¿Qué planes u opciones tiene? «Como si» puede emplearse para explorar el peor caso como un ejemplo específico de un proceso más general y útil conocido como planificación hacia abajo. (Un proceso del que las compañías aseguradoras obtienen mucho dinero.)

Marco de recapitulación

Este marco es sencillo; se recapitula la información que tiene hasta el momento usando las palabras clave y el tono de otra persona al hacer el repaso. Esto es lo que lo diferencia de un resumen, que, a menudo, distorsiona las palabras de la otra persona. La recapitulación es útil para abrir una discusión, para poner al día a personas nuevas en el grupo, y para revisar el acuerdo y la comprensión de los participantes en una reunión. Ayuda a crear sintonía, y es de un valor incalculable cuando uno se siente perdido, pues aclara el camino a seguir.

Muchas reuniones parecen llegar a acuerdos, pero los participantes salen con ideas totalmente diferentes sobre lo que se ha acordado. La recapitulación puede ayudarle a seguir en el camino hacia el objetivo deseado.

Reuniones

Aunque describiremos las reuniones en un contexto de negocios, los modelos se aplican igualmente a cualquier contexto donde dos o más personas se reúnan para un propósito común. Mientras vaya leyendo el resto del capítulo, piense sobre cada modelo el contexto en que sería apropiado para usted.

La PNL tiene mucho que ofrecer en contextos de negocios; el mayor recurso de un negocio es la gente que hay en él. Cuanto más efectivas sean las personas que lo componen, más efectivo será el negocio. Un negocio es un equipo de personas que trabajan juntas por un objetivo común; su éxito dependerá, especialmente, de cómo traten estos puntos clave:

a) Planificación de objetivos
b) Comunicación efectiva entre los miembros del grupo y el mundo exterior
c) Lectura adecuada del entorno; mantener las necesidades y respuestas del cliente en la mente
d) Compromiso de éxito: congruencia.

Los recursos, flexibilidad, filtros perceptivos, presentación y habilidades comunicativas de los individuos dentro del mundo de los negocios determinan el éxito que puedan tener. La PNL señala las habilidades precisas que llevan al éxito en los negocios.

La PNL va al corazón de la organización de los negocios refinando y desarrollando la efectividad de cada individuo en particular en el desarrollo de su trabajo. Las reuniones de negocios son un lugar donde muchas de estas habilidades se dan a la vez. Empezaremos hablando de reuniones de cooperativas, donde la mayor parte de los reunidos estará de acuerdo con los objetivos. Las reuniones donde pueda haber objetivos conflictivos serán tratadas en las negociaciones.

Las reuniones tienen un propósito, y en las reuniones de cooperativas debe ser explícito; por ejemplo, reunirse con colegas una vez a la semana para intercambiar información, tomar decisiones y repartir responsabilidades. Otros ejemplos serían diseñar el presupuesto del próximo año, revisar un proyecto o evaluar una actuación.

Como participante en una reunión importante usted deberá estar en un estado fuerte y lleno de recursos, y ser congruente con la parte que le toca desempeñar. Las anclas pueden ayudar, tanto antes de la reunión para ponerle en buena disposición como durante la misma si las cosas se complican. Recuerde que los otros asistentes serán anclas para usted y que usted es ancla para otros; la sala misma puede ser un ancla. Una oficina es, a menudo, un lugar lleno de trampas de éxito y poder personal de la persona que esté detrás de la mesa. Puede que usted necesite todos los recursos que tenga.

Los miembros y el orden del día de la reunión deben acordarse antes de la reunión. Usted debe tener muy claro su objetivo, y necesitará también una evidencia: cómo saber que ha alcanzado su propósito. Debe tener muy claro lo que quiere oír, ver y sentir. Si no tiene ningún objetivo para la reunión, probablemente estará perdiendo el tiempo.

El formato básico para las reuniones de éxito sigue el del seminario de la PNL de tres minutos visto en el capítulo 1:

1. *Saber lo que usted quiere*
2. *Saber lo que quieren los demás*
3. *Encontrar la manera de conseguirlo todo*

Esto parece simple y evidente, pero a menudo se pierde en el calor de las discusiones, y el paso 3 puede ser difícil de lograr cuando hay intereses encontrados.

Cuando la reunión comienza, hay que lograr un consenso sobre un objetivo común. Es importante que todos estén de acuerdo en un objetivo para la reunión, una meta común que pueda ser tratada por todos. Cuando tenga el objetivo, ánclelo; la forma más sencilla es usando una frase clave y escribiéndola en una pizarra o en una hoja. También necesitará estar de acuerdo con la evidencia que mostrará que se ha logrado el objetivo. ¿Cómo van a saber todos que se ha logrado? Emplee el marco de evidencia.

Una vez más la sintonía es un paso esencial. Necesitará establecer sintonía con los otros participantes, si no la tiene ya, usando habilidades no verbales y ajustando el lenguaje. Intente detectar las posibles incongruencias en los otros participantes sobre el objetivo compartido. Puede que haya otras órdenes del día, y será mejor conocerlas al principio mejor que al final.

Durante las discusiones, los marcos de evidencia, ecológico, de recapitulación y el «como si» pueden ser útiles. Un problema que asedia las reuniones es que se van por las ramas: antes de que se pueda dar cuenta, se ha acabado el tiempo y la decisión, meta u objetivo no se ha logrado; muchas reuniones se han desviado por la tangente y han terminado en un callejón sin salida.

El marco objetivos puede emplearse para comprobar la adecuación de cualquier contribución y para mantener la reunión por el buen camino. Supongamos que un colega realiza una contribución que no parece relacionarse con el objetivo mutuamente acordado; puede que sea interesante, informativo y verdadero, pero no viene al caso. Usted podrá decir algo así: «No acabo de ver cómo eso que acaba de decir nos acerca al objetivo. ¿Puede explicarnos cómo encaja en esta reunión?». Puede usted anclar esta impugnación de pertinencia visualmente, con un movimiento de la mano o de la cabeza. El hablante deberá demostrar en qué forma su contribución es pertinente; si no lo es, entonces se ahorra un tiempo muy valioso. La contribución puede ser muy útil en otro contexto, en cuyo caso se reconocerá como tal, y se acordará discutirla en otro momento. Cierre y resuma cada punto a medida que surge, haciéndolo encajar en el objetivo acordado, o acuerde posponerlo para otra reunión.

Si alguien enturbia la reunión o la aparta seriamente de su camino, puede decir algo como «está claro que este tema es muy importante para usted y tomamos nota de ello. Sin embargo, hemos acordado que no es éste el lugar para tratarlo. ¿Podemos reunirnos luego para solucionarlo?». Calibre la congruencia cuando haga este tipo de propuestas. La calibración podrá decirle que X enciende un cigarrillo cuando le gusta el objetivo; que Y siempre mira hacia abajo cuando tiene alguna objeción (por lo que le preguntará qué necesita para *sentirse* bien con el objetivo); que Z se muerde las uñas si no está contento… Hay muchas maneras por las que puede darse cuenta a un nivel profundo de cómo progresa una reunión y afrontar problemas antes de que surjan.

Al cerrar la reunión, emplee el marco de recapitulación y busque un acuerdo en el proceso y el objetivo. Defina de forma clara y alcance un acuerdo en los pasos que deben darse y por quién. A veces no habrá un acuerdo total, por lo que cerrar la reunión dependerá de algunas acciones, y así podrá decir cosas como: «Si esto ocurriera y si X hiciera esto y persuadiéramos a Y de que esto es así, entonces ¿lo haríamos?». Es lo que se conoce por un cierre condicional.

Ancle el acuerdo con palabras clave y representación del futuro. ¿Qué va a hacer recordar a los participantes lo que deben hacer según se ha acordado? Proyecte el acuerdo fuera de la habitación y asegúrese de que está conectado con otros hechos independientes que pueden actuar como señales para recordar a la gente que deben actuar según lo acordado.

Las investigaciones han demostrado que recordamos mejor las cosas cuando ocurren en los primeros o últimos minutos de una reunión. Aprovéchese de ello y exponga los puntos importantes al principio y al final de las reuniones.

Resumen de la reunión

A) *Antes de la reunión:*
  1. Plantéese el (los) objetivo(s) y la evidencia que le hará saber que lo(s) ha alcanzado.
  2. Determine los participantes y el orden del día.

B) *Durante la reunión*
  1. Póngase en un estado de plenitud de recursos. Use anclas de recurso si es necesario.
  2. Establezca sintonía.
  3. Logre un consenso sobre un objetivo compartido y su evidencia.
  4. Emplee la impugnación de pertinencia para mantener la reunión por buen camino.
  5. Si no tiene cierta información, emplee el marco «como si».
  6. Emplee el marco de recapitulación para resumir los acuerdos clave.
  7. Siga su camino hacia el objetivo empleando el metamodelo o las herramientas que crea convenientes.

C) *Para cerrar la reunión*
  1. Revise la congruencia y acuerdo de los otros participantes.
  2. Resuma las acciones que se deban tomar. Use el marco de recapitulación para aprovechar el hecho de que recordamos mejor los finales.
  3. Compruebe el acuerdo si es necesario.
  4. Dé un cierre condicional si lo cree necesario.
  5. Proyecte las decisiones en el futuro.

Negociación

Negociar es comunicar con el propósito de obtener una decisión común, una decisión que pueda ser aceptada congruentemente por todas las partes. Es el proceso de obtener lo que se quiere de los demás dándoles a ellos lo que quieren, y se produce en cualquier reunión en que haya intereses encontrados.

¡Ojalá fuese tan fácil de conseguir como lo es de describir! Hay un equilibrio y un baile entre la integridad, los valores y objetivos propios y los de los otros participantes. El baile de la comunicación va y viene, algunos valores e intereses serán compartidos, otros serán opuestos. En este sentido, la negociación penetra en todo lo que hacemos. Nos estamos refiriendo aquí al proceso de negociación más que a lo que esté negociando.

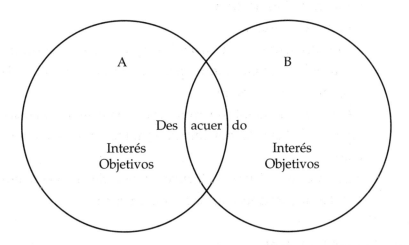

La negociación se da a menudo respecto a recursos escasos; la habilidad clave en una negociación es ajustar objetivos: unirlos de manera que todas las personas involucradas obtengan lo que desean (aunque no sea exactamente lo mismo que pedían al principio de la negociación). La presuposición es que la mejor manera de lograr un objetivo es asegurarse de que todos los demás obtienen también el suyo.

Lo contrario de ajustar objetivos es la manipulación, donde los objetivos de las otras personas se desprecian. Hay cuatro dragones esperando a aquellos que realizan manipulaciones: remordimiento, resentimiento, recriminación y represalia. Cuando negocie para ver cómo ajustar los objetivos, las otras personas se convierten en sus aliados y no en sus enemigos. Si una negociación se puede enmarcar como aliados resolviendo un problema común, el problema está ya parcialmente resuelto. Ajustar es encontrar una zona común.

Separe a la gente del problema; es útil recordar que la mayoría de las negociaciones incluyen a personas con las que tiene, o quiere tener, una relación. Tanto si negocia sobre una venta, un salario o unas vacaciones, si consigue lo que desea a expensas de otro, o los demás piensan que se ha pasado de listo, o perderá la buena voluntad, que puede ser de mucha mayor relevancia a largo plazo que el éxito obtenido en esa reunión.

Estará negociando porque usted tiene distintos objetivos. Tiene que explorar estas diferencias, porque señalan las áreas en las que puede realizar intercambios donde todos salgan ganando. Los intereses que entren en conflicto en un nivel, se pueden resolver si encuentra la forma en que cada parte consiga su objetivo en un nivel superior. Aquí es donde ir ascendiendo le permite encontrar y emplear objetivos alternativos de un nivel superior. El objetivo inicial es sólo una manera de alcanzar un objetivo de un nivel superior.

Por ejemplo, en una negociación sobre salarios (objetivo inicial), más dinero es sólo una forma de obtener una mejor calidad de vida (objetivo de nivel superior). Puede que haya otras maneras de lograr una mejor calidad de vida si no se puede conseguir más dinero —más vacaciones o un horario más flexible, por ejemplo—. Ascender descubre puentes que conectan puntos de diferencia.

La gente puede querer una misma cosa por razones distintas. Por ejemplo, imagine a dos personas peleando por una calabaza; las dos la quieren. Sin embargo, cuando explican por qué la quieren, verá que una quiere la pulpa para hacer un pastel, y la otra quiere la corteza para hacer una máscara para la fiesta de Halloween. La verdad es que no están peleando por lo mismo; muchos conflictos desaparecen cuando se analizan de esta forma. Este es sólo un pequeño ejemplo, pero imagine todas las posibilidades distintas que hay en cualquier desacuerdo aparente.

Si se produce un punto muerto, y una persona se niega a considerar un paso en particular, puede realizar la pregunta: «¿Qué debería ocurrir para que esto no fuese un problema?», o: «¿Bajo qué circunstancias estaría preparado usted para aceptar esto?». Es ésta una aplicación creativa del marco «como si» y la respuesta puede, a menudo, sacarle del callejón sin salida: le está pidiendo a la persona que ha bloqueado la reunión que piense en una vía alternativa.

Impóngase unos límites antes de comenzar; es confuso y contraproducente negociar con uno mismo cuando de lo que se trata es de negociar con otras personas. Necesita lo que Roger Fisher y William Ury en su maravilloso libro sobre la negociación, *Getting to yes* [Cómo conseguir el sí], llaman un MAPAN: la Mejor Alternativa Para Acuerdos Negociados. ¿Qué va a hacer si a pesar de todos los esfuerzos realizados por las partes no se puede alcanzar un acuerdo? Tener un MAPAN razonable le da más resortes para actuar en la negociación y una mayor sensación de seguridad.

Céntrese en intereses e intenciones más que en conductas. Es muy fácil quedar atascado en puntos ganadores y condenas de conductas, pero nadie sale ganando en estas situaciones.

Un acuerdo inteligente y duradero debe tener en cuenta intereses comunes y ecológicos. Una solución mutuamente satisfactoria se basará en un ajuste de intereses, en un modelo ganador/ganador y no en un modelo ganador/perdedor. Así que lo importante es el problema y no las personas, las intenciones y no la conducta, el interés de las partes y no sus posiciones.

Es también esencial realizar un proceso que sea independiente de las partes; si la negociación se enmarca como una búsqueda conjunta de soluciones, estará regida por principios y no por presiones. Sométase sólo a los principios, no a las presiones.

Hay unas cuantas ideas específicas que debe tener presente a la hora de negociar: no haga una contrapropuesta inmediatamente después de que la otra parte haya realizado una propuesta. Es éste el momento en que menos interesados están en su oferta; discuta la propuesta del otro primero; si no está de acuerdo, dé primero sus razones. Decir de manera inmediata que no está de acuerdo es la mejor manera de hacer que la otra persona no escuche lo que usted diga inmediatamente después.

Todos los buenos negociadores usan muchas preguntas. De hecho, dos buenos negociadores empezarán, a menudo, las negociaciones sobre el número de preguntas. «He contestado a tres de sus preguntas, ahora conteste a algunas de las mías...». Las preguntas le dan tiempo para pensar y son una alternativa al desacuerdo; es mucho mejor que la otra persona se dé cuenta de la debilidad de su posición haciéndole usted preguntas al respecto, más que diciéndole los puntos débiles que usted percibe en su posición.

Los buenos negociadores señalan de forma explícita sus preguntas; dirán algo como: «¿Puedo hacerle una pregunta sobre eso?». Al decir algo así, centran la atención de la reunión en la respuesta y hacen difícil que la persona preguntada evada la respuesta si ya aceptó contestar a la pregunta.

Podría parecer que cuantas más razones dé a favor de su punto de vista, mejor; frases como «el peso del razonamiento» parecen sugerir que es bueno apilar argumentos a su favor en la balanza hasta que ésta se incline hacia usted. De hecho, es verdad lo contrario: cuantas menos razones dé, mejor, porque una cadena es tan fuerte sólo como su eslabón más débil. Un argumento débil contrarresta uno fuerte, y si se encalla defendiéndolo está en mal terreno. Tenga cuidado de la persona que diga: «¿Es éste su *único* argumento?». Si tiene uno bueno, diga: «Sí». No se líe diciendo otro, que por fuerza será más débil. Luego puede que venga el «¿Eso es *todo*?». Si cae usted en la trampa, solamente le estará dando juego a él. Es de esperar que si la negociación se ha realizado bajo el marco de la búsqueda común de una solución, este tipo de cuestiones no se planteen.

Para terminar, puede usar el marco «como si» y tomar el papel de abogado del diablo para comprobar el acuerdo («No, me parece realmente que esto no va a funcionar, me parece todo muy endeble...»). Si otros están de acuerdo con usted, quiere decir que todavía queda trabajo por realizar. Si le contradicen, todo va bien.

Revisión de la negociación

A) *Antes de la negociación:*
   Establezca su MAPAN y los límites de la negociación.

B) *Durante la negociación:*
   1. Establezca sintonía.
   2. Sea claro con su propio objetivo y las evidencias en su favor. Induzca los objetivos de los otros participantes junto con sus evidencias.
   3. Enmarque la negociación como una búsqueda común de una solución.
   4. Aclare los objetivos más importantes y llegue a un acuerdo en un marco amplio. Ajuste los objetivos y, si lo cree necesario, cambie de nivel para lograr objetivos comunes.
   5. Divida el objetivo para identificar las áreas de mayor y menor acuerdo.
   6. Empezando con las áreas más sencillas, llegue a un acuerdo empleando estas técnicas de disparo de problemas:

Negociación que se sale de cauce...	Impugnación de pertinencia
Objetivos en conflicto...	Ascender y descender hasta un objetivo común
Incertidumbre...	Recapitulación
Falta de información...	Como si y Metamodelo
Punto muerto...	¿Qué debería suceder?

Recapitule a medida que vaya logrando acuerdos en cada área y acabe con el área más difícil.

C) *Cerrar la negociación:*
1. Marco de recapitulación.
2. Compruebe los acuerdos y la congruencia.
3. Proyéctelo en el futuro.
4. Escriba el acuerdo. Todos los participantes deben tener una copia firmada.

Respuestas (ver pág. 233): 1. Té y café: Infusiones. 2. Trigo y café: Cosechas.

3. Casa y café: Palabras de cuatro letras que empiezan por «c».

4. Anfetaminas y café: Estimulantes. 5. Tomillo y café: Diuréticos.

8

Psicoterapia

Los primeros modelos de la PNL tenían su origen en la psicoterapia; sin embargo, la PNL no está restringida a la psicoterapia, fue solamente un accidente histórico que John y Richard establecieran contacto con personajes excepcionales en el campo de la psicoterapia cuando empezaron sus estudios. En The *Structure of Magic 1* exploraron cómo podemos limitarnos el mundo dependiendo de cómo empleemos el lenguaje, y cómo usar el Metamodelo para librarnos de estos límites. *The Structure of Magic 2* desarrolla el tema de los sistemas representativos y la terapia familiar. A partir de aquí, la PNL ha creado unas técnicas de psicoterapia muy poderosas, y este capítulo versa sobre tres de las más importantes: la cura de la fobia, el modelo ¡chas! y la negociación interna. También da una idea de cuándo es preferible emplearlas.

El marco general de todas estas técnicas es usarlas con inteligencia, teniendo en cuenta las relaciones externas de la persona y el equilibrio interno. La intención de la PNL es siempre dar más opciones, nunca limitarlas.

Hay dos aspectos esenciales para cualquier psicoterapeuta, o para cualquiera que esté intentando ayudar a alguien a realizar cambios en su vida. El primero es la relación; construir y mantener la sintonía para establecer una atmósfera de credibilidad. El segundo es la congruencia: usted debe ser completamente congruente con lo que hace para ayudar a esa persona; cualquier incongruencia por su parte transmitirá un mensaje contradictorio y reducirá la efectividad del proceso de cambio. Esto significa que deberá actuar de manera congruente, como si creyera que las técnicas van a funcionar. La relación y la congruencia están a un nivel lógico superior a cualquier otra técnica que vaya a aplicar. Utilice el marco objetivos para reunir información sobre el estado presente, el estado deseado, y los recursos necesarios para pasar de uno a otro. Dentro de este marco objetivos, esté atento a lo que vea, oiga y sienta, y esté dispuesto a responder a los cambiantes intereses de la persona. Aplique la técnica solamente dentro de estos marcos. Las técnicas suelen ser poco flexibles, por lo que debe estar dispuesto a dejarlas o variarlas, y utilizar otras a fin de alcanzar la meta.

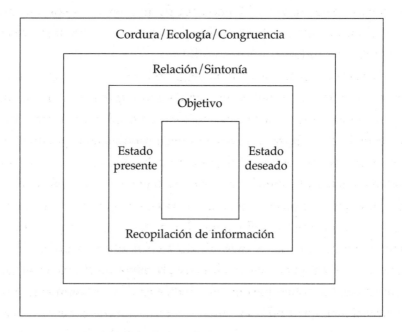

Cambio de primer orden

Veremos ahora una manera de pensar dónde aplicar estas técnicas. El caso más simple será cuando usted quiera un solo objetivo: un estado o respuesta diferentes en una situación dada. Es lo que se llama *cambio de primer orden*. Por ejemplo, puede que siempre se enfade con una persona en particular o se sienta mal al tratar con cierto compañero del trabajo. El miedo a hablar en público sería otro ejemplo, donde hablar o actuar le «hace» sentirse nervioso e incómodo.

Unos sencillos cambios de marco son una buena manera de empezar a cambiar este tipo de situaciones, descubriendo cuándo esta respuesta puede ser útil y qué otra cosa puede querer decir. Las técnicas de anclaje son también útiles aquí: colapsar, amontonar o encadenar anclas traerá recursos de otros contextos. El comportamiento o estado original estaba anclado, así que está usted empleando el mismo proceso para cambiar el estado problemático que el que usó para crearlo. El Generador de un nuevo comportamiento y el ensayo mental también funcionan si se necesita una nueva habilidad o conducta.

A veces estas técnicas de anclaje no funcionarán porque una persona tiene una respuesta exagerada ante un objeto o situación. Hechos del pasado pueden hacer difícil un cambio en el presente. El cambio en la historia personal puede no funcionar porque hay experiencias traumáticas del pasado de las que es difícil incluso acordarse sin sentirse mal. Esto puede haber creado una fobia, donde un objeto o situación genera un pánico instantáneo porque se asocia con un trauma del pasado. Las fobias pueden variar enormemente: miedo a las arañas, miedo a volar, miedo a los espacios abiertos… Cualquiera que sea la causa, la respuesta es una ansiedad irresistible. Las fobias pueden tardar años en curarse según métodos convencionales; la PNL tiene una técnica que puede curar las fobias en una sesión. A veces se la conoce como la disociación Visual/Cinestésica (o V/C). Recuerde leer la nota cautelar de la página 104 antes de llevar a la práctica estas técnicas.

La cura de la fobia

Usted sólo puede sentir en el instante presente; cualquier sentimiento malo o desagradable de un mal recuerdo debe venir de la *forma* en que usted lo recuerda: usted se sintió mal en aquel momento, y con una vez es suficiente.

La forma más sencilla de reexperimentar los malos sentimientos de un hecho pasado es recordarlos como una imagen asociada. Tiene que estar usted allí, viendo lo que había que ver a través de sus propios ojos y sintiéndolo todo de nuevo. Pensar de nuevo en un recuerdo de manera disociada, observándose a usted mismo en la situación, reduce la intensidad de los sentimientos en el presente.

Este es el hecho crucial que le permite borrar los malos sentimientos asociados con hechos del pasado (esta es una frase exactísima), de forma que usted puede sencillamente observar los hechos con perspectiva. Si quiere trabajar con una fobia o con un recuerdo propio muy incómodo, es mejor que tenga a un amigo o un colega que le guíe por los distintos pasos. La otra persona le dará un apoyo valiosísimo en el momento en que trate con temas personales difíciles. La técnica es descrita desde el punto de vista del guía o terapeuta.

1. El paciente está realizando un viaje difícil al pasado, de modo que ponga una poderosa ancla de seguridad. Puede establecer un ancla de aquí-y-ahora, o puede pedirle al paciente que piense, de forma asociada, en una experiencia donde se sintiera especialmente seguro. Hágale ver la escena, escuche los sonidos, sienta las sensaciones de seguridad. Ancle esta seguridad de forma cinestésica, mediante un contacto físico. Asegúrese de que este toque trae el sentimiento de seguridad; cogerse las manos funciona bien y le situará literalmente tocando los sentimientos de la otra per-

sona. Puede mantener el ancla durante todo el proceso, o usarla sólo cuando lo crea necesario.

2. Pida al paciente que se imagine a sí mismo en un cine o viendo la televisión, con una imagen congelada en la pantalla. Cuando esto esté establecido, pida al paciente que salga de la escena para contemplarse mientras contempla la pantalla.

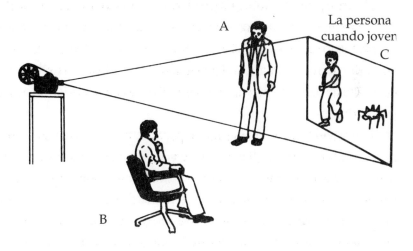

Perspectiva visual: A se contempla en la posición B, que está contemplando su imagen cuando joven (C).

3. Haga que el paciente recorra su línea temporal y vaya al recuerdo desagradable o al primer incidente que desencadenó su fobia. Puede que esto no se logre la primera vez, pero no tardará en lograrlo. Haga que el paciente pase una película del incidente justo desde antes de su comienzo, cuando se sentía seguro, hasta el momento en que el peligro inmediato ha pasado y está seguro de nuevo. Esto ha llevado poco tiempo describirlo, pero llevará más en la realidad. El cliente verá todo esto en un estado de doble disociación: se verá a sí mismo que se contempla en una pantalla cuando, de joven, pasaba por esa experiencia. Esto mantiene la

distancia emocional necesaria. Desde esta posición A en el dibujo, el paciente observa su propia conciencia en la posición B, que está contemplando la pantalla. Si su mente se empieza a bloquear en el estado fóbico, hágale borrar la pantalla de manera inmediata. Pídale comenzar la película otra vez y pídale que cambie las submodalidades de la imagen de la pantalla; por ejemplo: que la haga más oscura, más pequeña o más lejana, para que así se reduzca la intensidad de los sentimientos negativos. Esto es para llegar a un acuerdo con la experiencia.

Esto requiere tiempo y exige toda su atención. Sea creativo y flexible para ayudar a su paciente en los procesos básicos. Tiene que ser preciso con el lenguaje mientras lo va guiando a través de la experiencia, hablándole a *él, aquí, ahora,* contemplándolo a *él, allí,* que *se* está contemplando en la *pantalla* cuando era *joven*. Si en cualquier instante el paciente cae de nuevo en el sentimiento, vuelva al aquí y ahora, restablezca el ancla de seguridad y empiece otra vez. (Sólo si el paciente lo desea, claro.) Puede que necesite dar fuerzas al paciente diciéndole cosas como «está usted seguro, aquí, intentando ver una película». Este paso está completo cuando el paciente lo ha visto todo sin dejar de haberse sentido cómodo.

4. Cuando la película haya acabado, felicite al paciente por haber vuelto a experimentar esto sin, por primera vez, quedar colapsado en los sentimientos negativos, y haga volver al paciente a su cuerpo. En el dibujo, A vuelve a B; así se reintegra la perspectiva visual con la posición real del cuerpo.

5. Ahora el paciente se imagina entrando en la pantalla para dar a su yo joven apoyo y valor. Puede dar seguridad a su yo joven: «Yo pertenezco al futuro, has sobrevivido, todo va bien. No vas a tener que pasar por lo mismo otra vez». La perso-

na actual, con recursos y fuerza, sabiendo lo que sabe, puede enfrentarse al incidente. Si en el incidente original había verdadero peligro, puede todavía haber cierta ansiedad. Por ejemplo, si hay una fobia hacia las serpientes, es útil tener un sano respeto hacia ellas y el peligro que puedan representar, pero el miedo paralizante es inútil y habrá desaparecido.

6. Cuando el yo joven comprende, pida al paciente que lo traiga de la pantalla y lo haga reintegrarse nuevamente a su cuerpo, y deje un poco de tiempo para que se integren y el paciente se recupere de los profundos cambios que habrán tenido lugar.

7. Proyección al futuro. Pida al paciente que se imagine (asociado) un momento futuro en que piense experimentará ese temor. Esto puede traer un poco de ansiedad, pero no la explosión de miedo total de antes. Todos llevamos alguna carga sobre nuestras espaldas de un miedo o lastre del pasado. Aligerar esta carga es un buen regalo que se puede hacer a usted mismo y a los demás.

De alguna manera, las fobias son todo un logro; una respuesta fuerte y singular basada en una sola experiencia. La gente nunca se olvida de dar la respuesta fóbica. Lo más parecido a tener una «buena fobia» podría ser el «amor a primera vista». Sería bonito poder ir dándonos a nosotros mismos y a los demás buenas fobias. ¿Cómo es que alguien puede aprender a tener miedo siempre y de la misma manera a las arañas, y sin embargo no puede aprender de la misma manera a sentirse bien al ver el rostro de la persona amada?

Los matrimonios pueden romperse, y de hecho se rompen, porque uno de los esposos, o ambos, realiza(n) de forma inconsciente una «cura de la fobia» sobre sus buenos sentimientos, disociándose de los buenos tiempos y asociándose a los malos.

El modelo ¡chas! (como el restallido de un látigo) es una técnica poderosa que emplea cambios críticos en las submodalidades. Se refiere a una conducta específica de la que uno quisiera verse libre, o a respuestas que uno preferiría no haber dado. Es una buena técnica para hábitos no deseables. El modelo ¡chas! cambia un estado problemático o una conducta tomando una nueva dirección. No reemplaza simplemente la conducta sino que produce un cambio generador.

El modelo ¡chas! (latigazo)

1. Primero, identifique un comportamiento específico que quiera cambiar. Morderse las uñas, comer demasiado o fumar, podrían ser ejemplos. También puede tomar una situación en la que quisiera tener más recursos, quizás en su trato con alguien determinado.

2. Trate esta limitación como un logro: ¿cómo sabe cuándo tiene este problema o comportamiento? ¿Cuáles son las señales específicas que lo originan? Imagínese que tuviera que enseñarle esta limitación a alguien, ¿cómo lo haría?

   Siempre habrá una señal específica y definida que provoca la respuesta. Si la señal es interna, generada por sus pensamientos, conviértala en una fiel imagen de lo que experimenta. Si es una señal externa, imagínela exactamente como sucede: en forma de imagen asociada. Por ejemplo, la señal para morderse las uñas podría ser una imagen de su mano acercándose a la boca. (El ¡chas! es más sencillo con imágenes visuales, aunque es posible hacerlo con señales cinestésicas o auditivas, trabajando con submodalidades auditivas o cinestésicas).

3. Identifique al menos dos submodalidades visuales de la imagen clave que cambien su reacción hacia ella. El tamaño y

el brillo sirven muy bien para esto, por regla general. Para una mayoría de personas, aumentar el tamaño y el brillo de una imagen les causará un mayor impacto. Sin embargo, puede haber otras igualmente efectivas. Pruebe estas dos submodalidades en otra imagen para comprobar que tiene el efecto deseado. Deben ser submodalidades que pueda ir variando continuamente dentro de una gama.

Antes de continuar, cambie de estado pensando un momento en algo distinto.

4. A continuación, piense cómo le gustaría realmente ser, la clase de persona que sería al responder de otra manera, al no tener esta limitación. ¿Cómo se vería a sí mismo si hubiera realizado este cambio? Tendría más opciones, sería más capaz, podría estar más cerca de la persona que realmente quiere ser. La imagen será la de usted con las cualidades deseadas, sin ninguna conducta específica. La imagen deberá estar disociada para ser motivadora y atractiva. Una imagen asociada le dará la sensación de que ya ha realizado el cambio, y por tanto no le motivará.

Compruebe que la nueva imagen de usted mismo es ecológica y encaja con su personalidad, entorno y relaciones. Puede que tenga que realizar algunos ajustes en el proceso.

Piense en los recursos que tendrá esta imagen suya. Necesitará recursos para superar las tentaciones del antiguo comportamiento. Asegúrese de que la imagen tiene equilibrio y credibilidad, y que no está demasiado ligada a ninguna situación en particular. Asegúrese, también, de que la imagen sea lo bastante fuerte para que produzca un cambio notable hacia un estado más positivo.

Ahora cambie de estado y piense en otra cosa.

5. Tome la imagen clave y aumente su tamaño y su brillo, si es que son ésas las submodalidades críticas identificadas. En un rincón de esta imagen ponga otra imagen, pequeña y

oscura, de su nueva imagen. Ahora, tome la imagen grande y brillante de la limitación y *muy rápidamente* hágala pequeña y oscura, mientras al mismo tiempo aumenta y da brillo a la imagen de su nueva identidad. La velocidad es esencial. Asegúrese de que la imagen antigua va disminuyendo a medida que la nueva va aumentando. Puede ser de ayuda si se imagina o dice algo que lo represente: un «¡pfaff!» o un «¡chas!», palabras que pueden representar la excitación que siente al ver su nueva imagen. Borre la pantalla y repita esto cinco veces con *rapidez*.

El cerebro trabaja con rapidez. ¿Ha tenido alguna vez la experiencia de ir describiéndole algo a una persona, y sentir que esa persona lo hacía tal como usted se lo describía? Es verdad, lo hacía. (Piense en la puerta de su casa... *¡pero no ahora!*)

Borre un momento la pantalla después de cada ¡chas! y contemple algo distinto. Un «¡chas! inverso» cancelaría el cambio positivo. Asegúrese de que sólo tiene billete de ida. Si después de cinco veces no consigue nada, no repita algo que no funciona: sea creativo. Puede que las submodalidades críticas necesiten un ajuste, o tal vez la imagen deseada de uno mismo no sea lo suficientemente atractiva. El proceso funciona. ¿Quién en su sano juicio mantendría una conducta problemática delante de un conjunto de unas capacidades nuevas tan seductoras?

6. Cuando esté satisfecho, compruebe el resultado representándolo en el futuro. Piense en la señal; ¿produce la misma respuesta? La próxima vez que se halle ante la situación, busque la nueva respuesta. Las técnicas de la PNL, como el cerebro, funcionan con rapidez y eficacia. Nosotros mismos nos metemos en todo tipo de berenjenales sin siquiera darnos cuenta. Ahora podemos emplear el mismo proceso de forma consciente para ir a cualquier lugar más atractivo.

Estas técnicas le muestran que puede usted cambiar de dirección con rapidez, sin fisuras ni dolor.

Cambio de segundo orden

El cambio de segundo orden se produce cuando hay múltiples objetivos y consideraciones secundarias. Toda terapia incluye un cambio de segundo orden, en tanto en cuanto la nueva respuesta o recurso necesitará apoyarse en algo nuevo y reequilibrarse en el resto de la personalidad. El cambio de primer orden se produce cuando el cambio se cuida de sí mismo, o puede pasar inadvertido.

El cambio de segundo orden se emplea para describir lo que se necesita cuando los objetivos secundarios son lo bastante sólidos para bloquear el objetivo deseado principal. El cambio de marco en seis pasos es una buena técnica para tratar objetivos secundarios.

Conflicto interno

Si ideas distintas entran en conflicto, las habilidades negociadoras pueden usarse entre las distintas partes de nuestra personalidad. Resolver un problema supone lograr un equilibrio en el presente que es, al menos, tan poderoso como el antiguo.

Puesto que el equilibrio es dinámico y no estático, es fácil que partes diferentes de nuestra personalidad que encierran distintos valores, creencias y capacidades, entren en conflicto. Puede que quiera experiencias incompatibles; puede que haya situaciones familiares en las que se vea interrumpido por otra parte con reivindicaciones conflictivas. Y si cede a ellas, la otra parte le hace sentirse mal; el resultado es, a menudo, que no disfruta ni de lo uno ni de lo otro. Cuando está tranquilo y descansando, una parte de usted le evocará visiones de todo el trabajo que debería estar haciendo. Si se pone a trabajar, todo lo que quiere hacer es descansar. Si este tipo de conflicto le es familiar y echa a perder ambas actividades, es hora de una tregua.

Resolución de conflictos internos

1. Identifique de forma clara las partes y sepárelas. Parecerá que están haciendo reclamaciones contrapuestas. Por ejemplo, una parte querrá libertad y descanso, y la otra, la seguridad de un sueldo fijo. O una irá con mucho cuidado con el dinero, mientras la otra será manirrota. Una parte se desvivirá por complacer a la gente mientras a la otra le ofenden las peticiones que le hacen. Cada parte realizará juicios de valor negativos sobre la otra; unas partes se construyen a partir de valores familiares, que coexistirán precariamente con los valores que se ha creado usted a partir de su propia experiencia. Todas las partes tienen algo valioso que ofrecer.

2. Hágase una representación clara de cada parte. Si hay dos partes, puede representarlas una en cada mano, o puede sentarlas a su lado en sillas. Fórmese una representación visual completa, cinestésica y auditiva de cada parte. ¿Cómo son? ¿Cómo las siente? ¿Cómo se oyen? ¿Hay alguna palabra o frase que las pueda caracterizar? ¿Le dan una visión de su línea del tiempo, presente y futuro, desde la que se definen?

3. Identifique la intención de cada parte. Vea que cada una tiene una intención positiva. Ascienda hasta el nivel en que encuentre que ambas partes tienen un objetivo común. Ambas estarán de acuerdo en mantener su estado, y también estarán de acuerdo en alcanzar un acuerdo. Empiece a negociar, de la misma forma en que negociaría con personas reales. Si las partes están seriamente enfrentadas, el único acuerdo común será el de la supervivencia de la persona.

4. Negocie. ¿Qué recursos tiene cada parte que podrían ayudar a la otra a lograr sus intereses? ¿Qué trueques pueden realizarse? ¿Cómo podrían cooperar? ¿Qué quiere cada parte de la otra para estar satisfecha? Quedará claro que el conflicto les impide, en realidad, llevar a cabo sus intenciones. Haga que cada parte acuerde dar una señal cuando necesite algo, como más tiempo, permiso, atención o apreciación.

5. Pregunte a cada parte si va a poder integrarse con la otra para resolver problemas comunes. No es imprescindible que lo hagan al mismo tiempo; será mejor si las partes están apartadas (valga la redundancia). Pero si quieren integrarse, hágalas aparecer físicamente en su cuerpo de forma en que esté usted cómodo. Si las partes estaban en sus manos, júntelas de manera visual cogiéndoselas. Luego, cree una imagen, sonido o sensación de la nueva parte integrada y asimílela en su interior con la rapidez que usted sienta conveniente. Deje pasar un tiempo para apreciar el cambio. Esta nueva parte puede que quiera revisar su línea temporal, reencuadrar hechos y experiencias del pasado a la luz de sus nuevos conocimientos.

Durante la negociación, puede que otras partes salgan a la superficie. Cuanto más profundo sea el conflicto, más seguro que esto sucederá. Puede que todas quieran unirse a la negociación. Virginia Satir solía convocar «Fiestas de las Partes» en las que diferentes personas hacían el papel de las distintas partes de un paciente, mientras éste iba dirigiendo la función.

La negociación entre las partes es un medio poderoso para resolver conflictos de nivel profundo; nunca se puede hacer desaparecer un conflicto. Dentro de unos límites, es un preliminar sano y necesario para lograr reequilibrarse. La riqueza y maravilla de los seres humanos viene de su diversidad, madurez y felicidad; del equilibrio y cooperación entre distintos aspectos del yo.

9

El aprendizaje como creación/imitación de modelos

En cuanto seres humanos, todos tenemos disposiciones naturales para aprender. Para muchos, este proceso se vuelve más despacioso con la edad. Para otros, el aprendizaje continúa incólume, sin disminuir durante toda la vida. Cuando crecemos, aprendemos solos a caminar y hablar estando con personas que hacen estas cosas. Día a día, realizamos actos (intentamos dar nuestros primeros pasos), comprobamos nuestros resultados (continuas caídas), y según esto modificamos o cambiamos los actos (nos apoyamos en sillas y en seres humanos). En dos palabras, esto es aprender mediante la imitación de modelos. A medida que nos hacemos mayores, tendemos a reinterpretar este proceso natural de aprendizaje como una serie de pequeños «éxitos» y «fracasos». Con la colaboración reforzadora de nuestros padres y compañeros, empezamos a anhelar los «éxitos» y temer los «fracasos». Parece que debido a este miedo a «hacer mal las cosas», más que por cualquier otro motivo, aprendemos a inhibir nuestros procesos naturales de aprendizaje. Mark Twain dijo una vez que si la gente aprendiera a caminar y hablar de la misma forma como le enseñaron a leer y escribir, todos seríamos cojos y tartamudos.

 ¿Cuáles son, entonces, las diferencias entre la forma como aprendemos naturalmente y las formas que no funcionan tan bien? Puede ser útil comparar este proceso natural con los primeros estudios sobre la creación de modelos que realizaron John y Richard.

Cómo comenzó la creación de modelos de la PNL

Cuando John Grinder y Richard Bandler se conocieron y trabaron amistad en la Universidad de California en Santa Cruz, en 1972, John era profesor ayudante de Lingüística, y Richard cursaba su último curso en la facultad. Richard estaba muy interesado en la terapia gestalt. Había realizado un estudio y grabado algunos vídeos de Fritz Perls en sus sesiones de trabajo, para su amigo Bob Spitzer, propietario de la editorial Science and Behaviour Books [Libros sobre ciencia y comportamiento]. Posteriormente este material sirvió de base para un libro titulado *Eyewitness to Therapy* [Testigo ocular de una terapia].

Bob Spitzer tenía unas propiedades cerca de Santa Cruz, que solía alquilar a sus amigos. En aquella época estaba viviendo allí Gregory, y Richard se fue a vivir a una casa vecina dentro del mismo recinto. Richard comenzó a dirigir sesiones semanales de gestalt, cobrando cinco dólares por noche a cada participante. Se puso de nuevo en contacto con John Grinder, y lo interesó lo suficiente en la gestalt para decidirse a participar en estos grupos.

Cuando llegó John, se sintió fascinado. Richard sabía que era capaz de dirigir con éxito grupos de gestalt, pero quería saber exactamente cómo lo hacía y cuáles modelos eran eficaces. Hay una gran diferencia entre tener una habilidad y saber explícitamente cómo se tiene éxito con ella. John y Richard hicieron un trato: Richard enseñaría a John cómo realizaba la terapia gestalt, y John enseñaría a Richard qué era lo que estaba haciendo. De modo que John iba a las sesiones del lunes por la noche y observaba a Richard; Richard, a su vez, indicaba lo que creía eran modelos importantes mediante diferentes entonaciones de la voz o movimientos de los ojos.

John aprendió muy pronto; le llevó dos meses desvelar los modelos que usaba Richard y, al mismo tiempo, ser capaz de imitarlos. John llevó lo que llaman un grupo de «repetición de milagros» los jueves por la noche. La gente conseguía con John los mismos milagros en sus vidas los jueves por la noche que otros habían conseguido los lunes con Richard.

Richard se dedicó entonces a observar y grabar en vídeo un curso de formación de un mes de duración a cargo de Virginia Satir en Canadá para terapeutas de familia. Richard ya conocía a Virginia y habían entablado cierta amistad. Durante el programa, Richard estaba aislado en su pequeña sala de grabación, unido solamente por los micrófonos que estaban en la sala de clase. Tenía auriculares separados; mientras con el de una oreja atendía los niveles de grabación, con el otro escuchaba música de Pink Floyd. En la última semana Virginia propuso una situación y preguntó a los participantes cómo podían tratarla según el material que ella les había dado durante el cursillo. Los asistentes parecían atascados; Richard irrumpió en la clase y solucionó el problema con éxito. Virginia dijo: «Esto es exactamente». Richard se encontró en la extraña situación de saber más sobre los modelos terapéuticos de Virginia que cualquier otra persona sin haber tratado conscientemente de aprenderlos. John había dado forma a algunos modelos de Virginia Satir a través de Richard y los había explicitado. La eficacia de ambos iba en aumento; esta vez lo hicieron en tres semanas en vez de emplear dos meses.

Ahora tenían una doble descripción de una terapia efectiva; dos modelos complementarios y contrastables: el de Virginia Satir y el de Fritz Perls. El hecho de que fueran científicos totalmente distintos y el hecho de que no hubieran compartido amigablemente la misma habitación los hacía ejemplos especialmente valiosos. Las pautas terapéuticas que tenían en común estaban mucho más claras porque sus estilos personales eran completamente diferentes.

Continuaron su trabajo e imitaron los modelos de Milton Erickson, incorporando una rica colección de modelos hipnóticos. El proceso de crearse modelos imitando las habilidades de personalidades famosas en negocios, educación, sanidad, etcétera, es extraordinariamente productivo, y ha crecido con rapidez tanto en los campos abarcados como en su perfeccionamiento desde los primeros días.

Creación de modelos

Así pues, la imitación de modelos está en el corazón de la PNL. La PNL es el estudio de la excelencia, y crearse modelos es el proceso que hace explícitos los patrones de comportamiento excelentes. ¿Cuáles son los patrones de comportamiento de los triunfadores? ¿Cómo logran sus resultados? ¿Qué es lo que los hace diferentes de la gente que no tiene éxito? ¿Cuáles son las diferencias que realmente importan? Las respuestas a estas preguntas han generado todas las habilidades, técnicas y presuposiciones asociadas con la PNL.

La creación (o imitación) de modelos puede definirse sencillamente como el proceso de reproducir la excelencia humana. Las explicaciones de *por qué* algunas personas sobresalen más que otras citan, por lo general, talentos innatos. La PNL deja de lado esta explicación estudiando *cómo* podemos sobresalir lo más rápido posible. Utilizando nuestra mente y nuestro cuerpo de la misma forma que una persona de éxito, podemos aumentar de modo inmediato la calidad de nuestros actos y nuestros resultados. La PNL permite crearse modelos de metas posibles porque seres humanos de carne y hueso ya las han alcanzado.

Hay tres fases en el proceso de creación de modelos. La primera fase consiste en vivir con el modelo mientras actúa en la forma que a uno le interesa. Durante esta fase, uno se imagina en la realidad del modelo, utilizando habilidades de la segunda posición, y hace lo mismo que él hasta lograr obtener aproximadamente los mismos resultados. Hay que concentrarse en *lo que* hace el modelo (comportamiento y fisiología), *cómo* lo hace (estrategias de pensamiento interno) y *por qué* lo hace (las creencias y los supuestos de apoyo). El *qué* se puede obtener por observación directa. El *cómo* y el *por qué* se estudian preguntando.

En la segunda fase eliminamos, de manera sistemática, elementos del comportamiento del modelo para ver en qué estriba la diferencia. Si se deja fuera algo y apenas hay diferencia, es señal de que es un elemento innecesario. Si se deja fuera algo y se ve que hay diferencias en los resultados obtenidos, entonces ese elemento es una parte esencial del modelo. Durante esta fase, refinamos el modelo y empezamos a comprenderlo conscientemente. Esto es exactamente lo opuesto a las técnicas tradicionales de aprendizaje. El aprendizaje tradicional nos dice que añadamos piezas poco a poco hasta lograr reunirlas todas; pero de esta manera no podemos saber fácilmente lo que es esencial. La creación de modelos, que es la base del aprendizaje acelerado, toma todos los elementos, y luego realiza sustracciones para ver qué es y qué no es necesario.

La fase tercera y final consiste en diseñar una manera de enseñar la habilidad a otros. Un buen maestro será capaz de crear un ambiente propicio, de forma que los alumnos puedan aprender por sí mismos a obtener resultados.

Los modelos han sido diseñados para que sean sencillos y comprobables. No se necesita saber por qué funcionan, de la misma manera que no se necesita saber cómo funciona un motor para conducir un coche. Si está usted perdido en el laberinto del comportamiento humano, necesitará un mapa para orientarse, no un análisis psicológico de por qué necesita encontrar la salida del laberinto.

Crear modelos en cualquier campo da resultados y técnicas, y también proporciona más herramientas para hacer otros modelos. La PNL es generadora porque sus resultados pueden aplicarse para lograr una mayor efectividad. La PNL es un «programa personal» para el desarrollo de la persona; cada uno puede imitar sus propios estados creativos y recursos y, de este modo, puede acceder a ellos a voluntad. Cuantos más recursos y creatividad tenga a su disposición, más creativo será y de más recursos dispondrá...

Si tiene éxito en la creación de modelos, obtendrá los mismos resultados que su modelo, sin que sea necesario buscar el modelo de la excelencia. Para saber por qué una persona es creativa, o cómo se las arregla para estar deprimida, hay que hacerse la misma pregunta clave: «Si yo tuviera que ser usted por un día, ¿qué debería hacer para pensar y actuar como usted?».

Cada persona pone sus propios recursos y personalidad en lo que hace. No puede usted ser otro Beethoven, Edison o Einstein. Para realizar lo que hicieron y pensar exactamente como ellos tendría que tener su misma fisiología e historia personal. La PNL no dice que cualquiera puede ser un Einstein, pero sí dice que cualquiera puede pensar como un Einstein, y aplicar esa forma de pensar, si lo desea, a su vida. Al hacerlo, estará más cerca del pleno florecimiento de su genio personal y de su propia y única expresión de excelencia.

En resumen, usted puede obtener modelos de cualquier comportamiento humano si logra dominar las creencias, la fisiología y los procesos de pensamiento específicos, es decir, las estrategias que se esconden tras ellos. Antes de proceder a estudiarlos más detalladamente, vale la pena recordar que sólo estamos tocando la superficie de un campo tan extenso como nuestras propias posibilidades futuras.

Creencias

Las creencias (en el sentido de convicciones) que cada uno tiene sobre sí mismo, los demás y cómo es el mundo, tienen una importancia suma en la calidad de nuestra experiencia. Debido al «efecto profecías de necesario cumplimiento», las creencias influyen en nuestro comportamiento. Pueden favorecer una determinada conducta o inhibirla. Por esto son tan importantes las creencias en la creación de modelos.

Una de las formas más sencillas de crear modelos basados en las creencias de personas con talentos extraordinarios es preguntarles *por qué* hacen lo que hacen. Las respuestas que ellas den estarán llenas de percepciones que nos servirán para penetrar en sus creencias y valores. Una historia nos habla de un niño en Roma que se pasó horas observando a un extraño joven que trabajaba sin descanso. Al final, el niño le preguntó: «Signore, ¿por qué se dedica a golpear esa roca?». Miguel Ángel lo miró y le dijo: «Porque hay un ángel ahí dentro y quiere salir».

Las creencias pueden tomar, por lo general, una de tres formas principales. Pueden ser creencias acerca de lo que significan las cosas. Por ejemplo, si uno cree que la vida es fundamentalmente una lucha competitiva que acaba en la muerte, su experiencia de la vida será muy diferente de la que tendría si hubiese creído que es una especie de escuela espiritual donde hay una variada oferta de enseñanzas valiosas y enriquecedoras.

Las creencias también pueden referirse a lo que causa algo (causa y efecto) y de este modo dar origen a las reglas que hemos escogido en nuestra vida. Y, por último, pueden ser creencias acerca de lo que es valioso y lo que más importa, dando así nacimiento a nuestros valores y criterios.

Cuando buscamos modelos para nuestras creencias, podemos concentrarnos en aquellas que tienen más relación con y prestan apoyo a las habilidades y aptitudes que nos interesan. Algunas buenas preguntas para enterarnos de creencias y metáforas son:

1. ¿Por qué hace lo que hace?
2. ¿Qué significa eso para usted?

3. ¿Qué pasaría si usted no hiciera eso?
4. ¿A qué se parece eso? ¿Con qué lo compara usted?
5. ¿Qué considera enriquecedor en todo esto?

Una vez que se ha enterado usted de las creencias de su modelo, puede empezar a experimentar con ellas por su cuenta. Cuando va más allá de la simple comprensión e intenta «ensayar una creencia» para «ver cómo encaja», puede que note una profunda diferencia. Usted realiza esto simplemente obrando durante un tiempo como si la creencia fuese cierta, y observando qué cambios se producen cuando obra así. Una de las creencias más arraigadas de Einstein era que el mundo es un lugar amistoso. Imagínese lo diferente que aparecería el mundo si usted actuara como si eso fuese verdadero.

¿Qué nuevas acciones realizaría usted si creyese eso?
¿Qué haría usted de forma diferente?
¿De qué otras cosas sería usted capaz?

Si comprende que lo único que hay entre usted y lo que usted quiere es una creencia, puede empezar a adoptar una nueva simplemente obrando como si fuese verdadera.

Fisiología

Imagínese por un momento que está mirando a un bebé muy pequeño. Cuando el bebé lo/la mira con sus ojos muy abiertos, usted le dirige una gran sonrisa. El pequeño gorgea encantado y también le sonríe. Al imitar lo que ve en su cara (fisiología), en este caso su sonrisa, el niño tiene una pequeña experiencia del agrado que usted tiene al mirarlo. Este es un fenómeno conocido como «mímica»; los bebés comienzan, de forma inconsciente, a imitar exactamente las expresiones, costumbres y actos de las personas que los rodean. Cuando somos adultos, imitar las expresiones, entonaciones y movimientos de las personas que nos rodean puede permitirnos reproducir en nosotros su estado interior, lo que nos abrirá el acceso a recursos emocionales no expresados anteriormente. Piense ahora durante un momento en una persona a quien usted admira o respeta. Imagínese cómo estaría sentada si estuviese leyendo este libro. ¿Cómo respiraría? ¿Qué expresión tendría en su cara? Ahora cambie de postura su cuerpo hasta estar sentado y respirando en esa misma forma y con esa misma expresión. Observe los nuevos pensamientos y sentimientos que brotan en usted cuando hace esto.

Para algunas habilidades, reproducir una fisiología puede ser lo más importante. Si toma como modelo a un excelente esquiador, por ejemplo, tendrá que observarlo esquiar hasta que usted logre mover su cuerpo de la misma forma. Esto le dará una experiencia similar a la de él al hacer lo que él hace, e incluso podrá tener algunos atisbos de cómo será esa persona, o al menos cómo será estar en su cuerpo. Mediante la imitación muy exacta de sus movimientos, de su postura e incluso de su forma de respirar, usted empezará a sentirse igual que él en su *interior*. Usted ha logrado acceder a recursos que a él tal vez le llevaron años descubrir.

Estrategias

Las estrategias para pensar son, tal vez, los componentes más obvios de la creación de modelos. Porque somos racionales, veremos de modo más detenido las estrategias antes de pasar a otros aspectos de la creación de modelos.

Las estrategias son las formas cómo organizamos nuestros pensamientos y nuestro comportamiento para llevar a cabo una tarea. Las estrategias siempre están orientadas hacia una meta positiva.

Pueden ponerse en marcha o quedar bloqueadas a causa de las creencias; para tener éxito en una tarea, es necesario creer que uno es capaz de hacerla, de otra manera no se «meterá» en ella de forma completa.

También deberá usted creer que se merece hacerla, y estar dispuesto a invertir toda la práctica y preparación necesarias. Y también deberá creer que vale la pena hacerlo. La tarea deberá despertar su interés o curiosidad.

Las estrategias que empleamos son parte de nuestros filtros perceptivos, determinan cómo percibimos el mundo. Hay un juego que ilustra de forma elocuente este hecho. Lea el párrafo siguiente y diga cuántas veces aparece la letra «C»:

LA CONMEMORACIÓN DEL QUINTO
CENTENARIO DEL NACIMIENTO DE
CRISTÓBAL COLÓN CULMINÓ CON
UN CONGRESO CELEBRADO EN GÉNOVA
EN MIL NOVECIENTOS CINCUENTA Y UNO.

¿Fácil? Lo interesante es que personas distintas ven un número de «c» distinto, y todas están seguras de tener razón. Y la tienen, cada una en su realidad. La mayoría de la gente deja de ver una (o más) «c» en una primera lectura, y sólo unos pocos las ven todas. Recuerde, si lo que hace usted no funciona, haga otra cosa. De hecho, haga algo muy diferente. Vuelva a la oración letra por letra. ¿De cuántas «c» había sido consciente antes, y de cuántas es ahora?

La razón por la que se había saltado algunas es que probablemente se ha dicho las palabras a sí mismo y creía que el sonido de la «c» le alertaría de su presencia; pero la «c» puede sonar como «k» o como «z». En cuanto usted *mire* cada palabra *desde el final* de forma que las letras no se enlacen formando palabras familiares, las «c» aparecen fácilmente. Pedimos cuántas veces veía la letra «c», no cuántas veces la oía. El mundo parece diferente cuando se cambian las estrategias.[3]

Una receta para el éxito

Para entender las estrategias piense en un gran chef de cocina. Si usted emplea su receta, tal vez será capaz de cocinar tan bien como él lo hace, o casi. Una estrategia es una receta de éxito. Para hacer un plato especialmente sabroso, necesitará saber tres cosas básicas: los ingredientes, la cantidad y calidad de cada uno de los ingredientes, y el orden correcto a seguir. Produce una gran diferencia en el pastel si usted añade los huevos antes, durante o después de haberlo metido en el horno. El orden en que realiza las cosas en una estrategia es crucial, aunque todo ocurra en un par de segundos. Los ingredientes de una estrategia son los sistemas representativos, y las cantidades y calidades son las submodalidades.

Para crear una estrategia se necesita:
1. Los ingredientes (sistemas representativos).
2. Las cantidades y calidad de cada uno (submodalidades).
3. Los pasos a seguir.

Suponga que tiene un amigo muy hábil en cierto campo. Puede ser en diseño interior, en comprar ropa, en enseñar matemáticas, en levantarse por la mañana o en ser el centro de todas las fiestas. Haga que su amigo realice esa conducta, o piense en un momento específico en que lo estaba haciendo. Asegúrese de que están en sintonía y que su amigo está en un estado asociado y congruente.

---

3. En inglés la prueba se hace con la letra F, y la «trampa» está en que, en la frase, *of many years*, la *f* de *of* suena como *v*, no como *f*. *(N. del E.)*

Pregúntele: «¿Qué fue lo primero que hiciste o pensaste en esta situación?». La respuesta será algo que vio (V), oyó (A) o sintió (C).[4]

Cuando lo haya averiguado, pregunte: «¿Qué fue lo que pasó inmediatamente después?». Continúe hasta que haya recorrido toda la experiencia.

Sus preguntas y observaciones, haciendo uso, tal vez, del metamodelo, le dirán qué sistemas representativos usa esa persona y en qué orden. A continuación, pregunte por las submodalidades de todas las representaciones VAC que haya descubierto. Encontrará señales de acceso y predicados muy útiles para dirigir sus preguntas. Por ejemplo, si usted pregunta: «¿Y qué viene después?» y la persona dice: «No sé», y mira para arriba, puede preguntarle si está viendo una imagen mental, puesto que el paso siguiente para ellos podría ser una visualización interna. Si hace la pregunta y la persona responde: «No sé, sólo sé que a mí me *parece claro*», vuelva usted a hacer preguntas de imágenes internas.

En la estrategia, es posible que los sentidos estén enfocados hacia el mundo exterior, o bien que sean empleados internamente. Si se usan internamente, podrá descubrir si se usan para recordar o para construir observando los signos de acceso visual.

Por ejemplo, alguien puede tener una estrategia de motivación que empiece por mirar el trabajo que debe realizar (visual externa, V^e). Luego construye una imagen interna del trabajo finalizado (construcción visual interna, V^i), se siente bien (cinestésico interno) (C^i) y se dice a sí mismo que será mejor que empiece (diálogo auditivo interno) (A^{id}). Si quisiera usted motivar esta persona, debería decir algo así: «Mire esta tarea, piense en lo bien que se sentirá cuando la haya terminado, *bueno*, será mejor que empiece».

$$\text{Estrategia total: } V^e > V^i_c > C^i > A^{id}$$

---

4. Elementos Visual, Auditivo o Cinestésico. Véanse más arriba los sistemas representativos (pág. 64).

Necesitará un enfoque totalmente distinto para alguien que mira el trabajo (V^e) y se pregunta (A^{id}): «¿Qué pasaría si no hiciera esto?». Construye posibles consecuencias (V^i_c), y siente remordimientos (C^i). No quiere tener ese sentimiento, así que empieza a trabajar. La primera persona busca el buen sentimiento, la segunda evita el malo. Se puede motivar a la primera ofreciéndole un futuro tentador, y a la segunda con amenazadoras represalias.

Maestros, gerentes, educadores…, todos necesitan motivar a su gente, por lo que conocer estas estrategias les será muy útil. Todo el mundo tiene una estrategia de compra, y un buen vendedor no tratará a todo el mundo de la misma forma. Unas personas necesitan ver el producto y hablar con ellos mismos hasta que sienten que quieren eso; otras tal vez necesiten oír hablar del producto, sentir que es una buena idea tenerlo y verse a ellos mismo usándolo antes de comprarlo. Los buenos vendedores cambian el enfoque si de verdad quieren satisfacer a los compradores.

Es esencial para los maestros entender las distintas técnicas de aprendizaje de los niños y reaccionar frente a ellas; puede que unos niños necesiten escuchar al maestro y luego hacerse imágenes internas para comprender una idea; puede que otros necesiten representaciones visuales primero. Una imagen puede valer por mil palabras, pero mucho dependerá de quién sea el que la vea. Algunos estudiantes preferirán mil palabras cada día. Un maestro que insista en que no hay más que una manera de aprender, es casi seguro que insistirá en que todos deben usar su propia estrategia; lo que pone en una situación difícil a los niños que no compartan su punto de vista.

Las personas que padecen de insomnio pueden aprender una estrategia para irse a dormir. Pueden comenzar prestando atención a las sensaciones corporales de relajación (C^i) mientras se van diciendo en voz baja y suave (A^{id}) lo cómodos que están. Su estrategia actual tal vez sólo tiene en cuenta todas las sensaciones desagradables de su cuerpo, a la vez que escuchan una voz interna alta y ansiosa diciéndole lo difícil que es quedarse dormido. Añádale a esto unas imágenes a gran velocidad, brillantes y llenas de colorido, con lo que tenemos una estrategia excelente para permanecer despierto, justo lo contrario de lo que desea.

Las estrategias dan resultados; ¿son los resultados deseados? ¿Llegó usted adonde quería llegar? Cualquier estrategia, como un tren, funciona perfectamente bien, pero si coge uno equivocado... llegará a un lugar que no quería. No le eche la culpa al tren.

Estrategia musical

Un buen ejemplo de estas ideas viene de un estudio llevado a cabo por un especialista sobre cómo memorizan la música músicos con talento; cómo pueden retener secuencias de música después de haberla escuchado sólo una o dos veces. Se pedía a los estudiantes que cantaran o tararearan pequeñas piezas musicales, y se inducía luego su estrategia de memorización haciendo preguntas, observando los signos de acceso y los predicados.

Los alumnos de mayor éxito compartían bastantes patrones. Adoptaban una postura especial, una posición de los ojos y un ritmo respiratorio, por regla general con la cabeza un poco ladeada y mirando hacia abajo mientras escuchaban. Ponían en sintonía sus cuerpos con la música.

A medida que escuchaban (A^e), experimentaban un sentimiento global hacia la música (C^i). Es lo que describían como «característica» o «impronta» de la pieza. Este sentimiento definía la pieza como un todo, y la relación de ellos con ella.

El paso siguiente era formar una representación visual de la música. La mayoría de los alumnos visualizaban un tipo de gráfico en el que el eje vertical representaba las variaciones de altura, y el eje horizontal, la duración (V^i_c).

Cuanto más larga o compleja era la pieza, más alumnos se fiaban de esta imagen. La imagen siempre era clara, brillante, enfocada, y a una distancia cómoda para que pudiera ser bien leída. Algunos alumnos visualizaban un pentagrama con los valores exactos de las notas, pero esto no era esencial.

El sentimiento, el sonido y la imagen se construían a la vez en la primera audición. El sentimiento *(feeling)* daba un contexto general para la imagen detallada; audiciones subsiguientes se usaban para fijar partes de la melodía que quedaban todavía inseguras. Cuanto más difícil era la melodía, más importante eran estos sentimientos y las memorias visuales. Los alumnos volvían a oír en su mente la melodía inmediatamente después de que terminara, en su tonalidad original y, por lo general, a mucha mayor velocidad, casi como si hubieran pulsado el botón de avanzar en un vídeo (A^i_c).

Todos los alumnos volvían a escuchar la melodía, generalmente en su tonalidad original (A^i_r), mientras la volvían a cantar o marcaban el ritmo. También volvían a ver la imagen, y conservaban el sentimiento global. Esto les daba tres formas de almacenar y recordar la pieza. Dividían la música en trozos menores si lo creían necesario y advertían los fragmentos repetitivos tanto en el ritmo como en el tono. Todo eso se recordaba de forma visual, incluso después de la primera audición.

Al parecer, recordar música requiere una memoria auditiva muy fuerte, si bien el estudio demuestra que hay una gran sinestesia: se trata de escuchar la imagen del sentimiento de la melodía. Oían la melodía, creaban un sentimiento para representar la pieza como un todo, y empleaban lo que oían y sentían para crear una imagen de la música.

La estrategia básica es $A^e > C^i > V^i_c > A^i$ Esta estrategia ilustra varios puntos generales sobre memorización y aprendizaje efectivos. Cuantas más representaciones se tienen del material, más fácil será recordarlo. Cuantas más partes del cerebro se vean involucradas en el proceso, más fuerte será el recuerdo. Los mejores alumnos también tenían la habilidad de moverse entre sistemas representativos, unas veces concentrándose en el sentimiento, otras en la imagen, dependiendo del tipo de música que escucharan. Todos los estudiantes creían en su capacidad; el éxito puede resumirse como la suma de compromiso, creencia y flexibilidad.

Antes de dejar las estrategias musicales, veamos el siguiente extracto de una extraordinaria carta de Mozart, donde habla de cómo componía:

> Todo esto enciende mi alma, y siempre que no se me moleste, mi tema se alarga por sí solo, toma cuerpo y se define; y el todo, por extenso que sea, se perfila casi completo y terminado en mi mente, de manera que lo puedo contemplar como una bella imagen o una hermosa estatua entrevistas. Tampoco escucho en mi imaginación las partes de forma sucesiva, sino que las escucho como si fueran todas a la vez. ¡Es tan maravilloso que no lo puedo explicar!

> De una carta de Mozart escrita en 1789, citada en
> E. Holmes, *The Life of Mozart, including his Correspondence*,
> CHAPMAN AND HALL, 1878

Estrategias para la memoria

¿Tiene usted buena memoria? Esta pregunta es capciosa, puesto que memoria es una nominalización; no la puede ver ni oír ni tocar. El proceso de memorización es lo importante. Las nominalizaciones son acciones congeladas en el tiempo. La memoria es estática, no se puede influir en ella; es mejor ver cómo se memoriza y cómo se puede mejorar.

¿Cuál es su estrategia de memorización? ¿Cómo podría memorizar la secuencia siguiente, suponiendo que fuera muy importante?

DJV18ESLA2IS

Dispone usted de TREINTA SEGUNDOS A PARTIR DE AHORA...

Se acabó el tiempo.

Tape la página, respire hondo y escriba la secuencia.

¿Qué tal le ha ido? Y, lo que es más importante, cualquiera que haya sido el resultado, ¿qué ha hecho?

Doce dígitos quedan fuera de la capacidad retentiva de la mente consciente para retenerlos como unidades separadas. Se necesita una estrategia para juntarlos en piezas pequeñas y formar bloques para recordarlos todos.

Puede que usted haya ido repitiendo la secuencia una y otra vez para formar una especie de «bucle» informático. (A^i). Los bucles duran muy poco tiempo. Puede que lo haya recitado siguiendo un ritmo y luego lo haya escrito (C^e). Puede que lo haya mirado con todo detalle y vuelto a ver internamente (V^i_c), mirando arriba a la izquierda. A lo mejor usó el color u otra submodalidad para ayudarse a recordar la imagen interna.

Las imágenes son recordadas en la memoria a muy largo plazo, mientras que los bucles lo son a muy corto. Si realiza este pequeño ejercicio con alguien que conozca, será capaz, con toda probabilidad, de descubrir la estrategia que utiliza sin preguntar. Puede que vea mover sus labios, o vea sus ojos pasar una y otra vez por el escrito; puede que vea cómo sonríe cuando establece alguna relación divertida.

Algo muy útil es dar a esta extraña secuencia algún significado. Por ejemplo, se puede traducir como Don Juan (DJ) vive (V) en el 18 de la calle ESLA en París (2 = «par», IS). Estar medio minuto dando significado a la cadena es una buena manera de memorizar; es buena porque funciona de acuerdo con la forma en que funciona el cerebro de manera natural. Si se hace una imagen mental de Don Juan viviendo en el 18, etc., no podrá olvidarla secuencia hasta el final del capítulo, por más que *lo intente*.

Robert Dilts cuenta la historia de una mujer que describía la estrategia seguida para recordar una secuencia; la secuencia era: *A2470558SB*. La mujer era una gran cocinera. Primero, dijo, empezaba con la primera letra del alfabeto; a continuación venía el *24:* la edad que ella consideraba como «chef». Luego venía el *705*, que para ella quería decir que llegaba cinco minutos tarde al desayuno. El *58* le era difícil de recordar, así que lo veía de un color distinto en su mente. La S era suya, así que la hacía grande «S»; y para terminar venía la B, segunda letra del alfabeto, lo que la ligaba con el principio.

Ahora… tape el libro y escriba esta última secuencia de letras y números. No se olvide de la que era mayor que las otras…

Seguramente lo ha hecho bien; y ni siquiera lo intentó. Si puede usted recordar esto sin intentarlo, ¿qué no podrá hacer intentándolo?

Mucho peor, porque intentar supone el empleo de energía mental, y la sola palabra ya indica una tarea difícil y un probable fracaso. Cuanto más lo intente, más difícil le será. El mismo hecho de esforzarse se convierte en una barrera. Una buena estrategia hará el aprendizaje fácil y sin esfuerzo; una ineficaz lo hará difícil.

Aprender a aprender es la habilidad más importante de la educación, y debe ser explicada desde los primeros cursos. El sistema educativo se concentra más en lo que enseña, en los programas, y pasa por alto el proceso de aprendizaje. Esto tiene dos consecuencias. Primero, muchos estudiantes tienen dificultades para captar la información; y en segundo lugar, aunque logren aprenderla, tendrá muy poco significado para ellos, porque ha sido sacada del contexto.

Sin una estrategia de aprendizaje, los estudiantes pueden convertirse en loros de información, dependiendo siempre de otros para obtenerla. Son muy aptos para la información, pero inútiles para el aprendizaje. El aprendizaje incluye memoria y comprensión: poner la información en un contexto que le dé sentido. Poner énfasis en el fracaso y sus consecuencias perturba aún más a los estudiantes. Todos necesitamos permiso para fracasar; los buenos estudiantes cometen errores, y emplean esto como información para cambiar lo que hacen. Mantienen su objetivo en mente y siguen llenos de recursos.

Notas y premios no tienen ningún efecto en la estrategia que emplean los estudiantes. Son simplemente un juicio sobre unos resultados y sólo sirven para clasificar a los estudiantes según jerarquías de méritos. Los estudiantes pueden seguir intentándolo con más ahínco con la misma estrategia inútil. Si se les enseñaran estrategias de aprendizaje, las grandes diferencias entre sus resultados desaparecerían. Si se enseñaran estrategias eficaces, mejorarían los resultados de todos los estudiantes. Sin esto, la educación sólo sirve para clasificar a las personas en jerarquías; mantiene el *statu quo*, marca a los distintos componentes y los distingue entre ellos. Se refuerza la desigualdad.

La enseñanza incluye mejorar la sintonía, compartir con el estudiante y guiarlo en las mejores estrategias o formas de emplear el cuerpo y la mente para dar sentido a la información. Si los estudiantes fallan y fallan, empezarán a generalizar, a partir de su resultado, acerca de su capacidad, y de ahí a la creencia, y pensarán que no pueden realizar esa tarea. Lo que se convierte entonces en una verdad inconcusa.

Muchos estudiantes están anclados en el aburrimiento y en la infelicidad, por lo que aprender se les hace difícil. ¿Por qué la educación es a menudo tan dolorosa y tan larga? La mayor parte de lo que se le enseña a un niño podría enseñarse en la mitad de tiempo si se le motivara y se le dieran buenas estrategias de aprendizaje.

Todos nuestros procesos mentales incluyen estrategias y, por regla general, no somos conscientes de las estrategias que usamos. Mucha gente sólo emplea unas pocas estrategias para todos sus procesos mentales.

Estrategias para la creatividad

Prefiero entretener a la gente con la esperanza de que aprenda, que no enseñar a la gente con la esperanza de que se entretengan.

WALT DISNEY

Robert Dilts ha creado un modelo de la estrategia empleada por Walt Disney, un hombre notablemente creativo y de éxito, cuyo trabajo continúa dando placer a mucha gente en todo el mundo. Hubiera sido un estupendo consultor ejecutivo, porque empleaba una estrategia creativa que puede usarse en cualquier problema.

Walt Disney tenía una imaginación extraordinaria; era un soñador muy creativo. Soñar es el primer paso para la creación de cualquier objetivo en el mundo. Todos soñamos con aquello que queremos, con lo que quisiéramos hacer, con lo distintas que podrían ser las cosas; pero ¿cómo podemos manifestar estos sueños en la vida real? ¿Cómo podemos evitar que el castillo en el aire se convierta en una bofetada en la cara? ¿Y cómo asegurarse de que los sueños sean bien recibidos por los críticos?

Primero creaba un sueño o una visión de toda la película; se ponía en lugar de los principales personajes y tenía sus sentimientos en la película imaginando cómo sería la historia vista a través de ellos. Si la película era de dibujos, le pedía a sus animadores que dibujaran los personajes a partir de aquellos sentimientos.

Luego veía el plan desde un punto de vista realista; tenía en cuenta el dinero, el tiempo y los recursos, y reunía la información necesaria para asegurarse de que la película se llevaría a cabo con éxito: que el sueño pudiera hacerse realidad.

Cuando había creado el sueño de la película, volvía a mirarla, ahora desde el punto de vista de un crítico, y se preguntaba: «¿Ha sido interesante? ¿Entretenida? ¿Sobraba algo?».

Disney empleaba tres procesos diferentes: el Soñador, el Realista y el Crítico. Todos los que trabajaban con él reconocían estas tres posturas, pero nunca sabían cuál de ellas iba a tomar en las reuniones. Probablemente equilibraba las reuniones tomando el punto de vista que quedara peor representado.

Esta es la estrategia que puede utilizar usted de manera formal:

1. Escoja el problema con que se va a enfrentar; puede ser todo lo difícil que usted quiera. Todavía no piense en él. Escoja tres lugares frente a usted donde pueda colocarse: uno para su Soñador, otro para su Crítico y otro para su Realista.

2. Piense en una ocasión en que usted fue verdaderamente creativo, cuando su Soñador generó alternativas muy creativas. Colóquese en el lugar asignado para su Soñador, frente a usted, y reviva aquella ocasión. Está usted anclando sus recursos y estrategias de Soñador en aquel lugar preciso.

   Si encuentra difícil acceder a una experiencia creativa de referencia, encuentre una metáfora para el problema que le ayude a pensar de forma creativa sobre el mismo. También puede hacerse un modelo de alguien que sepa usted que es un buen soñador creativo. Vaya a preguntarle cómo alcanza dicho estado antes de seguir el proceso. Puede que necesite dividir el problema en trozos más manejables. No piense de manera realista, eso vendrá después. No revise ni evalúe. Puede también distraer su parte consciente escuchando una melodía o realizando una actividad física; una vez que haya soñado todo lo que le haya apetecido, colóquese en la posición anterior.

3. Piense en una situación en que fuese especialmente cuidadoso y realista acerca de algo, de un plan suyo o de otra persona. Una situación en que puso en marcha un plan de manera elegante y efectiva. Si tiene alguna dificultad, piense en una persona que pueda imitar. Pregúntele cómo pone en marcha planes o cómo lo intenta. «Si yo fuera X, ¿cómo llevaría a cabo estos planes?» Actúe como si fuera X.

   Cuando esté listo, pase a la posición realista. Está usted anclando su estado realista y sus recursos a esa posición. Una vez que haya revivido la experiencia, vuelva a la posición original.

4. Finalmente, la evaluación: el Crítico. Recuerde una experiencia en que usted criticara un plan de manera constructiva, en que vio lo que estaba mal, y también lo que estaba bien, e identificó los problemas. Puede haber sido un proyecto suyo, o de uno de sus colegas. De nuevo, si encuentra esto difícil, imite a un buen crítico que conozca. Cuando tenga una experiencia de referencia, vaya al lugar que ha identificado como el Crítico y reviva la experiencia. Cuando haya acabado, vuelva a su lugar.

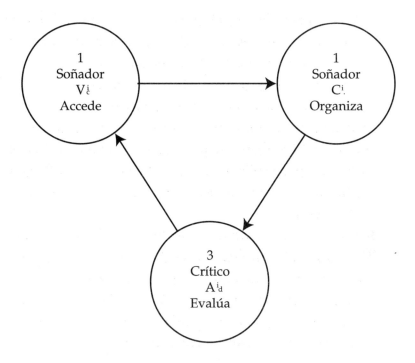

Estrategia creativa de Disney.

Lo que ha hecho hasta aquí ha sido anclar al soñador, al realista y al crítico en tres lugares distintos. Puede usar tres lugares en su despacho o tres habitaciones distintas. Se dará cuenta, con toda probabilidad, de que una posición es mucho más fácil de acceder que las otras. Puede que quiera anotar algunas conclusiones sobre esto acerca de los planes que ha hecho. Cada posición es, de hecho, una estrategia en sí misma. Esta estrategia creativa es una superestrategia, tres estrategias diferentes unidas en una sola.

5. Tome el problema u objetivo sobre el que quiere trabajar. Colóquese en el lugar del Soñador y deje libre la mente. El Soñador no tiene que ser necesariamente realista. Por regla general, los sueños son visuales, y su Soñador posiblemente tendrá pensamientos construidos de forma visual. El cielo

es el único límite. No deje que la realidad interfiera en sus pensamientos. Piense en posibilidades. ¿Qué haría usted si considerara que no puede fallar? El Soñador podría resumirse en la frase: «¿Qué pasaría si yo...?». Cuando haya acabado, vuelva a la posición original. A pesar de lo que le dijeran en la escuela, soñar despierto puede ser una forma útil, creativa y agradable de pasar el rato.

6. Vaya a la posición del Realista y piense en el plan sobre el que ha soñado. Organice sus ideas. ¿Cómo se podrían llevar a la práctica? ¿Qué tendría que cambiar para que fuesen realistas? Cuando se sienta satisfecho, vuelva a la posición original. La frase para el Realista es: «¿Cómo puedo hacer esto...?». Es posible que el Realista que hay en usted sea predominantemente cinestésico, el «hombre o mujer de acción».

7. A continuación, sitúese en la posición del Crítico y revise y evalúe el plan. ¿Le falta algo? Si el plan precisa de la cooperación de otras personas, ¿qué hay de interesante en él para ellas? ¿Qué saca usted de todo esto? ¿Es interesante? ¿Dónde está la recompensa? El Crítico pregunta: «¿Qué falta?... ¿Qué saco yo con eso?». El Crítico tiende a operar principalmente mediante diálogo interno.

8. Vuelva al lugar del Soñador y cambie el plan de manera creativa, teniendo en cuenta lo que haya aprendido del Realista y del Crítico. Siga por todas las posiciones hasta que el plan encaje de forma congruente en cada una de ellas. Tendrá usted una fisiología y una neurología distintas en cada posición; asegúrese de que haya una continuidad de objetivos al pasar de una a otra.

Para conseguir que la crítica sea constructiva y no destructiva, recuerde que el Crítico no es más realista que el Soñador; es sólo una forma diferente de pensar sobre las posibilidades. El

Crítico no debe criticar al Realista ni al Soñador, ha de criticar el plan. Algunas personas se critican a ellas mismas y se sienten derrotadas, en vez de usar las críticas como comentarios u opiniones útiles sobre sus planes. Algunas veces el Crítico entra en escena demasiado pronto y destroza el sueño o al propio Soñador.

Algunas personas emplean esta estrategia de forma natural. Tienen un lugar especial donde piensan de forma creativa y donde anclan al Soñador. Tienen otro lugar para hacer planes de manera práctica, y otro para la crítica y la evaluación. Cuando estas tres maneras de pensar están bien ordenadas en el espacio, cada una puede dar lo mejor de sí sin que haya interferencia de las demás. Sólo si la idea terminada funciona en cada lugar, se está listo para actuar. Al final de este proceso es muy posible que tenga un plan irresistible, por lo que la pregunta no será: «¿Hago esto?», sino «Tengo que hacer esto. ¿Qué otra cosa si no?».

Es este un buen ejemplo de una estrategia equilibrada. Involucra a los tres sistemas representativos, de modo que todos los canales de información están accesibles. El Soñador suele operar visualmente, el Realista cinestésicamente, y el Crítico de manera auditiva.

Es necesario que haya una manera de salir de la estrategia en el caso de que se entre en un bucle que no lleve a ninguna parte: esta estrategia nos ofrece la posición exterior desde la cual se puede revisar todo el proceso y llevarlo a término o detenerlo en tiempo real.

Vuelta a la creación de modelos

Al salir de las estrategias para considerar otros aspectos de la creación de modelos, vale la pena referirnos de paso a un punto que preocupa a algunas personas.

En nuestra cultura existe la extraña idea de que saber explícitamente *cómo* se hace algo, obstaculiza el hacerlo bien, como si la ignorancia fuese un prerrequisito para conseguir la excelencia. Mientras realizamos una tarea, nuestra atención consciente se concentra, como es lógico, en realizar esa tarea. Un conductor de coche no piensa conscientemente en todo lo que hace mientras lo hace, ni el músico está conscientemente al tanto de cada nota que toca. Sin embargo, ambos podrán explicarle después lo que estaban haciendo.

Una diferencia entre un operario competente y un maestro en cualquier campo estriba en que el maestro puede detenerse y decirle a usted exactamente qué es lo que acaba de hacer y cómo lo hizo. Los maestros tienen una competencia inconsciente y la capacidad de hacer explícita esa aptitud. A esta última habilidad se la llama *metaconocimiento*.

Gracias al metaconocimiento uno tiene la posibilidad de percatarse de cómo realiza una tarea. Saber cómo se realiza algo nos permite transmitir esa habilidad a los demás. De la misma manera, cuando logramos identificar las diferencias que hay entre lo que hacemos cuando las cosas van bien y lo que hacemos cuando van mal, podemos aumentar la probabilidad de obtener altos rendimientos en el trabajo que estamos realizando.

El estudio del proceso de creación de modelos plantea también la pregunta de a quién buscar como modelo. Esto depende de los objetivos que uno persiga. Primero es preciso identificar las habilidades, competencias o cualidades que más interesa adquirir. Después consideramos quién nos podría servir mejor de modelo.

La siguiente pregunta es cómo realizar este proceso. Hay un abanico muy amplio de posibilidades, que van desde la imitación inconsciente y sencilla que todos realizamos hasta estudios muy sofisticados y estrategias de creación de modelos utilizados por personas como Robert Dilts en su proyecto reciente para la Fiat, relativo a las cualidades de liderazgo para el futuro. Una manera informal y sencilla de incorporar habilidades para la creación de modelos en el desarrollo personal consiste en escoger modelos entre las personas por quienes sentimos admiración y respeto. Alejandro Magno buscó sus modelos en las imágenes que se había hecho del legendario guerrero Aquiles; Tomás Kempis tenía posiblemente una ambición más elevada cuando escribió *La imitación de Cristo*. En tiempos más recientes, Stravinski tomó muchas ideas de Mozart, afirmando que tenía el derecho porque le encantaba esa música. Ray Charles buscó su modelo en Nat King Cole, diciendo que «respiraba, comía, bebía y saboreaba Cole día y noche», hasta que desarrolló sus propias características musicales.

«Respirando, comiendo, bebiendo y saboreando» su modelo, en libros, televisión o cine, podrá usted acceder al tipo de estados y recursos mentales que utiliza su modelo. Si está sentado, haga este pequeño experimento. Muchas personas subvocalizan cuando leen, es decir, van pronunciando cada palabra en su mente a medida que van leyendo. Observe lo que sucede si usted retrocede hasta el comienzo de este párrafo y deja que la voz que hay en su interior se transforme en la voz de alguien a quien usted profesa gran admiración. Para muchas personas, el solo hecho de cambiar la voz dentro de su mente por la de un modelo admirado les abre el acceso a nuevos y diferentes recursos.

Muchas veces la persona se queda atrapada en la mística de la búsqueda de modelos y cree que es algo que no puede hacer hasta que no logre hacerlo «bien». ¡Pero es que si uno siente curiosidad por los demás, no puede no hacerlo! Ya lo hace.

Cuando miro los diez años que han pasado desde que me topé por primera vez con la PNL, me doy cuenta de que la mayor parte de lo que he aprendido de útil proviene de la imitación informal de modelos, es decir, una imitación no estudiada.

Por ejemplo, hace poco estaba de visita donde unos amigos y me enteré de que la dueña de la casa escribía novelas románticas. Aunque habló sobre esto con mucha discreción, en una media hora de charla social descubrí algunas estrategias sobre la forma de escribir que me proveyeron precisamente de algo que andaba buscando desde hacía tiempo. En pocas palabras, la señora utiliza de forma creativa los momentos de ensoñación diurna para generar su material, y hace breves anotaciones en una libreta que siempre lleva consigo. Estas notas le sirven para recordar todo su contenido cuando posteriormente se sienta a escribir. Le encanta ese tiempo de ensueños creativos, y por eso ha diseñado una estrategia de motivación. Elegante.

Se puede utilizar una mayor complejidad en la creación de modelos cuando se ha logrado identificar una determinada habilidad que interesa aprender. Recordemos los tres elementos básicos de cualquier conducta: creencia, psicología y estrategia. Por ejemplo, para escribir este libro necesito creer que puedo hacerlo, y que vale la pena hacerlo. Necesito una serie de estrategias (secuencias de imágenes, sonidos y sentimientos) con las cuales generar el contenido, y necesito estar agradablemente relajado cuando estoy sentado mientras mis dedos danzan sobre el teclado.

Si usted quisiera enriquecer este modelo mínimo, probablemente desearía verme en acción, o tal vez yo debería decir «véame en *inacción*», puesto que gran parte del proceso sucede de forma inconsciente en la trastienda mientras realizo otras actividades. Probablemente desearía hacerme un montón de preguntas, algunas tan importantes como éstas:

«¿En qué contexto utiliza normalmente esta habilidad?»

«¿Qué objetivos guían sus pasos cuando aplica esta habilidad?»

«¿Qué utiliza como evidencia para saber que está consiguiendo esos objetivos?»

«¿Qué es exactamente lo que hace para conseguir esos objetivos?»

«¿Puede decirme algunos pasos y actos concretos?»

«Cuando se encuentra atascado, ¿qué hace para desatascarse?

Estas son preguntas inductivas TOTE, basadas en el modelo TOTE (Test-Operate-Test-Exit, Prueba-Operación-Prueba-Salida) que ya vimos en el capítulo 4 (véase pág. 127). La clase de modelo que está usted construyendo es un sistema de *«Totes»* comprendidos sistemáticamente unos dentro de otros, o, para decirlo de forma más sencilla, como un conjunto de cajas chinas, en que cada una se encuentra contenida dentro de otra.

Con las respuestas a este tipo de preguntas puede usted comenzar a construir un modelo de lo que hago con mi sistema nervioso. Para saber qué preguntas hacer a continuación, traslade este modelo a su sistema nervioso para saber qué es lo que funciona y qué es lo que falta. Es más o menos similar a cuando alguien le da un conjunto de instrucciones que debe usted seguir, y usted las analiza en su imaginación para saber si tienen sentido.

Hay muchas otras habilidades cuyo modelo podemos buscar que pueden incluirse aquí o aprenderse en un libro. Por ejemplo, usted necesita buenas habilidades de segunda posición para penetrar el «muro de la conciencia». ¿En qué consiste este muro? En su forma más sencilla, cuando una persona con talento intenta explicar o enseñar lo que hace, descubre que muchas de sus habilidades son completamente inconscientes. Es como si todo el andamiaje consciente del proceso de aprendizaje hubiese sido retirado de la casa una vez terminada, sin dejar ninguna huella de cómo se construyó ésta.

En el extremo opuesto de la imitación informal está el proyecto de creación de modelos, de alta calidad, que suele hacerse en el mundo de los negocios. Esta supone contar con una gama completa de técnicas. Una secuencia típica de pasos podría ser la siguiente:

1. Entrevistas preliminares con la organización para identificar qué conjunto de competencias interesan más, quiénes son los mejores modelos y cuántas personas hay que modelar.

Por lo general, suele haber tres personas muy competentes (modelos óptimos), que se comparan con otras tres de eficiencia normal (modelos de control) para destacar las diferencias más importantes. Por último, se establece un plan de acción.

2. Dedique al menos dos días a observar la actuación de cada modelo óptimo en diferentes contextos. Tome nota de sus actos y hable con cada uno para sacar a la luz sus creencias, estrategias, estados, metaprogramas, etc. Hable con sus colegas para ver cómo los describen. Repita todo lo anterior con los modelos de control. Normalmente no se les dice a estos últimos que son utilizados como controles, para evitar que se sientan incómodos.

3. Tómese un tiempo para poner en claro de forma explícita lo que cree que ha conseguido y lo que todavía falta. A menudo esta fase se realiza con un comodelador. El análisis mediante comparaciones aclara las diferencias que hacen que unos sean modelos óptimos y otros los de control.

4. En esta fase necesitará revisar lo hecho para confirmar los patrones que cree haber encontrado y estudiar lo que falta mediante una mayor observación y más preguntas. Es posible que necesite hacer esto varias veces.

5. Ponga por escrito todo el informe, incluyendo el resumen original, la metodología y el modelo explícito. Este modelo abarca desde los aspectos de identidad, creencias y capacidades hasta los comportamientos específicos externos e internos.

6. Elabore un programa de entrenamiento con los encargados de la formación de personal, que permita a los demás reproducir esas habilidades. Ponga en marcha el programa de formación y utilice los datos que consiga para mejorarlo. Entrene a los formadores para que lo pongan en marcha.

Los pasos 1 al 5 tomarán aproximadamente unos 20 días de trabajo, y el paso 6 tal vez la mitad. Este sistema de entrenamiento modelador tipo espalda con espalda es muy efectivo en aquellos casos en que el mismo tipo de trabajo se repite muchas veces, por ejemplo en el caso de supervisores de equipo o jefes de venta. En Estados Unidos se está comenzando a utilizar la imitación de modelos sin previo aprendizaje, a fin de afinar el proceso de reclutamiento de personal para trabajos muy concretos. Las grandes empresas comienzan a apreciar el valor del uso de modelos específicos.

La PNL, la búsqueda de modelos y el aprendizaje acelerado

Lo anterior ha sido una breve introducción a la búsqueda de modelos, que abarca desde el nivel informal hasta los proyectos para empresas hechos con todo rigor. Y así es como nos encontramos, en esta década de los noventa, con técnicas muy complejas para el aprendizaje de habilidades que provienen, todas, del aprendizaje mediante modelos lingüísticos de los primeros días.

Cuando Richard le pidió a John que le ayudara a explicitar sus modelos de gestalt, John lo enfocó de la misma manera como habría enfocado el aprendizaje de una nueva lengua. Realizar el estudio de una lengua que no se habla es absurdo, por lo que John tenía que ser capaz de practicar los modelos antes de poder estudiarlos. Esto es justo lo contrario del aprendizaje tradicional, que primero analiza los elementos y luego los junta. El aprendizaje acelerado consiste en aprender a hacer algo, y sólo después aprender cómo se hace. Usted no debe examinar lo que está aprendiendo hasta que tenga estabilidad y coherencia, y sea accesible a voluntad. Sólo entonces estará lo suficientemente asentado para resistir el examen de la mente consciente.

Esta es una forma de aprender del todo diferente de la enseñada en el capítulo 1, que empezaba con la incompetencia inconsciente y terminaba en la competencia inconsciente. La base para la creación de modelos y el aprendizaje acelerado estriba en empezar con la intuición y luego analizar. Se puede llegar a la competencia inconsciente directamente, en una sola etapa. Hemos dado una vuelta completa desde el capítulo 1.

La PNL se fundamentó en una base intuitiva, de forma parecida a como aprendemos nuestra lengua materna. Tomando el estudio de la excelencia en su conjunto como punto de partida, se pueden luego analizar las submodalidades y seguir descendiendo hasta las unidades estructurales más pequeñas que conforman nuestros pensamientos.

Lo que baja debe subir de nuevo. El análisis que usted haya realizado asegura que no solamente pueda volver al lugar del que ha partido, sino que se emerge en un lugar con mayor capacidad de comprensión. Este viaje es, de alguna manera, una vuelta a las raíces y un conocimiento del sitio por vez primera. Este nuevo punto es la base para un nuevo conjunto de intuiciones por las que se puede descender de nuevo, con lo que el proceso continúa.

En cada uno de estos pasos se aprende comprobando cada descubrimiento hasta el límite. Empleando cada idea o técnica en cada problema encontrará muy pronto su verdadero valor y cuáles son sus límites. Sólo actuando como si funcionara, se puede saber si valdrá o no y cuáles son los límites.

En primer lugar, el metamodelo pasó por este proceso; luego lo hicieron los sistemas representativos, luego los signos de acceso visual, las submodalidades, etc. Cada elemento se lleva hasta el límite, y luego el elemento siguiente toma su lugar. Hay una pérdida constante del equilibrio seguida de un constante reequilibrio.

El valor de la PNL reside en el aprendizaje que se realiza al explorar estos procesos. Las raíces de la PNL radican en los patrones sistemáticos que subyacen en las conductas. La persona hace todo lo posible para obtener resultados, dentro de unos límites éticos, y luego estos resultados se van refinando hasta hacerse lo más sencillos posible; por lo que descubrir la diferencia es lo que señala la diferencia. El propósito de la PNL es aumentar la libertad y las opciones del ser humano.

Guía del usuario

Está usted llegando al final del último capítulo de este libro, y puede que ya se esté preguntando cómo sacarle el mayor fruto posible. Cada uno de nosotros encuentra la mejor manera de hacerlo, y a veces ni siquiera sabemos que lo estamos haciendo. Una cosa que puede que usted quiera decidir de forma consciente es si cree que este material es lo suficientemente útil e interesante como para profundizar en él comprando más libros o participando en seminarios.

Puede que se encuentre comentando estas ideas con amigos que tengan inclinaciones similares, mientras va dando sentido a sus nuevos conocimientos; y puede que se vea, de manera inconsciente, más abierto a los diferentes patrones que ha empezado a explorar: el de la sintonía y de los sutiles movimientos del cuerpo, de la danza de los ojos mientras se está pensando, de los profundos y delicados cambios en los estados emocionales propios y de los demás... Puede que sea cada vez más consciente de sus propios pensamientos y procesos mentales, viendo cuáles le son útiles y cuáles son meros fantasmas del pasado. Se juega a cambiar el contenido de los pensamientos y se juega a cambiar su forma, y no se maravilla del impacto al descubrir cómo crear más opciones emocionales para uno y para los demás.

Puede que ya haya descubierto la extraordinaria efectividad de desarrollar el hábito de ponerse objetivos, de pensar en los problemas como si fuesen oportunidades que explorar, de hacer algo diferente y aprender algo distinto y atrayente.

Puede que se haya fijado más en sus reflexiones y en su intuición hacia la sensibilidad de otras personas, o haberse arraigado con más fuerza en sus creencias. Es como si su parte inconsciente fuera integrando sus nuevos conocimientos a su ritmo y manera, y una nueva relación estuviera surgiendo entre su mente consciente y su sabiduría inconsciente. Como si redescubriéndose a sí mismo fuese más consciente de lo que le importa a usted y a la gente que le rodea.

Al escuchar su diálogo interno, se descubre a sí mismo aplicando el metamodelo, se va interesando cada vez más a medida que descubre más acerca de sus creencias, y va cambiando las que le limitan por otras que le dan más fuerza y le permiten ser, cada vez más, aquella persona que siempre había querido ser.

Al ser cada vez más consciente de su propia identidad, parece como si tuviera más opciones que la de ser esclavo de su pasado; piensa de manera distinta sobre su futuro, y esto influye en lo que es usted en el presente.

Puede que encuentre una mayor riqueza y sintonía en sus relaciones con sus amigos más próximos, y puede que quiera estar más tiempo con otros exploradores del complejo mundo de la experiencia humana.

Y cuantos más seamos los que nos demos cuenta de cómo organizamos nuestra realidad, mejor podremos disfrutar creándola de la forma como nos gustaría que fuese, logrando así un mejor mundo para todos.

Epílogo

Este libro ha descrito las ideas más importantes de la PNL desde un punto de vista práctico. La PNL no se desarrolló siguiendo unos pasos lógicos, y no es fácil de describir. Intentar describir la PNL de forma lógica es como intentar describir un holograma separándolo en pedazos, siendo así que cada pedazo contiene su totalidad. A continuación vienen unas reflexiones finales y más especulativas sobre la PNL y su posición en nuestro mundo.

Creemos que la PNL es el paso siguiente de la psicología. Se la ha llamado Nuevo paradigma de aprendizaje y Nuevo lenguaje de la psicología. Como modelo estructurador de la experiencia humana, se la puede considerar como un paso tan significativo como la invención del lenguaje. Como mínimo, es un poderoso proceso que irá generando formas de alcanzar resultados excelentes en una amplia gama de campos. Como trata de experiencias subjetivas y de la comunicación, trata, a la vez, de todo y de nada. Gregory Bateson describió la PNL como el primer acercamiento sistemático a aprender a aprender; es la primera epistemología aplicada.

Aprender ya no es suficiente, aprender a aprender es esencial. Hay tanto que aprender y tan poco tiempo para hacerlo. No sólo ganamos conocimientos y técnicas más rápidamente, sino que el tiempo en que lo realizamos es cada vez menor. Estamos en un viaje que va evolucionando, un viaje que es como una montaña rusa: empieza lento, pero a medida que avanzamos va ganando velocidad. Y aún no hemos encontrado nada que nos frene. Por desgracia, la simple acumulación de conocimientos y técnicas no trae aparejado consigo la cordura que necesitamos para emplearlo en bien del planeta y sus habitantes. Somos listos, pero todavía no sabios.

Están produciéndose grandes cambios. El noventa por ciento de todo el saber científico se ha acumulado durante este último siglo. La generación nacida con el siglo ha visto cómo la ficción científica se hacía realidad; pero, de manera paradójica, el incremento de los conocimientos nos hace sentir más ignorantes e impotentes. Cuantos más conocimientos hay, más ignorantes nos hacemos, puesto que sabemos menos cosas y debemos fiarnos, cada vez más, de los expertos para hacer las cosas más sencillas.

La ciencia y tecnología que han traído esta gigantesca expansión de los conocimientos y el saber, han traído también consecuencias desgraciadas de las que solamente ahora empezamos a ser conscientes; son las que hacen que la montaña rusa sea potencialmente tan peligrosa. Todo sucede con tal rapidez que sólo ahora empezamos a ver la dirección que van tomando las cosas. Podemos contemplar en la televisión la destrucción de la selva amazónica, podemos leer acerca del calentamiento del planeta en los periódicos, los científicos pueden seguir las evoluciones del agujero de la capa de ozono… Ya no es una cuestión de si el futuro será más o menos diferente, o de cuantificar esa diferencia; es cuestión de si habrá o no un futuro.

> El mundo es demasiado peligroso en la actualidad para todo, menos para la Utopía.
>
> BUCKMINSTER FULLER

Cuando miramos a nuestro alrededor, ¿cuántos de nosotros estamos satisfechos con lo que vemos? Todos sentimos la creciente presión por el cambio; y todos tenemos un papel que desempeñar en esta montaña rusa de tecnología desenfrenada, por lo que el problema está en no perder el control con las consiguientes consecuencias desastrosas para el planeta. Tenemos que controlar la técnica, no podemos abandonar el planeta; pero la cuestión es cómo.

La fuente de la creatividad que permite el proceso de evolución social es el individuo; y es el nivel de conciencia de los individuos en una sociedad lo que constituye el nivel de conciencia de esa sociedad.

El cambio social empieza con el cambio individual. Nos enfrentamos con muchos problemas sociales y ecológicos; si queremos desarrollar una sociedad que pueda afrontarlos de forma efectiva, tenemos que hacerlo ahora. A medida que el tiempo pasa y aumentan nuestros conocimientos, dos preguntas se hacen cada vez más urgentes de resolver: ¿qué vale la pena aprender?, ¿qué vale la pena hacer?

Hemos devastado el mundo exterior con los productos de la ciencia y la tecnología. La actitud y la visión del mundo que nos ha dado la ciencia y la tecnología están profundamente asimiladas a nuestra cultura, y han tenido profundos efectos en nuestro mundo interior.

La ciencia se ha desarrollado mediante unas series sucesivas y controladas de experimentos sobre la naturaleza para intentar formular leyes matemáticas y teorías. El hombre ya no se considera a sí mismo parte de la naturaleza; el hombre, el experimentador, debe quedar fuera de la naturaleza, de su experimento. Y no admite que su experimento cambia la naturaleza o influye en el resultado, porque ello supondría que rebasa el requisito de objetividad. Para intentar obtener un resultado objetivo, se requeriría otro experimentador que controlara al primer experimentador, lo que crea una progresión imposible e infinita, como la del pintor que intenta pintar el paisaje al completo incluyéndose a sí mismo. Nunca podrá pintar al pintor que está pintando el cuadro.

Hemos llegado a un punto en que tratamos a la naturaleza como si fuese una máquina, con leyes impuestas desde fuera, en vez de hacerlo como si fuese un organismo.

Una máquina es, por sí misma, enteramente predecible; en teoría, todo lo que hay que hacer es descubrir las reglas y todos los mecanismos. De forma que la búsqueda se convirtió en pintar una imagen cada vez más completa de la naturaleza, olvidándonos del pintor.

El conocimiento se separó de la experiencia; se convirtió en algo que se aprende de segunda mano, un cuerpo abstracto de teorías que existe independientemente del estudioso y en constante crecimiento. Todo lo que importaba era el producto final, la teoría, no la experiencia de aprendizaje.

Esta forma de objetivar el conocimiento limita de forma radical el tipo de conocimientos a los que se puede acceder. Llevado al extremo, las emociones, el arte y las relaciones humanas se devalúan, porque se basan en la experiencia subjetiva. Las leyes científicas ya no parecen estar relacionadas con el mundo real de la experiencia humana.

Las teorías científicas son metáforas sobre el mundo, no son verdad, son una forma de pensar acerca del mundo, de la misma forma que un cuadro es una forma de representar un paisaje. Estamos dándonos cuenta ahora muy rápidamente que nuestra forma de pensar sobre el mundo hasta el momento ha sido muy útil en unos aspectos, pero catastrófica en otros.

La metáfora de un mundo predecible y objetivo ha sido amenazada por las teorías físicas de los quanta; cuanto más profundamente se investiga, más claro queda que el observador es tanto una parte integrante de cualquier experimento científico como que produce un efecto en lo que observa. La luz actúa como partículas o en ondas, dependiendo del tipo de experimento que realice. No se puede señalar nunca de forma exacta dónde hay una partícula ni cuándo está ahí. El mundo es, fundamentalmente, indeterminado. La física cuántica está desplazando el universo mecánico de su puesto de metáfora científica predominante.

Las nuevas investigaciones e ideas sobre sistemas teóricos y el estudio del orden y el caos nos muestran que incluso en sistemas sencillos no se pueden tener en cuenta todas las variables, y que pequeñas variaciones pueden cambiar todo el sistema. Es el principio de una revolución, es cambiar toda nuestra forma de ver la naturaleza.

El caos es el azar predecible, que se puede reducir al llamado efecto mariposa, nombre que recibió después de una conferencia del meteorólogo estadounidense Edward Lorenz titulada «¿Creó el batir de las alas de una mariposa del Brasil un tornado en Texas?». Lorenz había estado usando un programa simulador del clima por ordenador y, cansado de manejar cifras astronómicas, pensó que no pasaría nada si redondeaba los pequeños decimales: las consecuencias de esos pequeños decimales en el clima le dejaron anonadado. Un pequeño cambio en el lugar adecuado puede tener consecuencias incalculables, lo que no hace sino subrayar el hecho de que toda la naturaleza es un sistema y no algo ajeno a nosotros en donde podamos realizar experimentos impunemente. Como dice Gregory Bateson en *Steps to an Ecology of Mind:* «La falta de una sabiduría sistematizada siempre tiene un castigo».

Estas nuevas metáforas científicas nos permiten ser, de nuevo, parte de la naturaleza. De la misma forma, la PNL en tanto metáfora nos comunica, otra vez, con nuestra experiencia subjetiva y expresa la naturaleza sistemática de nuestras experiencias internas.

Conocemos actualmente la complejidad del mundo exterior, y algo del impacto que nosotros, observadores invisibles, producimos en ese mundo exterior. Las consecuencias de nuestra forma de pensar son reflejadas fielmente por el mundo exterior; el universo es una máquina interactiva perfecta. Lo que pensamos de él es lo que obtenemos; si queremos cambiar el mundo, debemos cambiarnos primero a nosotros mismos. Tenemos que explorar y cambiar nuestras experiencias internas si queremos influir y modificar el mundo exterior de forma cuerda.

Siendo la PNL el estudio de la estructura de la experiencia subjetiva, nos permite explorar en nuestro interior, puesto que es un estudio de cómo hacemos modelos. No toma los modelos que hayamos podido hacer para confundirlos con la realidad.

Como forma de alcanzar la excelencia, se va infiltrando e influyendo en muchos campos; de alguna manera, cuando el proceso haya terminado, la PNL podría dejar de existir como disciplina separada y se asimilaría a la vida cotidiana, de forma similar al maestro que alcanza sus objetivos haciéndose innecesario, porque a partir de entonces los estudiantes pueden aprender por sí mismos.

La PNL es parte de un movimiento que va creciendo de forma constante; un movimiento que intenta actuar en el mundo de forma más efectiva empleando las habilidades y conocimientos que tenemos con gracia, cordura y equilibrio. Podemos aprender mucho de la máxima balinesa que dice: «No tenemos arte, sólo intentamos hacer las cosas lo mejor que podemos».

Estamos descubriéndonos a nosotros mismos y nuestra capacidad de despertar en un mundo maravilloso de infinitas sorpresas.

> La gente viaja para maravillarse
> ante las cumbres de las montañas,
> ante las olas enormes de los mares,
> ante los grandes cauces de los ríos,
> ante la vasta extensión del océano,
> ante el movimiento circular de los astros,
> y pasan ante ellos mismos sin maravillarse.

SAN AGUSTÍN

Invertir en uno mismo

Cada vez más personas están buscando una forma de estar satisfechas consigo mismas. Distintas personas lo llamarán de forma distinta: desarrollo personal, crecimiento personal, autodesarrollo, reciclaje, desarrollo espiritual, o mejor aprovechamiento de nuestras posibilidades.

Según Peter Russell en su libro *The Awakening Earth* [El despertar de la Tierra], el campo del desarrollo personal es un área en crecimiento que se duplica cada cuatro años. El desarrollo personal en su sentido más amplio cubre una amplia gama de actividades diferentes que incluyen meditación, yoga y tai chi, asesoramiento psicológico, gestalt, psicoterapia, trabajo en grupo, análisis transaccional, *rebirthing* (vuelta a nacer), seguridad en sí mismo, cómo manejar el estrés, conciencia de desarrollo, relaciones personales, y muchos otros, incluyendo, por supuesto, la PNL.

Cada uno de nosotros se mete por una senda del desarrollo personal distinta y en tiempos diferentes. El hecho de que esté leyendo este libro indica su disponibilidad actual a iniciarse en la PNL.

Usted es el mejor juez para decidir qué camino es el más apropiado para usted en este momento. Cualquiera que sea el camino que emprenda requerirá una inversión de tiempo y dinero; tendrá que organizarse y viajar, comprar material y seguir cursos. Usted, de hecho, invierte parte del dinero que pasa por sus manos en su propio desarrollo personal. Todos empleamos distintas proporciones en distintos momentos.

Es muy útil perder varios minutos para averiguar, en líneas generales, qué porcentaje de ingresos ha dedicado los últimos años a invertir en sí mismo. Primero haga una lista de lo que considere que sean, en su vida, actividades dedicadas al desarrollo personal; como guía, debe tener en cuenta que sean actividades que tengan efectos duraderos y que, de alguna forma, sean generadoras; que produzcan beneficios. La meditación tiene esta cualidad; los helados, no.

Ahora, haga una estimación del costo de cada una de estas actividades. Observe, también, los beneficios que obtiene de cada una de ellas. Haga la suma. ¿Qué porcentaje es esa cifra de los ingresos totales durante ese período?

Es útil compararlo con el porcentaje de ingresos que las compañías gastan en enseñar y reciclar a sus empleados; las empresas punteras dedican cerca de un 10 por ciento.

El porcentaje de ingresos que invierte en usted mismo es un reflejo de lo que se valora a sí mismo. Usted es su recurso más valioso, e invertir en su persona puede ser su mejor inversión.

¿Invierte en usted mismo todo lo que quisiera? Además de los beneficios personales, pueden serlo económicos también.

Tengo una amiga que no estaba satisfecha con su vida; trabajaba de cocinera y ganaba poco más de 12.000 dólares al año. Durante unos tres o cuatro años, fue invirtiendo alrededor del 10 por ciento de sus ingresos en su propio desarrollo y formación, incluyendo formación en PNL. Ha sufrido un cambio radical tanto ella como su estilo de vida: ahora, encuentra la vida mucho más satisfactoria y gana unos 35.000 dólares al año.

La forma en que fluye el dinero en nuestras vidas refleja de forma precisa la forma como fluyen los pensamientos en la mente; de modo que si quiere cambiar su saldo bancario, cambie de forma de pensar. Esta es una noción básica en la conciencia de prosperidad.

A un nivel más general, si quiere usted cambiar su realidad externa, cambie primero su realidad interna.

La PNL trata de cambiar la realidad interna. A menos que los beneficios sean muy claros, no hay motivos para gastar tiempo y dinero en la PNL. ¿Qué beneficios reporta invertir en la PNL?

Cada persona aporta su potencial y personalidad únicos en cualquier curso de formación de PNL, y los beneficios varían de una persona a otra. Lo que obtenga dependerá, básicamente, de lo que quiera obtener, por lo que es muy útil tener claras las metas personales.

En principio, mucha gente viene para desarrollar su personalidad. Están sufriendo un proceso de cambio en sus vidas y quieren habilidades y herramientas para realizar los cambios. Otros, puede que simplemente sean conscientes de que pueden mejorar sus vidas.

Otros vienen por razones profesionales, si bien desarrollo personal y profesional van de la mano. Las habilidades de la PNL no tienen precio en las relaciones personales; muchos profesionales emplean la PNL en su trabajo: profesores, entrenadores, consejeros, terapeutas, psiquiatras, enfermeras, asistentes sociales, gestores y vendedores. La PNL mejora la efectividad en el trabajo e intensifica la sensación de bienestar. Muchos profesionales usan la PNL para mejorar en sus finanzas, de forma que obtienen un resultado tangible a cambio de su inversión.

Los participantes reciben, a menudo, una nueva perspectiva de su vida, dan una nueva dimensión a sus experiencias, tienen más opciones, ideas más creativas y nuevas habilidades que aplicar. Aumentar el nivel de la conciencia y la flexibilidad revitalizan tanto la vida personal como la profesional a la vez.

Además, la PNL es divertida. Un cursillo es algo que se espera con agrado, una ocasión para disfrutar y conocer a gente interesante.

Se puede aprender la PNL en los libros, pero la PNL es experimental. Involucra los filtros perceptivos, patrones y habilidades en el comportamiento, más que sólo las ideas en su mente. Las experiencias personales con los demás tienen mucho más significado e impacto que cualquier palabra escrita.

La PNL, si se quiere tener algún provecho, debe usarse al nivel de la experiencia.

Un seminario de PNL proporciona un marco seguro en el que aprender los modelos de forma experimental con personas abiertas y personal preparado.

Hay un viejo proverbio chino que dice:

Escucho y olvido.
Veo y recuerdo.
Hago y comprendo.

Sus inversiones en cursillos son más valiosas que las inversiones en libros y garantizan una cuidadosa consideración. También proporcionan muchísimos otros beneficios.

La única forma de comprobar si la PNL está hecha para usted es llevarla a la práctica. La sección siguiente trata sobre cómo escoger el curso que a uno le va mejor.

Cómo escoger un curso de PNL[5]

Esta sección da unas pautas de ayuda para escoger qué tipo de cursos de PNL hacer.

Cursos de PNL se ofrecen muchos constantemente. En este momento, usted puede escoger desde cursos introductorios de dos días, cursos más avanzados, incluyendo cursos especializados de aplicación específica, hasta cursillos más largos. Muchas organizaciones ofrecen cursos introductorios gratis por la noche, de forma que así puede saber lo que ofrecen.

Hay un abanico de cursos enfocados específicamente a la aplicación de la PNL en áreas específicas como educación, negocios, ventas, presentaciones, reuniones, negociaciones, música, acupuntura, asesoramiento, psicoterapia e hipnoterapia. También hay cursos de puesta al día en los hechos y modelos de la PNL más recientes.

El curso de *Practitioner* es un paso muy importante; lleva unas 150 horas de formación en unos 20 días o más. Es cada vez más frecuente que las distintas organizaciones ofrezcan primero un curso corto de formación, bajo distintos nombres, y otro opcional más largo para obtener el nivel de diploma o terapeuta.

A continuación viene el curso de *Master Practitioner,* que ocupa un tiempo similar al anterior; hay también cursos en nuevas investigaciones y formación para monitores.

En términos prácticos, la primera pregunta que debe realizarse es qué tipo de formación quiere. Puede que lo tenga claro

---

5. Lo que sigue va dirigido específicamente a los habitantes de Gran Bretaña.

desde el principio o puede que deba aclarar sus ideas recogiendo información. ¿Quiere usted simplemente una formación en PNL, o quiere usted especializarse en un área de aplicación? Si es así, ¿en cuál? ¿Quiere usted un certificado o calificación del curso?

El coste del curso es una consideración obvia, y el lugar donde se realice es un factor importante, tanto en cuestiones de comodidad como de tiempo. Recuerde que deberá añadir costes de viaje y hospedaje a los costes del curso.

¿Cuánto dura el curso? ¿Cómo se adapta al resto de sus obligaciones?

¿Son las condiciones lo bastante flexibles? ¿Se matricula en un curso cerrado o en uno organizado en unidades a las que puede asistir o no según sus necesidades? ¿Cuáles son las condiciones de pago y las de anulación? ¿Qué horario tiene? ¿Se da en días laborables o en los fines de semana? En los cursos de formación de monitores hay, a menudo, sesiones nocturnas de prácticas a las que deberá asistir.

Los monitores tendrán una gran influencia en el curso. Algunas organizaciones tienen personal formado en Estados Unidos, lo que supone un aumento en los costes, pero es útil recordar que los monitores estadounidenses tienen, por regla general, una mayor experiencia con la PNL.

Tal vez lo más importante para usted sea cómo se siente en los cursos y con los monitores. La PNL es una experiencia muy subjetiva. Debe usted ser consciente de sus evaluaciones personales sobre la calidad y lo que usted crea que es importante.

¿Le gusta el monitor y lo respeta? ¿Tiene usted confianza en él/ellos, y le ofrecen una integridad en la que puede creer? Los monitores tienen estilos muy diferentes. ¿Son los que a usted le van? ¿Puede aprender bien con ellos?

Investigue primero todo lo que pueda; llame a las organizaciones y pregúnteles sobre sus cursos. Expóngales sus condiciones.

Muchas organizaciones tienen tardes abiertas a las que puede asistir y charlar con los formadores. Para muchas personas, la recomendación de otras personas es un criterio clave; puede que tenga amigos o conocidos que hayan asistido a algún curso; pregúnteles. Unas personas preferirán la recomendación de una persona por la que sientan un respeto especial; otras, por el contrario, prefieren hacerse una idea por sí mismas.

La Asociación para la Programación Neurolingüística (ANLP) convoca, cada año, una reunión en Londres, hacia noviembre, y en una de las tardes se realiza un «mercadillo» en el que se puede charlar con las distintas organizaciones y monitores. El congreso es un lugar excelente para aprender sobre la PNL.

La ANLP edita también un folleto con las direcciones de los distintos centros donde se dan cursos de PNL en Gran Bretaña.

Si ha disfrutado con el libro, puede que le interese saber que sus autores también dan cursos de formación de PNL. Puede contactar con ellos directamente para obtener más información; vea la sección «sobre los autores».

Guía de libros sobre PNL

Presentamos a continuación una lista de libros que tratan sobre la PNL y sus aplicaciones a campos particulares. Todos están escritos en inglés, y sólo algunos han sido traducidos al castellano. No se trata de una lista exhaustiva, y algunos títulos podrían catalogarse en más de una categoría. El comentario que acompaña a cada título proporciona información de su contenido.

La lista se divide en cuatro categorías: *Obras generales, Negocios y ventas, Educación y Salud y Terapia*. Los títulos se ordenan por orden alfabético de autor dentro de cada categoría.

La mayor parte de los títulos están editados en Estados Unidos, el resto en Gran Bretaña, por editoriales muy especializadas, de modo que no es fácil encontrarlos en librerías incluso en sus países de origen. Para mayores datos, póngase en contacto con la organización de PNL más cercana, o con alguna librería especializada en importación de libros.

Obras generales

Change Your Mind and Keep the Change
Steve y Connirae Andreas, Real People Press, 1987.
Transcripción de los seminarios dados por los autores. Contiene mucha de las técnicas para el cambio de submodalidades, ¡chas!, criterios para el cambio y el estallido compulsivo. También hay un capítulo sobre líneas del tiempo.

Heart of the Mind
Steve y Connirae Andreas, Real People Press, 1990. [Trad. al cast: *Corazón de la mente,* Cuatro Vientos, Santiago de Chile, 1991.]

Estrategias de PNL aplicadas a un amplio abanico de ideas, incluyendo la utilización de líneas del tiempo para el cambio personal.

An Insider's Guide to Submodalities
Richard Bandler y Will MacDonald, Meta Publications, 1988.

Proporciona una amplia serie de trabajos con submodalidades, incluyendo el cambio de creencias y variaciones en el ¡chas! Es la guía más completa para las submodalidades en este momento.

Frogs into Princes
Richard Bandler y John Grinder, Real People Press, 1979. [Trad.: *De sapos a príncipes,* Cuatro Vientos, Santiago de Chile, 1982.]

Transcripción de un seminario que abarca muchos de los principales modelos de PNL: anclaje, reencuadre, sistemas representativos, sintonía y señales de acceso ocular. Contiene muchas anécdotas y divertidos comentarios a lo largo del libro.

Magic in Action
Richard Bandler, Meta Publications, 1985.

Transcripción de cintas de vídeo de trabajos de Richard Bandler con pacientes con problemas tales como agorafobia, miedo ante la autoridad y pérdida por anticipación. En el apéndice, tratamiento de los síntomas de desórdenes debidos a estrés postraumático, mediante técnicas de la PNL.

Neuro-Linguistic Programming: Volume 1, The Study of the Structure of Subjective Experience
Richard Bandler, John Grinder, Robert Dilts y Judith DeLozier, Meta Publications, 1980.

Extensa guía para la creación de modelos, que incluye la inducción, diseño, utilización e instalación de estrategias.

Reframing: Neuro-Linguistic Programming and the Transformation of Meaning
Richard Bandler y John Grinder, Real People Press, 1982.
Transcripción de un seminario sobre el reencuadre en detalle. Comprende secciones sobre la negociación entre las partes, creación de nuevas partes, reencuadre en seis pasos y reencuadre en sistemas como familias y organizaciones.

The Structure of Magic I
Richard Bandler y John Grinder, Science and Behaviour Books, 1975. [Trad.: *La estructura de la magia I*, Cuatro Vientos, 1988.]
Primer libro que se publicó sobre PNL y que sigue siendo el definitivo sobre metamodelo, muy detallado, y con material sobre la gramática de la transformación. El metamodelo se presenta en un contexto total de psicoterapia.

The Structure of Magic 2
Richard Bandler y John Grinder, Science and Behaviour Books, 1976. [Trad.: *La estructura de la magia II*, Cuatro Vientos, 1990.]
Relación detallada de sinestesias, incongruencia y sistemas representativos en un contexto de terapia familiar.

Using Your Brain for a Change
Richard Bandler, Real People Press, 1985. [Trad. al cast.: *Use su cabeza para variar*, Cuatro Vientos, 1988.]
Transcripción de seminarios dirigidos por Richard Bandler sobre modelos de submodalidad, incluyendo el modelo ¡chas! Divertidos comentarios al margen cuando se explican las ideas principales.

An NLP Workbook: Advanced Techniques Book 1
Phil Boas con Jane Brooks, Metamorphous Press, 1985
   Listado de ejercicios de PNL desde el punto de vista de un formador. No es un texto introductorio.

A Framework for Excellence
Charlotte Bretto, Grinder DeLozier Associates, 1989.
   Excelente y detallado manual de recursos, con material y ejercicios para practicantes.

Emotional Hostage
Leslie Cameron-Bandler y Michael Lebeau, Future Pace Inc., 1985.
   Una obra muy útil para enfrentarse a los problemas emocionales y de relación.

The Emprint Method
Leslie Cameron-Bandler, David Gordon y Michael Lebeau, Future Pace Inc., 1985.
   Métodos detallados de creación de modelos de excelencia en cualquier campo. Manual de la técnica paso a paso de ese método.

Know How, Guided Programs to Inventing Your Own Best Future
   Leslie Cameron-Bandler, Michael Lebeau y David Gordon, Future Pace Inc., 1985.
   Aplicaciones prácticas del método de Emprint aplicado a la dieta, salud, hijos y relaciones sociales.

Feeling Good about Feeling Bad
Pat Christopherson, Golden Egg Publishing, 1987.
   Cómo integrar el dolor y las emociones dolorosas como parte de nuestra vida cotidiana.

Results on Target
Bruce Dilman, Outcome Publications, 1989.
Un excelente estudio en profundidad de objetivos en el trabajo y en casa.

Applications of Neuro-Linguistic Programming
Robert Dilts, Meta Publications, 1983.
Serie de artículos sobre el metamodelo, y aplicaciones de la PNL a la comunicación en los negocios, ventas, educación, escritura creativa y salud.

Changing Belief Systems with NLP
Robert Dilts, Meta Publications, 1990.
Un libro sobre cómo cambiar las creencias para trabajos en grupo. Muy completo. Incluye la Metaimitación *(Meta-Mirror)* y el modelo Fracaso hacia la interacción *(Failure into Feedback pattern)*.

Roots of Neuro-Linguistic Programming
Robert Dilts, Meta Publications, 1983.
Un libro complejo que contiene tres artículos escritos anteriormente. El primero integra material sobre la PNL con teorías sobre la función del cerebro; el segundo refiere las investigaciones acerca de las lecturas de EEG y sistemas representativos; el tercero contiene material sobre el metamodelo, estados alterados y metáfora en un contexto terapéutico.

Tools for Dreamers
Robert Dilts y Todd Epstein; Meta Publications, 1991.
Una mina de estrategias y técnicas para la creatividad. Contiene algunas de las páginas más actuales acerca de la creación de modelos que pueda encontrarse en el comercio.

Various NLP Monographs
Robert Dilts, Dynamics Learning Center.

Monografías encuadernadas con espiral con los siguientes títulos: «Albert Einstein: Neuro-Linguistic Analysis of a Genius»; «The Cognitive Patterns of Jesus of Nazareth»; «Moshe Feldenkrais, NLP of the Body»; «NLP and Life Extension» (con Jaap Hollander); «NLP in Training Groups»; «Overcoming Resistance to Persuasion with NLP» (con Joseph Yeager); «The Parable of the Porpoise»; «Spelling Strategy»; «Walt Disney, The Dreamer, The Realist and the Critic»; «Wolfgang Amadeus Mozart». Pedirlos directamente al Dynamic Learning Center.

Developing Co-operative Relationships
Gene Early, publicado por Gene Early, 1988.

Opúsculo que utiliza la PNL para el desarrollo y mantenimiento de relaciones de cooperación, en las que es importante compartir y llegar a acuerdos. Útil tanto para las relaciones personales como para las profesionales.

The Happy Neurotic
Geoff Graham, Real Options Press, 1988.

Publicado en Inglaterra, contiene diversos aspectos de la PNL. Buena parte de este material se encuentra en *Using Your Brain for a Change*.

Trance-Formations: Neuro-Linguistic Programming and the Structure of Hypnosis
John Grinder y Richard Bandler, Real People Press, 1981.

Transcripción de seminarios sobre hipnosis. Explicaciones claras y detalladas acerca de cómo inducir el trance, con ejercicios divididos en pequeños pasos; contiene también intresantes historias y ejemplos de modelos de hipnosis. Las técnicas de utilización incluyen el reencuadre, el generador de nueva conducta, control del dolor y amnesia.

Turtles All the Way Down
John Grinder y Judith DeLozier, Grinder DeLozier Associates, 1987.

Transcripción de un seminario dirigido por John Grinder y Judith DeLozier. Trabajos recientes sobre los prerrequisitos de inventiva y de cordura, estilo y gracia que deben acompañar a las aplicaciones de las técnicas de PNL. Un libro extraordinario y fundamental para cualquiera que conozca y tenga interés en la PNL.

Leaves Before the Wind
John Grinder, Judith DeLozier y Charlotte Bretto, Grinder De-Lozier Associates, 1990.

Una serie de artículos que tratan de la PNL y la hipnosis, la curación y la creación artística.

Challenge of Excellence
S. L. Gunn, Metamorphous Press, 1986.

Cómo conseguir la excelencia mediante la aptitud física, una fisiología equilibrada y adecuadas pautas de pensamiento. Buenos capítulos sobre la calibración y el *tracking*. Estudia el concepto de excelencia a través de las experiencias de impugnación. Útil para cualquier monitor que quiera desarrollar habilidades de PNL junto con juegos de cooperación o actividades al aire libre. El autor tiene experiencia como consejero para actividades de ocio.

The Excellence Principle
S. L. Gunn, Excellence Unlimited, 1981.

Manual introductorio a la PNL basado en que «la diversión es un prerrequisito para la excelencia».

Monsters and Magical Sticks
Steven Heller y Terry Steele, Falcon Press, 1987.

Claro y entretenido libro sobre hipnosis y estados de trance.

The Secret of Creating your Future
Tad James, Advanced Neuro-Dynamics, 1989.

Habla de las líneas del tiempo mediante las aventuras metafóricas de Milon y el hechicero.

Timeline Therapy and the Basis of Personality
Tad James, Meta Publications, 1988.

Obra detallada y clara sobre líneas del tiempo, metaprogramas y valores. No se trata de una obra de introducción.

Fine Tune Your Brain
Genie Laborde, Syntony Publishing, 1988.

Continuación de *Influencing with Integrity;* estudia modelos de comunicación, ajuste de objetivos, congruencia y metáforas.

Magic Demistified
Byron Lewis y Frank Pucelik, Metamorphous Press, 1982.

Introducción a algunos temas de la PNL. Se extiende sobre el metamodelo, la comunicación, cómo hacer mapas del mundo, sistemas de representación y señales de acceso.

NLP: The Wild Days 1972-1981
Terry McClendon, Meta Publications, 1989.

Breve relato, salpicado de anécdotas, de la primera asociación entre John y Richard.

Golf: The Mind Game
Tennis: The Mind Game
Marlin M. Mackenzie con Ken Denlinger, Dell, 1990.

Aplicación de la PNL al deporte. Accesible a legos en PNL.

The Art of the Possible
Dawna Markova, Conan Press, 1991.

Se trata del estudio más profundo que se haya hecho de los modelos de comunicación basados en sistemas de representación; incluye cómo identificar los propios modelos.

Basic Techniques: An NLP Workbook
Linnaea Marvell-Mell, Metamorphous Press, 1982.
Cuaderno de trabajo y audio para enseñar los modelos básicos de reencuadre, anclaje, señales de acceso y metamodelo.

Introducing NLP
Joseph O'Connor y John Seymour, Mandala, 1990.
Excelente introducción a la NLP enfocada para principiantes. Extensa, clara y detallada, contiene una visión general y todos los modelos principales. Bueno como referencia, posee además una inestimable sección con todos los libros sobre NLP, una guía para elegir cursos y un extenso glosario de términos de la NLP. Puede encargarse directamente a John Seymour Associates.

Practitioner Manual for Introductory Patterns in NLP
Maryann Reese y Carol Yancar, Southern Press, 1986.
Manual escrito a partir de un curso práctico, un ayuda memoria para la práctica.

Programmer's Pocket Summary
Maryann Reese y Alan Densky, Reese and Densky, 1986.
Pequeña carpeta con hojas sueltas, en formato de recetas de cocina, que contiene los modelos básicos de NLP. No es para principiantes.

Awaken the Giant Within
Anthony Robbins, Simon & Schuster, 1992.
Trata de la estructura del destino y de la ciencia del Condicionamiento Neuroasociativo (NAC). Apasionante y lleno de motivaciones, aunque no se trata estrictamente de PNL.

Unlimited Power
Anthony Robbins, Simon and Schuster, 1986. [Hay trad. al castellano: *El poder sin límites*, Grijalbo, Barcelona, 2.ª ed., 1989.]

Excelente exposición de los principios básicos de la PNL con muchas aplicaciones personales. Escrito en un estilo muy personal e inmediato, con muchas anécdotas.

Cognitive Harmony
Jerry Stockings, Moose Ear Press, 1991.

Este libro, subtitulado «Una aventura sobre la aptitud mental», presenta conceptos de PNL en el contexto de la evolución personal.

Various NLP Monographs
Wyatt Woodsmall, editado por él mismo.

Monografías encuadernadas con espiral, que incluyen los siguientes títulos: «Business Aplications of NLP»; «The Science of Advanced Behavioural Modelling»; «Metaprograms»; «Language Patterns and Timeline Therapy»; «Strategies»; «Lifeline Therapy»; «Beyond Self Awareness». Pueden solicitarse a Advanced Behaviour Modelling.

Basic Techniques, Book II
Clifford Wright, Metamorphous Press, 1989.

Colección de ejercicios procedentes de la formación de especialistas en PNL. Mejor si se practican en grupos de dos o más personas.

Thinking About Thinking with NLP
Joseph Yeager, Meta Publications, 1985.

Se refiere sobre todo a los fundamentos de la PNL, un «estado PNL de la mente», especialmente aplicado al mundo de los negocios, que a técnicas en particular. Interesante como visión general para los que estén familiarizados con las ideas básicas de la NLP.

Negocios y ventas

Green Light Selling
Don Aspromonte y Diane Austin, Cahill Mountain Press, 1990.
 Cómo realizar ventas mediante la PNL. Especialmente útil para agentes de ventas que conocen su producto, conocen sus mercados y saben que pueden mejorar su gestión.

Beyond Selling
Dan Bagley y Edward Reese, Meta Publications, 1987.
 Libro bien escrito con una presentación general de la PNL, para ganar adeptos y conservarlos.

Instant Rapport
Michael Brooks, Warner Books, 1989.
 Amplio panorama sobre sintonía y habilidades para el anclaje.

What They Don't Teach You in Sales 101
Steven Drozdek, Joseph Yeager y Linda Sommer, McGraw Hill, 1991.
 Una de las mejores aplicaciones de la PNL a las ventas, con un amplio repertorio de objetivos. Incluye una excelente sección sobre «cómo mantenerse simpre activo».

Making the Message Clear
James Eicher, Grinder DeLozier Associates, 1987.
 La PNL aplicada a los negocios, especialmente en lo referente a comunicación verbal.

Precision: A New Approach to Communication
John Grinder y Michael McMaster, Precision Models, 1980.
 Estudio sistemático acerca de cómo reunir información. Destinado a mejorar la planificación, dirección y reuniones de negocios.

Influencing with Integrity
Genie Laborde, Syntony Publishing Co., 1984.

Subtitulado «Habilidades de dirección para la comunicación y la negociación», es una excelente introducción a la PNL aplicada a los negocios. Escrito con claridad, incluye materias como objetivos, sintonía, agudeza y flexibilidad, y sus aplicaciones en las reuniones y la negociación.

90 Days to Communications Excellence
Genie Laborde, Syntony Publishing Co., 1985.

Cuaderno de trabajo de la obra anterior, desmenuza la agudeza sensorial y el reconocimiento de modelos en pequeñas unidades, fáciles de aprender.

Rapport on the Telephone
Genie Laborde, Syntony Publishing Co., 1991.

Diseñada como una libreta para anotaciones, cada página contiene una habilidad diferente, desde fijación de objetivos hasta compartir y dirigir y cómo conseguir referencias de posibles clientes. Utilización sencilla de la PNL mediante el teléfono.

Performance Management
Michael McMaster, Metamorphous Press, 1986.

Comunicación y formación en la gestión y dirección, utilizando la PNL junto con otros enfoques.

Unlimited Selling Power
D. Moine y K. Lloyd, Prentice-Hall, 1990.

Subtitulado «Cómo dominar las estrategias hipnóticas de venta», se trata básicamente del Modelo de Milton para agentes de ventas.

Modern Persuasion Strategies
J. Moine y I. Herd, Prentice-Hall, 1985.

Uno de los mejores libros sobre la influencia personal en el mundo de las ventas. Clara introducción al mundo de los modelos de lenguaje hipnótico en la vida diaria.

No Experience Necessary
Scott Nelson, Meta Publications, 1990.

Técnicas para tener éxito en las ventas por televisión (telemarketing).

The Magic of Rapport
J. Richardson y J. Margoulis, Meta Publications, 1988.

Se refiere a la creación de sintonía y a las técnicas de persuasión hipnótica.

Sales: The Mind's Side
James E. Robertson, Metamorphous Press, 1989.

Formación psicológica y mental para los deportes aplicada a las ventas. Se centra más en los agentes de ventas que en estrategias de venta.

EDUCACIÓN

Master Teaching Techniques
B. Cleveland, Connecting Link Press, 1984.

Cuaderno de trabajo destinado a maestros para la aplicación de las técnicas básicas de PNL en la escuela. Los ejercicios del libro se practican mejor con grupos pequeños.

Righting the Educational Conveyor Belt
Michael Grinder, Metamorphous Press, 1989.

Buena y detallada aplicación de algunos temas de la PNL a la enseñanza escolar. Libro muy útil, interesante y práctico.

Meta-Cation: Prescriptions for Some Ailing Educational Processes
Sid Jacobsen, Meta Publications, 1983.

Ideas de la PNL como metáforas, anclas, sistemas representativos y fantasía guiada, aplicadas al asesoramiento individual en la educación.

Meta-Cation 2
Sid Jacobsen, Meta Publications, 1987.

Cuaderno de trabajo que proporciona nuevas aplicaciones y desarrollos del volumen 1.

Meta-Cations 3
Sid Jacobsen, Meta Publications, 1988.

Cuaderno de trabajo con nuevas aplicaciones y desarrollos de los volúmenes 1 y 2.

Super-Teaching
Eric P. Jensen, Turning Point for Teachers, 1988.

Cuaderno de trabajo sobre la PNL, aprendizaje acelerado y otras técnicas para usar en la educación, con muchas recomendaciones prácticas.

Classroom Magic
Linda Lloyd, Metamorphous Press, 1989.

Aplicación de las habilidades de la PNL a la enseñanza en la escuela primaria, en una serie de lecciones planificadas diariamente. Ofrece muchas ideas para desarrollar las habilidades de los niños en el aprendizaje.

Listening Skills in Music
Joseph O'Connor, Lambent Books, 1989.

Los resultados de modelar músicos con talento, explicación a fondo de la estrategia para la memoria musical y cómo enseñarla. Incluye un vídeo del proceso de creación de modelos.

Megateaching and Learning: Neuro-Linguistic Programming Applied to Education, Volume 1
C. Van Nagel, Edward J. Reese, Maryann Reese, Robert Siudzinski, Southern Institute Press, Inc., 1985.

Modelos básicos de sintonía, anclas y sistemas representativos aplicados a la educación. Incluye material sobre estilos y estrategias referentes a la enseñanza, y creación de modelos de alto rendimiento sobre ortografía, lectura y aritmética.

Not Pulling Strings
Joseph O'Connor, Lambent Books, 1987.

Aprendizaje y enseñanza de la música. Explica y utiliza ideas básicas de la PNL: sintonía, sistemas representativos y submodalidades.

The Carnival
D. Spence, Southern Institute Press, 1987.

Narración que incluye técnicas de PNL, destinada a introducir ideas de PNL en los niños.

SALUD Y TERAPIA

Virginia Salit: The Patterns of her Magic
Steve Andreas, Science and Behaviour, 1992.

Transcripción mecanográfica completa de las sesiones de Virginia Satir con «padres que perdonan». Incluye comentarios detallados y arroja luz sobre muchas conductas.

Metamedicine
Vida Baron, Barez Publishing Company, 1990.
Sencillos y básicos marcos de PNL aplicados a la medicina.

Solutions
L. Cameron-Bandler, FuturePace Inc., 1985.
Edición revisada y aumentada del título anterior. Aplicación clara y detallada de la PNL a los problemas sexuales y de relación.

Beliefs: Pathways to Health and Wellbeing
Robert Dilts, Real People Press, 1990.
Un libro adecuadamente descrito por su título, acerca de cómo lo que uno cree afecta a la salud.

Therapeutic Metaphors
David Gordon, Meta Publications, 1978.
Presenta un modelo para generar metáforas poderosas que ayuden a disponer de los propios recursos. Además, habla de cómo utilizar la sinestesia, los sistemas representativos y las submodalidades.

Patterns of Hypnotic Techniques of Milton H. Erickson, M.D.,
Volume 1.
John Grinder y Richard Bandler, Meta Publications, 1975.
Exposición clara de los modelos de lenguaje ingeniosamente vagos utilizados por Milton Erickson. Se explican la inducción del trance básico de compartir y dirigir, cómo distraer el hemisferio dominante y acceder al no dominante. Incluye una sección que muestra a Erickson trabajando con Aldous Huxley. Fue el segundo libro sobre la PNL que se publicó.

Patterns of Hypnotic Techniques of Milton H. Erickson, M.D.,
Volume 2.
John Grinder, Richard Bandler y Judith DeLozier, Meta Publications, 1977.

Compañero del volumen 1, más técnico y detallado, con transcripciones del trabajo de Erickson con pacientes.

Irresistible Communications: Creative Skills for the Health Profesional
Mark King, Larry Novick y Charles Citrenbaum, W. B. Saunders & Co., 1983.

Introducción clara y práctica a la PNL y comunicación para doctores, enfermeras y asistentes sociales.

Gets the Results You Want: A Systematic Approach to NLP
K. Kostere y L. Malatests, Metamorphous Press, 1985.

Introducción muy clara a la PNL para terapeutas, con transcripciones de sesiones con clientes.

Maps, Models and the Structure of Reality
K. Kostere y L. Malatests, Metamorphous Press, 1992.

Un estudio muy directo de los soportes filosóficos de la PNL y cómo se relacionan con la utilización de las técnicas.

Practical Magic
Steven Lankton, Meta Publications, 1980.

Subtitulado «Aplicación de la PNL básica a la psicoterapia clínica». Trata de la sintonía, sistemas representativos, anclas, metamodelo, estrategias, trance y metáforas aplicados a la psicoterapia.

Facticity: A Door to Mental Health and Beyond
Ragini Elizabeth Michaels, Facticity Trainings, 1991.

Un libro sobre cómo reconocer e integrar los aspectos claros y oscuros de nuestra personalidad.

Changing with Families
Virginia Satir, John Grinder y Richard Bandler, Science and Behaviour Books, 1976.

Excelente descripción de la obra de Virginia Satir. Trata en
extenso de varios sistemas representativos en las familias y de los
comportamientos no orales.

*Your Balancing Act: Discovering New Life Through Five Dimensions of
Wellness*
Carolyn Taylor, Metamorphous Press, 1988.

Presenta un modelo de salud mediante el sistema de creencias.
Las cinco áreas del bienestar son física, mental, emocional, social y
espiritual. Hace gran uso del personaje de Walt Disney Jimmy
Cricket (Pepito Grillo).

LIBROS RELACIONADOS CON LA PNL

Lecturas básicas e interesantes que complementan los libros sobre
PNL. Selección personal de los autores de este libro, de títulos
escritos por, o referentes a, Milton Erickson, Virginia Satir, Gregory
Bateson y Fritz Perls, en cuanto contribuyeron en gran medida al
desarrollo de la PNL. La lista se divide en ocho categorías: *Obras
generales, Educación, Funcionamiento del cerebro, Trance, Trabajo con
el cuerpo, Terapia, Negocios y Lingüística.*

Obras generales
Gregory Bateson y Mary Catherine Bateson, Angels Fear Hut-
chinson, 1988. [Trad. al castellano: *El temor de los ángeles*, Gedisa,
Barcelona, 1989.]

Gregory Bateson, Steps to an Ecology of Mind, Ballantine Books, 1972. [Trad. al castellano: *Una unidad sagrada: Pasos ulteriores hacia una ecología de la mente,* Gedisa, Barcelona, 1993.]

Gregory Bateson, *Mind and Nature,* Fontana, 1985. [Trad. al castellano: *Espíritu y naturaleza,* Amorrortu, Buenos Aires, 1987.]

Stafford Beer, *Platform for Change,* John Wiley, 1975.

Carlos Castaneda, *Journey to Ixtlan,* Bodley Head, 1972. [Trad. al castellano: *Viaje a Ixtián,* FCE, Madrid, 1990[13].]

Peter Russell, *The Awakening Earth,* Routledge y Kegan Paul, 1982.

Rupert Sheldrake, *A New Science of Life,* Paladin, 1983. [Trad. al castellano: *Una nueva ciencia de la vida,* Kairós, Barcelona, 1990.]

Educación
Michael Lawlor, *Inner Track Learning,* Pilgrims Publications, 1988.

Barbara Meister Vitale, *Unicorns are Real,* Warner Books, 1982.

Eloise Ristad, *A Soprano on her Head,* Real People Press, 1982. [Trad.: *Música en la mente,* Cuatro Vientos, Santiago de Chile, 1989.]

Funcionamiento del cerebro
Robert Ornstein y Richard Thompson, *The Amazing Brain,* Chatto and Windus, 1985.

Karl Pribram, *Languages of the Brain,* Prentice-Hall, 1971.

Peter Russell, *The Brain Book,* Routledge and Kegan Paul, 1979.

Oliver Sacks, *The Man Who Mistook His Wife For A Hat,* Duckworth, 1985. [Trad. al cast.: *El hombre que confundiá a su mujer con un sombrero,* Muchnik, Barcelona, 1987.]

Trance
M. Erickson y E. Rossi, *Experiencing Hypnosis,* Irvington, 1981.

M. Erickson y E. Rossi, *Hypnotherapy: An Exploratory Casebook,* Irvington, 1979.

M. Erickson y E. Rossi, *Hypnotic Realities,* Irvington, 1975.

S. E. Gilligan, *Therapeutic Trances,* Brunner/Mazel Inc., 1987.

David Gordon y Meribeth Meyers-Anderson, *Phoenix: Therapeutic Patterns of Milton H. Erickson,* Meta Publications, 1981.

Jay Haley, *Uncommon Therapy: The Psychiatric Techniques of Milton H. Erickson M.D.,* W. Norton, 1973. [Trad. al cast.: *Terapia no convencional. Las técnicas psiquiátricas de Hilton H. Erickson,* Amorrortu, Buenos Aires, 1989.]

S. Rosen, My *Voice Will Go With You,* W. Norton, 1982. [Trad. al cast.: *Mi voz irá contigo,* Paidós, Buenos Aires, 1986.]

Trabajo con d cuerpo
Moshe Feldenkrais, *The Elusive Obvious,* Meta Publications, 1981.

Moshe Feldenkrais, *The Master Moves,* Meta Publications, 1985.

Terapia
F. Fareily y J. Brandesma, *Provocative Therapy,* Meta Publications, 1974.

A. Malow, *Towards a Psychology of Being*, Van Nostrand Rheinhold, 1968.

Fritz Perls, *The Gestalt Approach*, Science and Behaviour Books, 1973. [Trad. al cast.: *El enfoque guestáltico*, Cuatro Vientos, Santiago de Chile.]

Fritz Peris, *Gestalt Therapy Verbatim*, Real People Press, 1969. [Trad. al cast.: *Sueños y existencias*, Cuatro Vientos, Santiago de Chile, 1990.]

Susan Quilliam y Ian Grove-Stevenson, *Love Strategies*, Thorson, 1987.

Virginia Satir, *Conjoint Family Therapy*, Souvenir Press, 1988. [Trad. al cast.: *Psicoterapia familiar conjunta*, Prensa Médica, México, 1986.]

Virginia Satir, *Helping Families To Change*, The High Plains Comprehensive Community Mental Health Centre, 1972.

Virginia Satir, *New Peoplemaking*, Science and Behaviour Books, 1988.

Paul Watzlawick, *Ultra Solutions*, W. Norton, 1988.

Negocios
K. Blanchard y S. Johnson, *The One Minute Manager*, William Morrow, 1982. [Trad. al castellano: *El líder ejecutivo al minuto*, Grijalbo, Barcelona, 1990[3].]

Roger Fisher y William Ury, *Getting to Yes,* Arrow, 1987. [Trad. al castellano: *Cómo reunirse creando una relación que lleve al sí,* Deusto, Bilbao, 1991.]

Thomas J. Peters y Robert H. Waterman, *In Search of Excellence,* Harper & Row, 1982. [Trad. al castellano: *En busca de la excelencia,* Lasser, México, 1984. En audio: *En busca de la excelencia,* Proaudio, Majadahonda (Madrid), 1992.]

Lingüística
R. Langacker, *Language and its Structure,* Harcourt Brace Jovano-vich, 1967.

Glosario de la PNL

Agudeza sensorial *(Sensory Acuity):* Proceso por el que aprendemos a hacer distinciones más sutiles y más útiles respecto a la información sensorial que obtenemos del mundo.

Ajuste de objetivos *(Dovetailing Outcomes):* Proceso de compaginar diferentes objetivos, buscando las soluciones óptimas. Base para negociaciones ganadoras.

Ambigüedad fonética *(Phonological Ambiguity):* Dos palabras que al oído suenan iguales, pero que son diferentes: Va a ver, va a haber.

Ambigüedad en la puntuación *(Punctuation Ambiguity):* Ambigüedad creada uniendo dos proposiciones separadas en una sola persona puede pasarlo mal.

Ambigüedad sintáctica *(Syntactic Ambiguity):* Frase ambigua, como cuando decimos: «El burro de Pedro». ¿Pedro es burro o tiene un burro?

Análogo *(Analogue):* Algo que varía continuamente dentro de ciertos límites, como un regulador de voltaje para la luz.

Anclar, anclaje *(Anchoring):* Proceso mediante el cual un estímulo o representación (externos o internos) se conectan a y desencadenan una respuesta. Las anclas pueden producirse de manera espontánea o ser colocadas deliberadamente.

Ascender, descender *(Chunking or Stepping up/down):* Cambiar la percepción ascendiendo o descendiendo respecto a un nivel lógico. **Stepping up,** *ascender,* significa subir a un nivel que incluye el nivel objeto de estudio; **stepping down,** *descender,* significa bajar a un nivel inferior en busca de un ejemplo más específico de lo que se está estudiando. Es como buscar la clase o género (ascender), o la especie o el individuo (descender); o el todo (ascender) y la parte (descender).

Asociado *(Associated):* En el curso de una experiencia, ver a través de los propios ojos, con todos los sentidos despiertos.

Auditivo *(Auditory):* Relativo al sentido de la audición.

Calibración *(Calibration):* Conocer en forma muy precisa el estado de otra persona leyendo señales no orales.

Campo unificado *(Unified Field):* Encuadre unificador de la PNL. Matriz tridimensional formada por los niveles neurológicos, las posiciones perceptivas y el tiempo.

Capacidad *(Capability):* Estrategia adecuada para realizar una tarea.

Cinestésico *(Kinesthetic):* El sentido del tacto, sensaciones táctiles y sentimientos internos, como sensaciones recordadas, emociones, además del sentido del equilibrio.

Código nuevo *(New Code):* Descripción de la PNL proveniente de la obra de John Grinder y Judith DeLozier en su libro *Turtles All the Way Down.*

Comillas *(Quotes):* «Modelo lingüístico en el cual el mensaje de uno se expresa como si fuera de otra persona».

Compartir (también **acompañamiento**) *(Pacing):* Ganar y mantener sintonía con otra persona durante un cierto período de tiempo, compartiendo con ella su modelo del mundo. Se pueden compartir creencias e ideas, como también comportamientos.

Comportamiento, conducta *(Behaviour):* Cualquier actividad que realizamos, incluyendo las actividades del pensamiento.

Congruencia, coherencia *(Congruence):* Estado del ser unificado, y completamente sincero, en el que todos los aspectos de la persona trabajan juntos con un mismo objetivo.

Consciente *(Conscious):* Cualquier cosa de la que se tiene conciencia en el momento actual.

Creación/imitación de modelos *(Modelling):* Proceso para discernir la secuencia de las ideas y conducta que le permite a alguien realizar una tarea (crearse modelos imitando las habilidades de personalidades famosos en distintos campos). Base del aprendizaje acelerado.

Creeencias, convicciones *(Beliefs):* Generalizaciones que hacemos sobre el mundo y principios con los que operamos en él.

Criterio *(Criterion):* Lo que es importante para uno en un contexto particular.

Criterios bien formados *(Well-Formedness Criteria):* Manera de pensar acerca de estos y de expresar un objetivo que lo convierte en asequible y verificable. Constituyen la base de los ajustes de objetivos y de soluciones ganadoras.

Cuantificadores universales *(Universal Quantifiers):* Término lingüístico para palabras como «cualquiera», «todos», que no admiten excepciones; una de las categorías del metamodelo.

Dejar de corresponder: *Véase* Desigualación.

Descender: *Véase* Ascender.

Descripción basada en lo sensorial *(Sensory-Based Description):* Información directamente observable y verificable por los sentidos. Es la diferencia existente entre decir: «Ella tiene los labios estirados y las comisuras de la boca hacia arriba, dejando ver parcialmente los dientes», y decir: «Ella está feliz», que es una interpretación.

Descripción múltiple *(Multiple Description):* Proceso por el que se describe una misma cosa desde diferentes puntos de vista.

Descripción triple *(Triple Description):* Proceso por el que percibimos la experiencia a través de las posiciones primera, segunda y tercera.

Desigualación *(Mismatching):* Adoptar patrones de conducta diferentes de los de otra persona, rompiendo la sintonía con la intención de dar una nueva dirección, interrumpir o terminar con una reunión o una conversación.

Digital *(Digital):* Variación entre dos estados diferentes, como un interruptor de la luz, que puede estar en posición conectado («on») o desconectado («off»).

Dirigir *(Leading):* Cambiar las propias conductas con la suficiente sintonía para que la otra persona también haga lo mismo.

Disociado *(Dissociated):* Ver o escuchar algo del exterior, pero no mediante experiencia.

Distorsión *(Distortion):* Proceso por el cual algo es representado inadecuadamente en una experiencia interna y en forma limitadora.

Ecología *(Ecology):* Preocupación por el conjunto de relaciones entre un ser y su entorno. También puede designar la ecología interna: el conjunto de relaciones entre una persona y sus pensamientos, estrategias, conductas, capacidades, valores y creencias. Equilibrio dinámico de los elementos en cualquier sistema.

Eliminación *(Deletion):* Pérdida de parte de la experiencia al hablar o pensar.

Enmarcar *(Frame):* Establecer un contexto o manera de percibir algo, como por ejemplo en el marco objetivos, marco de sintonía, marco de recapitulación, etc.

Epistemología *(Epistemology):* Estudio de cómo sabemos lo que sabemos.

Equivalencia compleja *(Complex Equivalence):* Dos afirmaciones que se consideran significan lo mismo; por ejemplo: «No me está mirando, por lo tanto no escucha lo que estoy diciendo».

Estado *(State):* Cómo se siente uno, el humor. La suma total de todos los procesos neurológicos y físicos de una persona en un momento dado. El estado en que nos encontramos influye en nuestras capacidades y en la interpretación de la experiencia.

Estado de plenitud de recursos *(Resourceful State):* Experiencia total neurológica y física de una persona cuando se siente con recursos.

Estrategia *(Strategy):* Secuencia de pensamiento y conducta para obtener un objetivo determinado.

Estructura profunda *(Deep Structure):* Forma lingüística completa de una afirmación de la que se deriva la estructura superficial.

Estructura superficial *(Surface Structure):* Término lingüístico para la comunicación oral o escrita, que deriva de la estructura profunda mediante eliminación, distorsión y generalización.

Exteriorización *(Uptime):* Estado en el que la atención y los sentimientos están vueltos hacia fuera.

Filtros perceptivos *(Perceptual Filters):* Ideas, experiencias, creencias y lenguaje únicos que conforman nuestro modelo del mundo.

Fisiológico *(Physiological):* Relativo a la parte física de una persona.

Generalización *(Generalization):* Proceso mediante el cual una experiencia específica sirve para representar una clase entera de experiencias.

Gustativo *(Gustatory):* Relativo al sentido del gusto.

Identidad *(Identity):* La propia imagen o la idea de sí mismo. Lo que uno cree ser. La totalidad de lo que uno es.

Igualación, emparejamiento, correspondencia *(Matching):* Adoptar parte del comportamiento de otra persona con la intención de aumentar la sintonía.

Incongruencia *(Incongruence):* Estado en que se tienen reservas, en que no se está totalmente entregado a un objetivo. El conflicto interno tendrá su expresión en la conducta de la persona.

Inconsciente *(Unconscious):* Cualquier cosa de la que no somos conscientes en el momento presente.

Inducir *(Elicitation):* Evocar un estado mediante la propia conducta. También, reunir información, sea por observación directa de signos no verbales, sea haciendo preguntas de acuerdo al metamodelo.

Intención *(Intention):* Propósito, objetivo deseado de una acción.

Interiorización *(Downtime):* En un estado de trance ligero, centrar la atención en el interior, en los propios pensamientos y sentimientos.

Línea del tiempo *(Timeline):* Forma como almacenamos escenas, sonidos y sentimientos de nuestro pasado, presente y futuro.

Mapa de la realidad (Modelo del mundo) *(Map of Reality; Model of The World):* Representación única del mundo que hace cada persona a partir de sus percepciones y experiencias individuales.

Marco «como si» *(«As-if» Frame):* Suponiendo que algún hecho ha tenido lugar, y pensando entonces «como si» hubiese ocurrido, estimular la solución creativa de problemas dirigiéndose mentalmente más allá de los obstáculos aparentes hacia las soluciones deseadas.

Meta *(Meta):* Lo que existe a un nivel lógico diferente para otra cosa. Palabra griega que significa además, más allá de, después.

Metaconocimiento *(Metacognition):* Conocer cómo se conoce; tener una habilidad, y el suficiente conocimiento de ella para explicar cómo la pone uno en práctica.

Metáfora *(Metaphor):* Comunicación indirecta mediante una historia o figura de lenguaje que impliquen una comparación. En la PNL, la metáfora incluye símiles, parábolas y alegorías.

Metamodelo o Modelo Meta *(Meta Model):* Modelo que identifica pautas o patrones de lenguaje que oscurecen el sentido de una comunicación a través de los procesos de distorsión, eliminación y generalización, así como cuestiones específicas para clarificar e impugnar el lenguaje impreciso, a fin de volverlo a conectar con la experiencia sensible y la estructura profunda.

Metaprogramas *(Metaprograms):* Filtros habituales y sistemáticos que ponemos en nuestra experiencia.

Modelo *(Model):* Descripción práctica de cómo funciona algo, con la intención de ser útil. Copia generalizada, eliminada o distorsionada.

Modelo de Milton *(Milton Model):* Lo contrario del metamodelo, que utiliza ingeniosamente patrones de lenguaje vagos para compartir la experiencia de otra persona y acceder a los recursos inconscientes.

Modelo del mundo (mapa de la realidad) *(Model of the World; Map of Reality):* Representación única que hace del mundo cada persona a partir de sus percepciones y experiencias individuales. Suma total de los principios personales de operación de un individuo.

Nivel lógico *(Logical Level):* Algo estará en un nivel lógico más alto si incluye algo que está en un nivel lógico más bajo.

Niveles neurológicos *(Neurological Levels):* Conocidos también como los diferentes niveles lógicos de la experiencia: entorno, conducta, capacidad, creencias, identidad y lo espiritual.

Nominalización *(Nominalization):* Término lingüístico para el proceso de convertir un verbo en un sustantivo abstracto, y la palabra del sustantivo así formado.

Objetivo *(Outcome):* Resultado deseado específico, fundamentado en los sentidos, que se suma a los criterios bien formados.

Olfativo *(Olfactory):* Relativo al sentido del olfato.

Operador modal de necesidad *(Modal Operator of Necessity):* Término lingüístico para reglas (debe, hay que, etc.).

Operador modal de posibilidad *(Modal Operator of Possibility):* Término lingüístico para palabras que denotan lo que se considera posible (puede, no puede, etc.).

Partes *(Parts):* Subpersonalidades con intenciones, a veces conflictivas.

Pistas de acceso (también **Signos, señales de exploración**) *(Accessing Cues):* Las diferentes formas como sintonizamos nuestro cuerpo mediante la respiración, posturas y gestos corporales, movimientos de los ojos, para pensar de determinada manera.

Pistas de acceso ocular *(Eye Accessing Cues) (véase también* entrada anterior): Movimientos de los ojos en determinadas direcciones que indican formas de pensar visual, auditiva o cinestésica.

Posición perceptiva *(Perceptual Position):* El punto de vista del que somos conscientes en todo momento puede ser el nuestro (primera posición), el de otro (segunda posición), o el de un observador objetivo y benevolente (tercera posición).

Postulado de conversación *(Conversational Postulate):* Forma hipnótica de lenguaje; una pregunta que se interpreta como una orden.

Predicados *(Predicates):* Palabras fundamentadas en los sentidos que indican la utilización de un sistema representativo.

Presuposiciones *(Presuppositions):* Ideas o afirmaciones que hay que dar por supuestas para que una comunicación tenga sentido.

Primera posición *(First Position):* Percepción del mundo sólo desde el propio punto de vista. Comunicación con la propia realidad interior. Primera de las tres posiciones perceptivas; las otras son la segunda y la tercera posición.

Programación neurolingüística o PNL *(Neuro-Linguistic Programming, NLP):* Estudio de la excelencia y modelo de cómo los individuos estructuran su experiencia.

Recapitulación *(Backtrack):* Revisar o resumir, utilizando palabras clave y tonalidades de otra persona.

Recursos *(Resources):* Cualquier medio que puede utilizarse para realizar un objetivo: fisiología, estados, pensamientos, estrategias, experiencias, los demás, acontecimientos o posesiones.

Reencuadre *(Reframing):* Cambiar el marco de referencia de una afirmación para darle otro sentido.

Reencuadre del contenido *(Content Reframing):* Tomar una afirmación y darle otro sentido, dirigiendo la atención a otra parte de su contenido, mediante la pregunta: «¿Qué otra cosa podría significar esto?».

Reencuadre del contexto *(Context Reframing):* Cambiar el contexto de una afirmación para darle otro sentido, preguntando: «¿Dónde quedaría bien esta afirmación?».

Reflejar *(Mirroring):* Imitar («*matching*») de modo muy preciso aspectos de la conducta de otra persona.

Reflejo cruzado *(Cross over Mirroring):* Corresponder al (hacer juego con el) lenguaje corporal de una persona con un movimiento de otro tipo; por ejemplo, marcar el ritmo del lenguaje de otra persona con pequeños golpes de pie.

Relación: *véase* Sintonía.

Representación *(Representation):* Una idea: codificación o almacenamiento en la mente de la información basada en los sentidos.

Representaciones internas *(Internal Representations):* Patrones de información que creamos y almacenamos en nuestra mente, combinados con imágenes, sonidos, sentimientos, olores y sabores.

Saltar: *véase* Dar un salto.

Seguimiento: *véase* Compartir.

Segunda posición *(Second Position):* Percibir el mundo desde el punto de vista de otra persona. Sintonización y comunicación con su realidad. Una de las tres posiciones perceptuales; las otras dos son la primera y la tercera posición.

Señales (signos) de acceso: *véase* Pistas de acceso.

Señales de acceso ocular: *véase* Pistas de acceso ocular.

Sinestesia *(Synesthesia):* Enlace automático de un sentido a otro.

Sintonía *(Rapport):* Proceso por el que se establece y mantiene una relación de confianza mutua y comprensión entre dos o más personas; capacidad para generar respuestas de otra persona.

Sistema director *(Lead System):* Sistema representativo que encuentra información para entrarla a la conciencia.

Sistema preferido *(Preferred System):* Sistema representativo que utiliza de modo típico una persona la mayor parte de las veces, para pensar conscientemente y organizar su experiencia.

Sistema representativo *(Representation System):* Manera como codificamos información en nuestra mente mediante uno o más de los cinco sistemas sensoriales: visual, auditivo, cinestésico, olfativo y gustativo.

Sistema vestibular *(Vestibular System):* Sistema representativo relacionado con el sentido del equilibrio.

Situarse en el futuro *(Future Pace):* Representarse mentalmente un objetivo para asegurar que la conducta deseada tendrá lugar.

Solapar *(Overlap):* Utilizar un sistema representativo para acceder a otro; por ejemplo, imaginarse una escena y luego escuchar los sonidos en ella.

Submodalidad *(Submodality):* Distinciones dentro de cada sistema representativo, cualidades de nuestras representaciones internas, las unidades estructurales más pequeñas de nuestros pensamientos.

Sustantivos inespecificados *(Unspecified Nouns):* Sustantivos que no especifican a quién o a qué se refieren.

Tercera posición *(Third Position):* Percibir el mundo desde el punto de vista de un observador indiferente y benévolo.

Trance *(Trance):* Estado alterado con un foco de atención dirigido al interior mediante pocos estímulos.

Valores *(Values):* Lo que es importante para uno.

Variedad requerida *(Requisite Variety):* Flexibilidad de pensamiento y conducta.

Verbos inespecificados *(Unspecified Verbs):* Verbos cuyo adverbio ha sido eliminado y que no dicen cómo se realizó la acción. El proceso no está especificado.

Visual *(Visual):* Referente al sentido de la vista.

Visualización *(Visualization):* Proceso de ver imágenes en nuestra mente.

Glosario en inglés de la PNL

Accessing Cues: Pistas de acceso / Signos, señales de exploración.

«As-If» Frame: Marco «como si».

Analogue: Análogo.

Anchoring: Anclar, anclaje.

Associated: Asociado.

Auditory: Auditivo.

Backtrack: Recapitulación.

Behaviour: Comportamiento, conducta.

Beliefs: Creencias, convicciones.

Calibration: Calibración.

Capability: Capacidad.

Chunking or Stepping up/down: Ascender (*up*) o descender (*down*).

Complex Equivalence: Equivalencia compleja.

Congruence: Congruencia, coherencia.

Conscious: Consciente.

Content Reframing: Reencuadre del contenido.

Context Reframing: Reencuadre del contexto.

Conversational Postulate: Postulado de conversación.

Criterion: Criterio.

Cross Over Mirroring: Reflejo cruzado.

Deep Structure: Estructura profunda.

Deletion: Eliminación.

Digital: Digital.

Dissociated: Disociado.

Distortion: Distorsión.

Dovetailing Outcomes: Ajuste de objetivos.

Downtime: Interiorización.

Ecology: Ecología.

Elicitation: Inducir.

Eye Accessing Cues: Pistas (signos) de acceso ocular.

Epistemology: Epistemología.

First Position: Primera posición.

Frame: Enmarcar, marco.

Future Pace: Situarse en el futuro.

Generalization: Generalización.

Gustatory: Gustativo.

Identity: Identidad.

Incongruence: Incongruencia.

Intention: Intención.

Internal Representations: Representaciones internas.

Kinesthetic: Cinestésico.

Leading: Dirigir.

Lead System: Sistema director.

Logical Level: Nivel lógico.

Map of Reality (Model of the World): Mapa de la realidad (Modelo del mundo).

Matching: Igualación, emparejamiento.

Meta: Meta.

Metacognition: Metaconocimiento (o conocimiento meta).

Meta Model: Metamodelo (o modelo meta).

Metaphor: Metáfora.

Metaprograms: Metaprogramas.

Milton Model: Modelo de Milton.

Mirroring: Reflejar.

Mismatching: Desigualación.

Modal Operator of Necessity: Operador modal de necesidad.

Modal Operator of Possibility: Operador modal de posibilidad.

Model: Modelo.

Modelling: Creación (imitación) de modelos.

Model of the World (Map of Reality): Modelo del mundo (mapa de la realidad).

Multiple Description: Descripción múltiple.

Neuro-Linguistic Programming, NLP: Programación neurolingüística, PNL.

Neurological Levels: Niveles neurológicos.

New Code: Código nuevo.

Nominalization: Nominalización.

Olfactory: Olfativo.

Outcome: Objetivo (meta, resultado).

Overlap: Solapamiento.

Pacing: Compartir / Acompañamiento (llevar el mismo paso).

Parts: Partes.

Perceptual Filters: Filtros perceptivos.

Perceptual Position: Posición perceptiva.

Phonological Ambiguity: Ambigüedad fonética.

Physiological: Fisiológico.

Predicates: Predicados.

Preferred System: Sistema preferido.

Presuppositions: Presuposiciones.

Punctuation Ambiguity: Ambigüedad en la puntuación.

Quotes: Comillas, citación.

Rapport: Sintonía.

Reframing: Reencuadre.

Representation: Representación.

Representation System: Sistema representativo.

Requisite Variety: Variedad requerida.

Resources: Recursos.

Resourceful State: Estado de plenitud de recursos.

Second Position: Segunda posición.

Sensory Acuity: Agudeza sensorial.

Sensory-Based Description: Descripción basada en lo sensorial.

State: Estado.

Stepping: véase Chunking.

Strategy: Estrategia.

Submodality: Submodalidad.

Surface Structure: Estructura superficial.

Synesthesia: Sinestesia.

Syntactic Ambiguity: Ambigüedad sintáctica.

Third Position: Tercera posición.

Timeline: Línea del tiempo.

Trance: Trance.

Triple Description: Descripción triple.

Unconscious: Inconsciente.

Unified Field: Campo unificado.

Universal Quantifiers: Cuantificadores universales.

Unspecified Nouns: Sustantivos inespecificados.

Unespecified Verbs: Verbos inespecificados.

Uptime: Exteriorización.

Values: Valores.

Vestibular System: Sistema vestibular.

Visual: Visual.

Visualization: Visualización.

Well-Formedness Criteria: Criterios bien formados.

Ecosistema digital

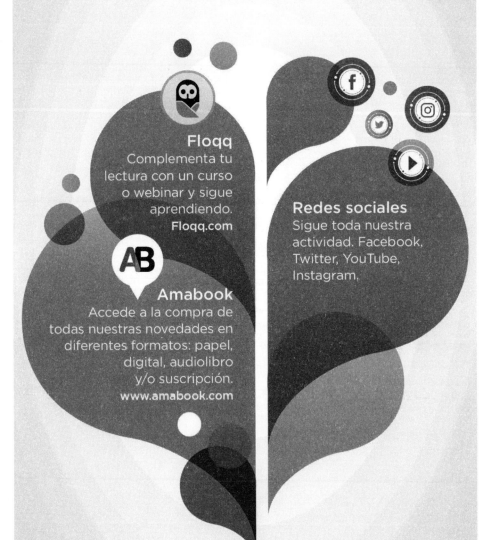

Floqq
Complementa tu lectura con un curso o webinar y sigue aprendiendo.
Floqq.com

Amabook
Accede a la compra de todas nuestras novedades en diferentes formatos: papel, digital, audiolibro y/o suscripción.
www.amabook.com

Redes sociales
Sigue toda nuestra actividad. Facebook, Twitter, YouTube, Instagram.